权威·前沿·原创

皮书系列为
"十二五""十三五""十四五"时期国家重点出版物出版专项规划项目

BLUE BOOK

智 库 成 果 出 版 与 传 播 平 台

制药工业蓝皮书

BLUE BOOK OF PHARMACEUTICAL INDUSTRY

中国制药工业发展报告

（2024）

ANNUAL REPORT ON THE DEVELOPMENT OF CHINA'S PHARMACEUTICAL INDUSTRY (2024)

组织编写／中国化学制药工业协会

主　　编／胡建伟　温再兴

执行主编／潘广成　曲继广

社会科学文献出版社

SOCIAL SCIENCES ACADEMIC PRESS (CHINA)

图书在版编目（CIP）数据

中国制药工业发展报告 . 2024 ／ 胡建伟，温再兴主编；潘广成，曲继广执行主编 . --北京：社会科学文献出版社，2024.10. --（制药工业蓝皮书）. --ISBN 978-7-5228-4131-1

Ⅰ. F426.7

中国国家版本馆 CIP 数据核字第 2024BL6175 号

制药工业蓝皮书

中国制药工业发展报告（2024）

组织编写／中国化学制药工业协会
主　　编／胡建伟　温再兴
执行主编／潘广成　曲继广

出 版 人／冀祥德
责任编辑／张　超
责任印制／王京美

出　　版／社会科学文献出版社·皮书分社（010）59367127
　　　　　地址：北京市北三环中路甲 29 号院华龙大厦　邮编：100029
　　　　　网址：www.ssap.com.cn
发　　行／社会科学文献出版社（010）59367028
印　　装／天津千鹤文化传播有限公司

规　　格／开　本：787mm×1092mm　1/16
　　　　　印　张：21.75　字　数：306 千字
版　　次／2024 年 10 月第 1 版　2024 年 10 月第 1 次印刷
书　　号／ISBN 978-7-5228-4131-1
定　　价／198.00 元

读者服务电话：4008918866

制药工业蓝皮书编委会

主　任	胡建伟	温再兴			
副主任	潘广成	曲继广			
顾　问	邵明立	张文周	侯云德*	陈芬儿*	魏于全*
	陈凯先*	王广基*	侯惠民*	王军志*	任南琪*
	陈　勇*	侯立安*	蒋建东*	吴海东	于明德
	白慧良	赖诗卿	李大魁	胡　欣	游一中
	何亚琼				

编　委（按姓氏笔画排列）

丁锦希	王学恭	王桂华	牛正乾	龙本威
卢　韵	史建会	付明仲	冯国安	兰　奋
宁保明	朱长军	朱建伟	任立人	刘文富
刘革新	刘骁悍	汤立达	孙会敏	孙飘扬
李　靖	李三鸣	李文明	杨　悦	杨中辰
吴晓滨	吴朝晖	吴惠芳	汪　鳌	沈云鹏
沈松泉	张文虎	张玉祥	张自然	张宝瑞
张建平	张春波	张晓乐	张意龙	张冀湘

*　为院士。

主要编撰者简介

胡建伟　自 2017 年 12 月起，担任中国医药集团有限公司党委委员、副总经理。2019 年 1 月兼任集团总法律顾问，主要负责战略规划、品牌、运营、法务等工作。2020 年 1 月起，主持集团经营层工作。1994 年 7 月至 2017 年 11 月在政府机关工作，对宏观经济运行和管理有深入研究，熟悉医药卫生行业。

温再兴　1982 年 2 月毕业于厦门大学中文系。之后在对外经济贸易部人事教育劳动司工作，历任副处长、处长。先后从事过干部调配、技术职称评定、外派干部管理等工作。1998 年 9 月至 2006 年 8 月，任对外经济贸易部办公厅、商务部办公厅副主任。2006 年 8 月至 2008 年 6 月，任全国整顿和规范市场经济秩序领导小组暨国家保护知识产权工作组办公室副秘书长（副司级）。2008 年 7 月至 2014 年 1 月，任商务部市场秩序司副司长、巡视员（正司级），主管药品流通和商务信用等工作。自 2014 年 2 月起，在医药行业协会担任专家，参与行业发展研究。曾被聘为清华大学老科协医疗健康研究与培训中心特聘教授、对外经济贸易大学客座教授。现为"药品流通蓝皮书"和"制药工业蓝皮书"主编。

潘广成　高级工程师，中国化学制药工业协会资深会长。历任卫生部医疗器械局干部、处长，国家医药管理局人事司处长、副司长和政策法规司司长，中国医疗器械工业公司副总经理，中国医药集团总公司董事会秘书，中国化学制药工业协会执行会长。

曲继广 高级工程师，石家庄四药集团董事局主席、中国化学制药工业协会资深副会长。先后荣获河北省劳动模范、全国优秀企业家、全国工商联科技创新企业家、河北省优秀中国特色社会主义事业建设者、河北省优秀企业家、河北省有突出贡献企业家、中国医药十大新锐人物、中国医药经济年度人物等荣誉称号。

摘　要

2023年，面对复杂的国际国内超预期因素冲击，医药制造业经济运行面临较大的下行压力。《医药工业高质量发展行动计划（2023～2025年）》提出，要着力提高医药工业和医药装备产业韧性和现代化水平，增强高端药品、关键技术和原辅料等供应能力，加快补齐我国高端医药装备短板，要着眼医药研发创新难度大、周期长、投入高的特点，给予全链条支持，鼓励和引导龙头医药企业发展壮大，提高产业集中度和市场竞争力。

本报告对2023年中国医药工业经济运行、科技创新、质量提升、绿色制造、工艺改造、投融资、国际贸易状况进行了深入分析，介绍了多肽类药物、维生素B2、双（多）室袋输液、合成生物学、连续反应技术、数字化工厂、抗生素菌渣无害化处理与资源化利用等研发和生产状况。

2023年，医药制造业各主要子行业从营业收入、利润总额和出口交货值三项指标看，只有中药饮片、中成药生产实现了正增长，其他子行业均有不同程度的下降。世界经济复苏乏力，全球贸易投资放缓，海外产能转移，国际需求不振，国内出口下降；医改步入深水区，带量采购、医保控费等政策持续实施，市场高端供给不足与低端产能过剩，消费观念改变等因素，都是影响2023年行业总量的主要因素。所以，只有加快产业转型升级，加大科技投入力度，才能实现高质量发展。

2024年，医药工业要通过持续结构调整转型升级，大力发展新质生产力，不断提高医药工业韧性和现代化水平，增强高端药品供应能力，实现高质量发展，为我国健康事业做出应有贡献。

关键词： 医药工业 转型升级 新质生产力

目 录 ⟫

Ⅰ 总报告

B.1 转型升级中的中国制药工业发展态势及展望……………… 潘广成 / 001

Ⅱ 行业篇

B.2 2023年中国生物制造产业发展现状与建议 …………… 张玉祥 / 010

B.3 化学制药工业高质量发展路径之探讨……………… 汤立达 / 023

B.4 医药企业 ESG 信息披露体系建设研究
………………………… 夷征宇 吴耀卫 朱蓓芬 / 034

B.5 2023年中国生物医药投融资及创新药研发情况分析
………………………………………… 吴 夏 李 靖 / 041

B.6 制药企业加快发展新质生产力的着力点和实践路径…… 史建会 / 055

B.7 中国抗生素产业发展历史、现状与展望……………… 刘希禹 / 068

Ⅲ 药品产品篇

B.8 全球多肽类药物研发状况与国内外销售市场分析……… 蔡德山 / 077

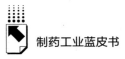

B.9 皂苷类化合物药用价值新探……………………………… 徐铮奎 / 091

B.10 2023年中国维生素 B2产销概况及前景展望 ………… 张 伦 / 098

B.11 2023年中国双（多）室袋输液发展的现状与展望

…………………………………………………… 史建会 / 111

B.12 2023年中国原料药国际贸易综述……………………… 吴惠芳 / 121

B.13 抗生素吸入制剂的研究进展 ……… 宁保明 朱 俐 李芯瑶 / 139

Ⅳ 科技创新篇

B.14 浙江省制药产业创新发展的新技术与未来趋势

………………………… 陆 遥 董作军 金 灿 王亚军 / 153

B.15 标准创新赋能企业高质量发展

………………… 黄 辉 赵 晗 耿金菊 任洪强 / 162

B.16 合成生物学在肿瘤治疗中的应用 …………… 梅 馨 朱建伟 / 170

B.17 我国药物新制剂与新技术发展概况

………………… 丁 杨 陈艺珊 姚思佳 周建平 / 192

B.18 抗生素全过程绿色制造关键技术开发与产业化应用

……………………………………………… 刘庆芬 / 202

B.19 连续反应技术在原料药及中间体合成中的应用和发展

………………………… 陶 建 李洪健 王 鑫 / 209

B.20 发酵类抗生素生产过程中耐药性管控的策略与行动

………………… 张 昱 韩子铭 冯皓迪 杨 敏 / 225

B.21 科技创新赋能医药产业高质量发展

——以华药集团为例 ……………………… 高凌云 / 235

Ⅴ 绿色制药篇

B.22 化学原料药数字化工厂建设研究 …………… 王学恭 裴高鑫 / 242

B.23 抗生素菌渣无害化处理与资源化利用研究 …………… 沈云鹏 / 255

B.24 制药废水近零排放技术与展望

……………… 王爱杰　韩京龙　翟思媛　程浩毅 / 265

B.25 新膜分离工艺处理抗生素污染水的"卡脖子"

技术及应对策略 ……………………………………… 侯立安 / 277

附录一

2023年化学原料药大类产量、供应出口量分省（区、市）情况

…………………………………… 中国化学制药工业协会 / 288

附录二

2023年化学制剂重点剂型产量分省（区、市）生产情况

…………………………………… 中国化学制药工业协会 / 296

附录三

2023年国外批准上市的药物新制剂 ………………… 黄胜炎 / 298

Abstract ……………………………………………………… / 307

Contents ……………………………………………………… / 309

皮书数据库阅读**使用指南**

总 报 告

B.1
转型升级中的中国制药工业
发展态势及展望

潘广成*

摘　要： 本报告分析了 2023 年我国医药制造业整体运行情况，介绍了医药制造业经济运行基本情况，剖析了医药制造业经济运行面临下行压力的主要原因，并从七个方面阐述了加快结构调整转型升级、实现高质量发展的路径和办法：巩固原料药制造优势，在高端制剂上下功夫，加快医药创新成果产业化，加速推动创新药出海，推进人工智能（AI）应用，健全药品价格形成机制，推进医药行业合规体系建设。强调只有大力发展新质生产力，不断提高医药工业韧性和现代化水平，增强高端药品供应能力，才能实现中国医药工业的高质量发展。

关键词： 医药工业　创新药　人工智能

---

* 潘广成，中国化学制药工业协会资深会长，高级工程师。

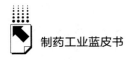

党的二十大报告指出，"推进健康中国建设，把保障人民健康放在优先发展的战略位置"，为我国健康事业的发展指明了方向。

2023年8月25日，国务院常务会议通过的《医药工业高质量发展行动计划（2023~2025年）》指出，要着力提高医药工业和医药装备产业韧性和现代化水平，增强高端药品、关键技术和原辅料等供应能力，加快补齐我国高端医药装备短板，要着眼医药研发创新难度大、周期长、投入高的特点，给予全链条支持，鼓励和引导龙头医药企业发展壮大，提高产业集中度和市场竞争力。

后疫情时代，"三医联动"改革逐步进入深水区，医药工业要加快结构调整转型升级的步伐，创新驱动，转型升级，高质量发展。

一　医药制造业经济运行分析

2023年，面对错综复杂的国际国内超预期因素冲击，医药制造业经济运行面临较大的下行压力。

根据国家统计局数据，2023年医药制造业规模以上工业企业实现营业收入29552.6亿元，同比下降4.00%（见表1）；实现利润总额4127.3亿元，同比下降16.18%；实现出口交货值3177.2亿元，同比下降17.58%。

2023年，在各子行业中，营业收入方面，只有中药饮片加工、中成药生产、药用辅料及包装材料、医药专用设备制造实现了正增长，其他子行业均有不同程度的下降；利润总额方面，只有中药饮片加工、中成药生产实现了正增长，其他子行业均有不同程度的下降；出口交货值方面，只有中药饮片加工、中成药生产、药用辅料及包装材料、医药专用设备制造实现了正增长，其他子行业均有不同程度的下降。

总体来看，造成医药制造业经济运行面临较大下行压力的原因很多，世界经济复苏乏力，全球贸易投资放缓，海外产能转移，国际需求不振，国内出口下降；医改步入深水区，带量采购、医保控费等政策持续实施，市场高端供给不足与低端供给过剩，消费观念改变等因素，都是影响2023年行业总量的主要因素。所以，只有加快产业转型升级，加大科技创新投入力度，才能实现高质量发展。

表1　2023年医药制造业实现营业收入及各子行业所占比重

单位：亿元，%

行业	营业收入	所占比重
医药制造业	29552.6	100
化药	11793.8	40
中药	7095.2	24
生物药	3458.0	12
医疗器械	4685.1	16
卫生材料、药用辅料及包装材料、医药专用设备制造	2520.5	8

资料来源：中国化学制药工业协会统计信息专业委员会。

二　巩固原料药制造优势

化学原料药是我国最具国际竞争力的产业，要加快结构调整转型升级的步伐，巩固原料药制造优势。

巩固原料药制造优势：一是加快发展一批市场潜力大、技术门槛高的特色原料药、专利原料药新品种；二是大力发展原料药生产服务企业（CDMO）；三是建立一批高标准的原料药生产基地；四是开发应用微反应连续化技术，使原料药生产过程更加安全、环保，降低能耗；五是开发应用合成生物技术，使生产向绿色低碳、无毒低毒、可持续发展转型；六是以青霉素、头孢、红霉素等大宗抗生素菌渣无害化处理、资源化利用为切入点，加大原料药环保综合治理力度；七是加强解决抗生素耐药性的国际合作；八是依据原料药产业基础，打造"原料药+制剂"一体化优势。

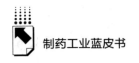

三　在高端制剂上下功夫

化学制药工业转型升级，一定要在高端制剂上下功夫。

（1）化学药制剂三大剂型：①注射剂，重点发展脂质体、脂微球、纳米制剂等新型注射给药系统；②口服固体制剂，重点发展吸入口服速释、缓控释、多颗粒给药口服给药系统；③外用药制剂，重点发展透皮吸收、黏膜给药系统。

（2）大力发展针对肿瘤、自身免疫性疾病、神经退行性疾病、心血管疾病、糖尿病、肝炎、呼吸系统疾病、耐药微生物感染等重大临床需求药物制剂。

（3）加大罕见病用药、儿童用药、老年人用药开发力度。

（4）发展有明确临床价值的改良型新药。

（5）加强高端制剂药用辅料的开发。

四　创新升级已成共识

2023年，医药制造业研发投入保持高强度。2023年医药上市公司研发投入同比增长约18%，研发投入占营业收入的比重为4.8%，其中头部企业研发投入增长明显，11家企业研发投入超10亿元。与此同时，药品申报数量也在持续增长，2023年CDE共承办新的药品注册申请16812个（以受理号计，复审除外），比2022年同期受理量增加了41.32%。

创新药上市方面，2023年共有34款国产1类新药获批，数量较2022年增长156%，也刷新了2021年32款的历史纪录。其中，2023年化药1类创新药获批上市16个品种，涉及肿瘤领域、心血管系统领域等；2类改良型新药获批上市共计23个品种。

与此同时，目前还有80款国产1类新药处于上市申请阶段，这些品种有望在未来一两年内在国内批准上市。此外，2023年有超40款中国新药获美国 FDA 资格认定（统计包括快速通道资格、突破性疗法认定以及孤儿药资格），总数量也创近 4 年来新高。

中国创新药在过去几年取得了令人瞩目的成就，并成为全球医药领域的重要力量。可以预见，2024 年我国创新药审评审批有望取得更大的成就，而随着药企研发投入加大，创新成果将持续涌现。未来，我国创新药质量和疗效价值将日益凸显，国产创新药整体质量有望得到提高，创新药行业的竞争格局将会逐渐优化。

五　加快医药创新成果产业化

医、产、学、研密切配合，以患者为中心，以临床价值为导向，使医药的创新成果尽快产业化，这将是中国药品开发快速、高质量发展的必由之路。

新药开发需要注意的问题：第一，要以临床价值为导向；第二，要避免重复开发；第三，激励政策要到位；第四，新药的市场开拓尤为重要。

在医药工业转型升级的过程中，构建支持本土创新的生态系统尤为重要：一是建立创新药绿色审批通道；二是建立在药物经济学基础上的药品价值形成机制；三是逐步形成本土创新药优先购买、优先使用机制；四是完善多层次的医保支付体系，包括扩大商业医疗保险保障范围。

六　创新药出海加速

2023 年，中国创新药跨境交易（license out）金额和交易数量再创新高，全年共发生近 70 笔创新药跨境交易，交易总金额超 465 亿美元，均达到 2020 年以来的最高峰。

从交易总金额来看，TOP10 门槛为 11.88 亿美元，10 亿美元及以上的有 18 笔。其中百利天恒以一笔与百时美施贵宝（BMS）84 亿美元的合作夺冠，此外诚益生物的小分子 GLP-1R 激动剂和百力司康的 HER2 ADC 也达成了 20 亿美元的跨境交易（见表 2）。

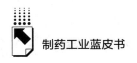
表2 2023年国产创新药跨境交易（license out）TOP10

序号	合作项目	卖方/合作方	买方/合作方	总金额
1	HER3/EGFR 双抗 ADC 产品 BL-BO1D1	百利天恒	BMS	84亿美元
2	口服 GLP-1R 激动剂 ECC5004 的全球权益	诚益生物	阿斯利康	20.1亿美元
3	HER2 ADC 药物 BB-1701	百力司康	卫材	20亿美元
4	B7-H3ADC 药物 HS-20093	翰森制药	GSK	17.1亿美元
5	HER2 ADC 新药 DB-1303、ADC 新药 DB1311	映恩生物	BioNTech	16.7亿美元
6	B7-H4 ADC 药物 HS-20089	翰森制药	GSK	15.7亿美元
7	PARP1 抑制剂 HRS-1167、Claudin-18.2 ADC 药物 SHR-A1904	恒瑞医药	德国默克	14亿欧元
8	四款 TCE 抗体	药明生物	GSK	15亿美元
9	非甾体类、第三代盐皮质激素受体拮抗剂（MRA）Ocedurenone	亨利医药（KBP Biosciences）	诺和诺德	13亿美元
10	Claudin 18.2 ADC 新药 CMG901	康诺亚/乐普生物	阿斯利康	11.88亿美元

资料来源：药渡数据库。

从治疗领域来看，抗肿瘤药交易占比超过80%，此外在慢性病（心血管、代谢）、呼吸系统、免疫、神经系统、抗感染等领域也有交易达成。科伦博泰与默沙东就 PDL-1 单抗泰特利单抗注射液等达成多笔 ADC 项目交易。

2023年，我国本土创新已经从量变走向质变，license out 的创新高预示着有更多高质量的创新药能够走上国际舞台，体现了国内和国际药企的双向互补，是行业良性发展趋势。

企业出海探索加速，有利于药企开拓新的盈利空间，助推国内国际产业链融合。同时，由于出海避免不了与国外企业的合作，诸如研发合作、临床试验合作、商业化合作等，对企业提出了更高的要求（包括质量体系需要满足海外标准，管理体系、研发体系的优化升级）。随着中国药企海外商业化的推进，稳定的现金流回报和大量的真实世界患者数据，让药企洞见更为真实的临床需求，从而满足更多临床尚未满足的需求，能够进一步反哺创新研发，加速蜕变，最终实现良性循环发展，也将进一步助力我国医药产业的升级。

七 人工智能（AI）应用进入快车道

2023 年 8 月，国家网信办等七部门印发的《生成式人工智能服务管理暂行办法》，提出支持 AI 算法、框架等基础技术的自主创新、推广应用、国际合作。2023 年 1~11 月，我国 AI 制药企业融资金额超亿元的有 12 家，披露总金额超过 20 亿元。在政策的支持、资本的加持下，我国已有近百家 AI 制药公司，至少 16 家企业将 24 条药物管线成功推至临床阶段，其中 7 条产品管线进入临床 II 期以上。

除了 AI 药物研发，AI 在医药健康产业的应用已经涵盖了生产制造、仓储物流、医药零售、诊疗、患者服务，乃至运营管理、风控管理、品牌传播等各个环节。随着信息技术的持续突破，智慧工厂、智能生产线、智能货架、AI 辅助诊断、智能风险评估和预测、AI 数字人等 AI 赋能医药健康领域的应用场景正在全面快速展开。

随着人工智能、大数据、云计算、物联网等信息技术及算法、算力的持续突破，人工智能的应用已经涵盖了医药健康企业经营的各个环节，尤其是 AI 大模型的持续迭代，AI 将发挥越来越大的作用。

八 国谈集采持续推进

2023 年，国家医保谈判共有 121 个品种谈判成功，创历史之最，谈判成功率 84.6%；有 126 个药品新增进入国家医保药品目录，1 个药品被调出目录；国谈成功品种平均降价 61.7%，与 2021 年并列历次国谈最高，较 2022 年增加了 1.6 个百分点。

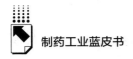

集采方面，2023 年高值耗材集采产品的市场规模约 155 亿元，其中人工晶体类耗材 11 个品种 65 亿元，运动医学类耗材 19 个品种 90 亿元。集采中选产品平均降价 70% 左右，其中人工晶体平均降价 74%，预计每年可节约费用 67 亿元，和此前集采相比，2023 年进行的第八批和第九批集采，在规模方面也进行了多项更新。

目前，国家医保药品目录内药品总数已达 3088 种，其中西药 1698 种，占 55%；中成药 1390 种，占 45%。

近年来，随着集采规则逐渐成熟，国家医保局进一步要求各地区，以省及省联盟的形式加速带量采购覆盖，不断扩大纳入品种。集采已是未来药械产品进入市场的主要方式，药械企业也将逐步顺应大环境，更新和调整产业模式以及营销策略。与此同时，对于企业而言，国家医保谈判也在持续释放利好，相关规则也进行了调整，充分体现医保的价值以及对医药创新的支持。

九　健全药品价格形成机制

为进一步落实企业自主制定药品价格政策要求，鼓励以政府价格为导向的药物研发创新，支持高质量创新药品的多元供给和公平可及，健全药品价格形成机制，国家将建立新上市化学药品首发价格形成机制。

医药企业定价应遵循公平合法、诚实信用、质价相符的法定原则，综合临床治疗价值、生产经营成本、市场供求状况等因素，实事求是确定价格、利润、费用水平。同时主动担当社会责任，努力提升生产经营效率，考虑消费规模对生产经营成本的分摊作用，动态调整价格，实现企业、群众受益和社会效果的不断优化。

行业协会要充分发挥指导、自律作用，对首发价格具体构成及特别说明、经济性分析等是否符合行业公允性给出推荐意见。

新上市化学药品首发价格形成机制的建立，对于药物的研发创新，实现高质量发展，将产生巨大的推动作用。

十　推进医药行业合规体系建设

医药行业与其他行业的重要区别，在于其最终服务的对象为人，为人提供医疗服务、药品、医疗器械等，涉及人的生命健康。由此，医药行业成为监管机关执法最为严格的行业，医药企业较其他行业企业面临更大的法律监管风险。

近年来，国家相关政府部门从反商业贿赂、反垄断、财务与税务、产品推广、集中采购、环境、健康和安全、不良反应报告、数据合规及网络安全等领域对医药行业内的企业进行全面规范，对企业合规管理提出了更加严格的要求。

为此，中国化学制药工业协会牵头，中国非处方药协会、中国中药协会、中国医疗器械行业协会、中国医药商业协会、中国生化制药工业协会、中国疫苗行业协会、中国医药设备工程协会、信用医药卫生网及相关律所、咨询机构和医药企业参与，先后制定并发布了《医药行业合规管理规范》《医药行业企业合规师职业技术技能要求》行业标准。

通过推进医药行业合规体系建设，帮助医药企业发现行业及法律监管方面的漏洞，理顺监管和报告体系，制定并落实有效的预防措施，为企业建立有效的合规管理控制体系，控制或降低企业运营、流程操作中存在的潜在风险，帮助企业提高防范和化解合规管理风险的能力，保障医药企业高效稳健安全运营，提高经营管理水平，增强国内外市场竞争力。

通过持续结构调整转型升级，大力发展新质生产力，不断提高医药工业韧性和现代化水平，增强高端药品供应能力，实现高质量发展，为我国健康事业发展做出应有贡献。

行业篇

B.2
2023年中国生物制造产业发展现状与建议

张玉祥[*]

摘　要： 生物制造指以生命科学理论和生物技术为基础，结合信息学、系统科学、工程控制等理论和技术手段，通过对生物体及其细胞、亚细胞和分子的组分、结构、功能与作用机理开展研究并制造产品，或改造动物、植物、微生物等并使其具有所期望的品质特性。随着生物技术的进步及人们对绿色环保的产业需求，生物制造产业正迎来前所未有的历史机遇。本文简要介绍了生物制造的概念及历史机遇，并对国内外通过生物制造实现基础化学品、精细化学品、医药制品、天然产物、生物基聚合材料的绿色生产现状与发展进行了总结与展望。

关键词： 生物制造　绿色环保　生物经济

---

* 张玉祥，原华北制药集团董事长、党委书记、总经理。

以合成生物学、BT/IT 融合汇聚为代表的新一代生物技术，将全面支撑未来生物经济发展，解决农业、医药、工业和环保等问题，世界主要国家竞相优先发展生物技术，生物制造是其核心应用领域。我国高度重视生物制造产业的发展，特别是在新的发展理念和格局下，生物制造是实现碳达峰、碳中和目标的有效途径，也是实现科技自主和产业自主的关键要求。

生物制造能够促进形成资源消耗低、环境污染少的产业新结构和生产新方式，具有节能减排、减少二氧化碳排放的作用。生物制造是我国实现碳达峰和碳中和的重大突破口，涉及医药、农业、能源、材料、化工、环保、食品、护肤品等多个工业领域，具有原料可再生、可人工设计、过程清洁等可持续发展的典型特征。随着 BT/IT 融合，生物制造正在迈向"生物智造"。生物经济是与农业经济、工业经济、数字经济相对应的新的经济形态，是未来经济发展的重要方向。

一　国际生物制造产业的概况

随着全球人口增长格局的不断变化，社会与经济可持续发展面临气候变化、环境污染、能源资源短缺、研发创新瓶颈突破等挑战，正在引起世界产业格局发生深刻变化，社会经济的可持续发展成为时代迫切需求。

生物制造作为生物经济的重点发展方向，对于促进可持续发展在全球达成了共识，各国都在战略上快速布局，并从政策上、资金上大力扶持。麦肯锡数据显示，预计到 2025 年，合成生物学与生物制造的经济价值将达到 1000 亿美元，未来全球 60% 的物质生产可通过生物制造方式实现。[①]

欧洲联盟生物基产业联盟（Bio-Based Industries Consortium，BBI）在 2021 年 11 月正式启动循环生物基欧洲联合企业伙伴关系计划，促进生物技术的发展以加大欧盟实现气候目标的减排贡献。在欧盟《欧洲绿色协议》

---

① 《首届中国绿色生物制造峰会在广州举行》，中国经济网，2023 年 3 月 29 日，http://www.ce.cn/xwzx/gnsz/gdxw/202303/29/t20230329_38469452.shtml。

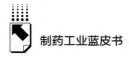

指导下 BBI 资助了包括工业 CO_2 捕集和 CO_2 生物转化利用，启动了 Pyro CO_2、BioRECO$_2$EVER 等创新项目。期望取得基于生物技术型社会转变的实质性进展，生物能源替代化石能源 20%，化学品替代 10%~20%，其中化工原料替代 6%~12%，精细化学品替代 30%~60%。[1]

德国《生物经济战略》强调生物技术可成为面向未来、可持续和气候中性的经济体系的支柱，大力推进生物原料在工业生产的应用，更多替代化石原料，创造新的有利于可持续发展的产品。

英国政府于 2021 年启动绿色燃料、绿色天空竞赛，旨在开发生物燃料新技术，将家庭垃圾、废木材和多余电力转化为航空燃料，帮助航空业实现节能减排和可持续发展。

2022 年 9 月，拜登正式签署了启动《国家生物技术和生物制造计划》的行政命令，同时，白宫举办"国家生物技术和生物制造计划峰会"，宣布提供 20 多亿美元的资金推进这项行政命令。[2] 美国启动国家行动，意在构建全新生物制造新领域、新赛道，塑造以美国为绝对主导的生物制造产业链格局，保持其在未来全球生物制造竞争中的领先地位，在生物经济中"竞赢"中国。2023 年 3 月拜登又签署了《美国生物技术和生物制造的明确目标》报告，设定了新的明确目标和优先事项，用以推进美国生物技术和生物制造发展。报告涵盖了"气候变化解决方案"、"增强粮食和农业创新"、"提高供应链弹性"、"促进人类健康"以及"推进交叉领域进展"等 5 部分。这 5 部分包含了 21 个主题、49 个具体目标，同时每个板块都提出了相应的目标，突出生物技术和生物制造带来的可能性。实现生物经济的长期目标，包括在 20 年内用生物基替代品取代塑料和商业聚合物，取代 90% 以上的塑料；通过生物制造方式满足至少 30% 的化学品需求；通过合成生物学、生物制造、工程化生物方式扩大细胞疗法规模，并将制造成本大大降低；在 7 年内减少农业甲烷排放 30%；在 5 年内，对 100 万种微生物进行基因组测

---

① 《欧洲绿色协议》，李欣编译，2023 年 12 月 8 日。
② 《美国启动〈国家生物技术和生物制造计划〉》，https://baijiahao.baidu.com/s?id=1744784353060373816&wfr=spider&for=pc。

序，并了解至少80%新发现基因的功能。①

中国高度重视生物经济的战略布局与科学发展。2022年5月10日，国家发改委印发了《"十四五"生物经济发展规划》，这是中国首个生物经济发展规划，规划明确了推动生物农业发展，发展合成生物学技术，探索研发"人造蛋白"等新型食品，实现食品工业迭代升级，降低传统养殖带来的环境资源压力；化工原料和过程的生物技术替代，推动化工、医药、材料、轻工等重要工业产品制造与生物技术深度融合，向绿色低碳、无毒低毒、可持续发展模式转型；积极开发生物能源，推动生物燃料与生物化工融合发展。加快生物天然气、纤维素乙醇、藻类生物燃料等关键技术研发和设备制造。推动化石能源向绿色低碳可再生能源转型；助力生物环保，推广应用生物可降解材料制品，重点在日用制品、农业地膜、包装材料、纺织材料等领域应用示范，推动降低生产成本和提升产品性能，积极开拓生物材料制品市场。② 2023年1月9日，工信部等六部门印发《加快非粮生物基材料创新发展三年行动方案》，提出到2025年，高效工业菌种与酶蛋白元件不断丰富，非粮生物质利用共性技术取得突破，形成几家具有核心竞争力、特色鲜明、发展优势突出的骨干企业，建成3~5个生物基材料产业集群，产业发展生态不断优化。③ 2023年9月，习近平总书记在东北考察时首次提出要以科技创新引领战略性新兴产业和未来产业发展，加快形成"新质生产力"。2023年12月中共中央、国务院发布的《关于全面推进美丽中国建设的意见》，提出构建绿色低碳循环经济。2024年3月5日，李强总理在政府工作报告中提出："积极打造生物制造、商业航天、低空经济等新增长引擎。"生物制造与生命科学、低空经济等一起，为政府工作报告首次提到的行业。对于打造新质生产力，推动经济向绿色、可持续、高质量发展至关重要。

---

① 白宫：《美国生物技术和生物制造的明确目标》，2023年3月21日。
② 《"十四五"生物经济发展规划》，中华人民共和国国家发展和改革委员会网，2022年5月10日，https://www.ndrc.gov.cn/xxgk/jd/jd/202205/t20220509_1324417.html。
③ 《关于印发加快非粮生物基材料创新发展三年行动方案的通知》，中央人民政府网，2023年1月9日，https://www.gov.cn/zhengce/zhengceku/2023-01/14/content_5736864.htm。

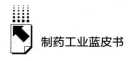

作为生物制造最重要的合成生物学是当今生物学领域的前沿研究方向，合成生物学技术正在逐步取代传统化学合成成为全球医药、食品、材料等领域"绿色合成"的重要途径。在生物经济发展中，合成生物学对于生物制造具有重要的技术支撑作用。近年来，合成生物学技术取得突破性发展，具有低成本、高效率和高价值的特点。全球合成生物学产业过去五年经历了高速增长，市场规模从 2018 年的 53 亿美元增长到 2023 年的超过 170 亿美元，平均年增长率达 27%。预计全球合成生物市场未来仍将保持较快发展势头，在 2028 年将成长为体量达到近 500 亿美元的全球性市场。①

CCID 公布的数据显示，中国生物经济从 2012 年的 7.6 万亿元增加到了 2021 年的 18.4 万亿元，年均复合增长率超过了 10%。伴随着生命科学、生物技术等持续推进，生物经济已成为当前最具创新活力的经济形态。前瞻产业研究院预计，从整个生物经济行业的发展趋势来看，未来 5 年仍将保持较高的增速，2022~2027 年复合增长率保持在 13% 左右。预计到 2027 年生物经济行业市场规模有望超过 30 万亿元。

二　中国生物制造产业的现状与发展

我国生物制造产业发展迅速，近年来保持年均 12% 以上增速，部分产品的生物制造取得了产量、规模上的市场优势，资源综合利用水平逐年提升，节能减排的成效显著。生物制造技术在快速发展，随着环保成本上升和绿色低碳循环发展理念的树立，生物制造产业将迎来快速增长期。

中国生物产业规模近 10 年来持续增长，从 2012 年的 2.3 万亿元增加到 2021 年的 6.1 万亿元，从 GDP 占比来看 2021 年生物产业 GDP 占比达到 5.3%。从生物产业的规模结构上来看，生物医药、生物农业是占比较大的细分领域。其中，生物医药占比超过 30%，是中国生物产业规模最大的细分领域；生物农林占比超过 25%，仅次于生物医药。

---

① 《中国合成生物学产业白皮书 2024》，合成生物学网公众号，2024 年 4 月 17 日。

目前我国生物经济行业相关企业已经超过 7 万家，行业体量规模正在不断增大，从企业成立日期方面来看，2022 年我国生物经济行业内企业新成立公司数量达到近年来的新高，全年成立企业超过 1.6 万家。

（一）政策驱动生物制造产业快速发展

政府的支持是现阶段行业发展的重要驱动力，包括政策、资源、资本等方面的扶持。《"十四五"生物经济发展规划》科学规划、系统推进了我国生物经济发展。随后，北京、上海、深圳、浙江、河北等地陆续出台了系列措施，从顶层设计、政策扶持、要素匹配、协同发展、研发创新、成果转化等方面着手，确保其生物技术与生物制造快速发展。

河北省出台多项措施支持技术进步和生物制造产业发展，省政府办公厅先后印发《关于支持生物医药产业高质量发展的若干政策》《关于贯彻落实国家生物技术发展战略纲要的若干措施》，省发展改革委先后印发《河北省"十四五"生物经济发展规划》《河北省加快推进生物医药健康产业高质量发展的若干措施》。2022 年 10 月 27 日，组织召开全省生物制造产业发展大会，成立"河北省生物制造产业联盟"，联盟汇聚了政、企、研、融等各方力量，加速创新资源互惠共享和科技成果转化。2023 年 5 月 18 日省政府办公厅印发《河北省支持生物制造产业发展若干措施》，从壮大经营主体、鼓励技术创新、推动市场应用、打造产业生态、聚集发展要素、强化组织保障等六个方面提出 17 条措施，加快生物制造企业聚集落地，促进生物制造产业高质量发展。

2023 年 10 月 24 日，上海市人民政府办公厅印发《上海市加快合成生物创新策源打造高端生物制造产业集群行动方案（2023~2025 年）》，主要目标是到 2025 年，新增有国际影响力的顶尖科学家及团队 5 个以上，建立库容百万级以上的元件库，开发面向基因编辑、合成与组装、线路设计与构建等具有自主知识产权的关键技术，形成一批有产业应用价值的国际合作项目，孵化培育 10 个以上国内外具有一定影响力的创新引领型企业；吸引 5 家以上企业区域或研发总部，新增 3~5 家合成生物领域企业上市，培育 1~

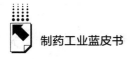

2家年销售收入超过10亿元的优势企业，建设3个左右国内领先的产业基地。到2030年，基本建成具有全球影响力的高端生物制造产业集群。[①]

国家政策驱动、地方措施支撑、研发金融助力，生物技术与生物制造正蓬勃发展，形成了北京、上海、深圳等地研发创新高地和京津冀、长三角、珠三角等产业化高地，涌现一批龙头企业和研发创新平台，生物制造已经开始在医药、农业与食品、材料、能源、护肤品、环保等领域广泛应用，成为我国经济发展中的一个重要推动力量。

（二）生物制造技术快速突破

生物技术让人类实现了合成生命、设计生命的目标。人们学习自然、模仿自然，进行自然系统的设计、重构、逐步实现人工替换。大片段基因组的合成与转移，降低技术成本、提高精确性，准确的生物设计和生物功能从头创建，实现了万物合成。突破了活性化合物匮乏的瓶颈，变革了传统生产方式，降低生产成本，实现节能减排绿色高效合成。我国生物制造技术近年发展的势头非常迅猛，尤其是在生物医药、生物农业与食品、生物基材料和生物能源方面。

工业生物技术自主创新能力不断提升。论文发表量呈逐年递增趋势，并于2018年开始排名全球第一，高被引论文量不断增加。2012~2021年全球工业生物技术领域发明专利申请数量为156653件，中国的发明专利申请数量为59889件，占比38%，居全球第一位。[②]

工业生物技术科技研发体系逐步完善。经过强化科学体系与机构建设、创新人才培养，已建有6个国家重点实验室、5个企业国家重点实验室、8个国家工程实验室/国家工程研究中心、2个国家工程技术研究中心等创新

---

① 上海市人民政府办公厅：《上海市加快合成生物创新策源打造高端生物制造产业集群行动方案（2023~2025年）》，上海市人民政府网，2023年9月27日，https://www.shanghai.gov.cn/nw12344/20231024/a69afba35d014fd4aa78a3ea20c53fa3.html。

② 马延和：《生物制造的机遇与挑战》，中国生物制造产业大会演讲，石家庄，2023年11月7日。

平台，初步形成了工业生物技术研发体系。[①]

中国科学院天津工业生物技术研究所、中国科学院深圳先进技术研究院、浙江大学、江南大学、天津大学、北京化工大学、上海交通大学等一批生物技术研发高地脱颖而出，并涌现众多学术带头人。石药集团、凯赛生物、科伦药业、华熙生物、华恒生物等企业与高校联合建设了高质量的研发平台，极大地推动生物技术快速创新发展，促进成果转移转化，打通科技创新价值链，实现社会经济可持续发展。

例如，中国科学院天津工业生物技术研究所，利用合成生物学原理，从上至下创建淀粉合成的生物功能，化酶耦合构建了 11 步反应的淀粉人工合成新途径，在国际首次不依赖植物光合作用实现二氧化碳到淀粉的从头合成，为以 CO_2 为原料工业合成粮食、燃料和材料提供了新蓝图，被评价为里程碑式突破，将在下一代生物制造和农业生产中带来变革性影响；开发了碳素高效利用的底盘微生物，创建了一批具有自主知识产权的工程菌种，突破了秸秆到产品一步转化、可再生化学低碳生物合成技术，形成了 L-丙氨酸、丁二酸、L-苹果酸等一批以生物合成走出石油化工路线的产业化案例；解析重要植物天然产物合成途径，并设计组装了近百种微生物细胞异源合成菌种，实现了灯盏花素、红景天苷、天麻素、榄香烯等功能组分的低成本高效合成，正加快推进市场准入和商业化生产。

（三）以合成生物学为代表的龙头企业迅速涌现

第二届合成生物学与绿色生物制造大会（SynbioCon 2023）于 2023 年 8 月 23～25 日在浙江宁波举办。DT 新材料发布了"中国合成生物学领域产业地图（2023 年）"，为领域企业梳理最新产业分布与发展现状。产业地图包括国内合成生物学赛道上市企业；产业链上游；具有代表性合成生物学产品、研发、服务及产线布局企业；在国内加强合作创新的外资企业。

[①] 马延和：《生物制造的机遇与挑战》，中国生物制造产业大会演讲，石家庄，2023 年 11 月 7 日。

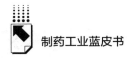

从上榜企业在全国的分布来看，江浙沪凭借人文环境、产业基础、人才聚集、扶持政策等方面的优势，发展迅速，代表企业有凯赛生物、酶赛生物等；京津冀一方面凭借北京和天津诸多国家科研中心形成的研发创新实力及强大学科人才优势，快速形成研发创新成果，另一方面凭借河北资源与产业化优势，提高科技成果转化率，代表企业有首朗生物、石药集团、华北制药、微构工厂等；珠三角凭借地理位置、产业基础、系列利好政策等形成较强的区域效应，生物技术企业发展迅猛，代表企业有华大基因、倍生生物、态创生物等；安徽、山东、四川、新疆等地凭借资源优势和灵活的扶持政策，培育了华恒生物、华熙生物、川宁生物等一批龙头企业，这些龙头企业在各自的领域创造出骄人成绩，引领行业快速高质量发展。

例如，华恒生物是一家以合成生物技术为核心，通过生物制造方式，从事生物基产品的研发、生产、销售的国家高新技术企业，已建成包含工业菌种创制、发酵过程智能控制、高效分离提取和产品应用开发等全产业链的领先技术研发平台。主要产品包含氨基酸系列、维生素系列、生物基材料单体等，其中丙氨酸、缬氨酸系列产品产销量均居全球首位。厌氧发酵工业化技术国际领先，全球首次实现微生物厌氧发酵规模化生产L-丙氨酸产品，大幅降低能源消耗及成本，发酵过程二氧化碳零排放，L-丙氨酸占全球份额50%以上。

（四）生物制造是战略性新兴产业

生物制造融合了生物学、化学、工程学、人工智能等多种技术，具有绿色、高效、可再生等特点，在医药与护肤品、农业与食品、化工材料、能源等领域重构传统化工的生产路线、替代传统天然产物的获取方式、颠覆传统农业种养殖模式。

北京化工大学校长、中国工程院院士谭天伟于2024年4月25日在"2024中关村论坛年会"工程科技创新论坛上，作《生物制造改变未来》主旨演讲时提出：生物制造是新质生产力非常重要的新赛道和新业态，国家发改委牵头，工信部和科技部等国家部委正在联合制定国家生物技术和生物制造行动计划。生物制造被认为具有引领"第四次工业革命"的潜力[1]，未来前景十分广阔，是世界各国竞争的热点。我国也把生物制造列为重点发展的战略性新兴产业之一，是"新质生产力"的重要组成部分。

未来，随着生物技术进一步取得突破性进展，生物制造还有望向采矿、冶金、电子信息、环保等领域拓展，发展前景十分广阔，将成为经济增长的重要引擎。

三 促进未来生物制造发展的建议

我国虽然在生物技术和生物制造方面取得了可喜的成绩，但与国际先进水平尚有差距。底层技术研发能力不强、跟踪多、原创少，科学知识供给不足、重大共性关键核心技术突破不多、基础研究对产业贡献少、核心工业菌种知识产权风险高等。不断升级的中美贸易摩擦促使美国持续加大对我国技术封堵力度，国际竞争进一步加剧，生物制造正在成为第二个对我国科技产业限制的领域。

（一）强化顶层设计

目前，全国各地都在出台扶持生物技术、生物制造的相关政策、措施、方案，但很多内容雷同，没有认真研究本区域实际情况，特别是一些制约要素没有很好地分析，只是生搬硬套国家政策，生搬硬套别人的成功经验和做法，不利于本区域企业良性发展。

第一，强化顶层设计和系统谋划，加强国家各部门统筹协调和配合，推进落实国家相关中长期战略规划。

第二，各区域要根据国家总体战略规划，认真研判本地实际情况，制定适合本地科学可持续发展且与周边区域融合发展的规划。

---

[1] 谭天伟：《生物制造改变未来》，工程科技创新论坛演讲，北京，2024年4月25日。

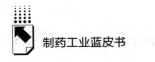

（二）加强技术创新

第一，加强生物技术平台建设，发展生物计算设计等共性技术体系，建设具有国际领先水平的科技基础设施，夯实生物制造科技自立自强的根基，提升基础研究和底层创新能力。加大政府对高校、科研院所相关学科、研究平台、人才队伍的建设投入力度，支持建设国地联合高能级创新平台，设立中国生物制造产业技术研究院，发展基础性底层技术及前沿技术。

第二，支持和引导企业加大研发投入，提升企业技术创新能力。研究制定支持工业企业创新发展的政策措施，引导企业加强技术创新平台建设，突破制约企业创新发展的关键核心技术，加速科技成果的产业化应用与示范。

第三，聚力"卡脖子"技术攻关。在国家层面组织重点企业、高校科研机构成立国家级课题组，持续推进核心工业菌种的创新迭代，加大数据库和数据安全、碳中和、化工能源、未来食品、药物合成等重大科技攻关力度，保障产业链安全。

第四，加强知识产权保护。完善符合生物技术、生物制造创新特点的专利授权与确权制度，加大知识产权保护力度，营造良好的创新与运用环境。

（三）强化产业扶持

第一，加强生物制造产业基地建设。根据各地资源禀赋和功能定位，建设生物制造产业基地，优化要素供给，提高产业承载能力，主动对接国家重大科研成果转化机构，引导产业集聚发展。

第二，加大生物制造产业标志性链主建设，积极对接国外头部企业和技术制高点企业，支持鼓励基地园区、社会组织和企业参加国外知名展会、推介会等活动，加强品牌建设。

第三，支持生物制造产业联盟建设。指导中国生物制造产业联盟建设并高效运行，扩展联盟服务范围，发挥联盟专家委员会智库作用，加强产学研用金对接合作，提高专业服务质量。

第四，强化市场主体培育。梯次培育创新型企业、专精特新企业、专精特新"小巨人"企业和县域特色产业集群"领跑者"企业，鼓励企业深耕专业领域，打造一批"链主"企业，培育一批上市企业。

（四）强化高水平人才队伍建设

第一，加强人才队伍顶层设计，科学制定人才队伍建设规划，采用自主培养和外部引进相结合，创新机制体制。积极培育和吸引国内外高水平人才和留学生回国参与科研和创业，特别是为国家战略需求服务的人才。

第二，建立科学合理的人才评价体系和人才培养激励机制。着力培育具有更多创新活动能力的青年创新型人才队伍和进行跨学科人才培养。营造鼓励创新的氛围和机制，支持人才开展前沿性、创新性研究工作，激发他们的创造力和潜力，提升我国生物制造的研发创新环境和人才集聚能力。

第三，建设良好的人文环境。关注人才的生活和工作需求，给予充分的人文关怀，增强归属感和忠诚度；加强国际人才交流与合作，拓宽人才的国际视野，提升人才队伍的国际化水平；推动企业、科研机构、金融机构等单位的人才深度合作，促进科技成果转化和应用。

第四，经济欠发达或地理气候环境不好的地区，可以结合地区生物产业需要。以税收优惠、研发补贴、人才双飞地等形式培养专业企业综合人才，加快打造地区生物产业发展优势。

（五）加强国际合作

第一，创造条件充分利用国外人才、技术等优势资源，加强与国外政府间、民间的合作与交流。

第二，积极推进与大型跨国生物制造企业建立战略伙伴关系，合作开发新产品，共同开拓国际市场。

（六）加快推动市场准入

加快制定和优化生物制造产品的市场准入审批与监管政策，鼓励产品消

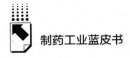
费，优先采购获得认定的产品，推动传统产业绿色转型升级及全新生物制造产业形态培育的产业体系建设，发展生物经济新动能。

（七）精准配置要素

第一，加强领导，设立中国生物制造产业发展领导小组，负责顶层设计，统筹指导全国生物制造产业发展各项工作，研究制定政策措施。

第二，优化要素供给，统筹生物制造重大要素匹配与保障措施。优化生物制造相关学科布局和人才培养方案，提高专业人才供给质量，满足生物产业用人需求。

第三，加大投入，设立生物制造产业发展专项资金，支持重大产业化项目。同时，加大政府产业引导基金支持力度，调动企业、金融、保险机构的积极性，引导社会资本支持生物制造企业发展。

B.3
化学制药工业高质量发展路径之探讨[*]

汤立达[**]

摘　要： 本文回顾了化学制药的发展历程和当前面临的挑战，阐述了提高研发创新的质量和效率是发展我国化学制药新质生产力的重要内涵。从加强产研合作，提高创新药质量和科研成果转化效率；重视转化医学，挖掘药物分子的临床新价值；发展新技术，保持化学原料药（API）的竞争力；重视监管科学研究等方面探索了化学制药新质生产力的发展路径。

关键词： 化学药品　创新药　监管科学　新质生产力

一　化学制药发展的历史回顾与挑战

化学制药是保障人类健康的重要物质基础，也是整个现代医药产业的基础。人类社会发展历史上，有多款里程碑的化学药品的发现和应用，不仅为人们的健康保障提供了有力的支持，还带来社会经济的重大变革，进而影响了人类现代历史的进程。如第二次世界大战期间，青霉素的临床运用和批量生产，挽救了大批盟军伤员的生命，对保障盟军战斗力发挥了重要作用；20 世纪 60 年代口服避孕药物的发明与应用，有力地保障了育龄妇女的健康，对女权运动的发展和妇女劳动机会的提高影响至今；靶向抗肿瘤药物的研发成功，使恶性肿瘤的治疗进入新的时代，并引发后续

---

[*] 本文数据来源为《2023 年版基本药物目录》，药融云数据整理。

[**] 汤立达，天津药物研究院党委书记、首席科学家，研究员。

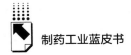

抗肿瘤药物的研制热潮。[1]

伴随着化学制药工业的发展，各国政府和国际组织逐步建立起完善的、全球性的药品研发、审批、质量控制、生产管理、市场流通等全生命周期的监管体系，促进了全球药品研制效率的提高和高品质药品的可及。正是这些成熟的药品监管体系，为其他新型药用物质如抗体药物、核酸药物，以及细胞和基因疗法（CGT）的商业化应用和产业发展，提供了可借鉴的坚实基础和监管体系，促进了生物技术药物行业的发展。

我国化学制药工业已经发展成拥有品种丰富、类型多样、监管体系完备的现代医药产业体系。化学原料药更是成为世界医药产业供应链不可缺少的力量，是我国医药行业中最有国际竞争力的子行业。化学制剂类型不断丰富，质量进一步提升，绝大部分制剂类型实现了商业化生产，不断满足临床用药需求。化学药品是我国临床用药的主要基础物资，近年来受到多种因素的影响，化学药品的市场份额虽有波动，但是作为临床用药保障的主力军地位并没有受到撼动。

按统计口径计，化学制药包括化学原料药、化药制剂、药用辅料等，构成我国医药行业经济的基本盘，多年来占比超过整个行业年收入的七成。从临床用药来看，在现行基本药用目录中化学药品396种，占57.8%，超过中药和生物药的总数。2023年版医保目录中，按品种计，化学药品有1537种，占49.8%，也几乎是中药（包括892种中药饮片）和生物药的总和。以通用名计，2022年全国医院药品销售前100位品种中，化学药品有73种，即使在药品零售市场TOP100中，化学药品也占40席，处于首位，显示了化学药品在临床用药中的重要地位和作用。

近年来以抗体药物为代表的生物技术药发展势头强劲，全球药品销售TOP50中生物药数量不断增多，生物药技术交易额也屡创新高，吸引了大

---

[1] Hartmut Beck，Michael Härter，Bastian Haß，Carsten Schmeck，Lars Baerfacker，"Small Molecules and Their Impact in Drug Discovery：A Perspective on the Occasion of the 125th Anniversary of the Bayer Chemical Research Laboratory"，*Drug Discovery Today* 27（6），2022：1560-1574.

批资本眼光。资本市场和社会上，弥漫着化学制药已经日薄西山的感觉，加上环境、安全以及"双碳"等话题的炒作，化学制药的行业地位受到市场质疑。实际上，化学制药具有以下特点，在临床治疗上拥有不可替代的地位。

（1）化学药品结构明确，质量控制体系完善，产品质量的稳定性和一致性高，也正是这一特点化学药品有仿制药（Generic drugs），而抗体药物只能是类似药（Biosimilar），这个特点对于保证药品质量、保障药品可及的公平性极为重要。

（2）化学药品的作用靶点多样，可包括受体、离子通道、酶、调节蛋白等，对一种疾病表型可从不同层级、不同路径进行干预，使化学药品的选择范围更加丰富。

（3）化学药品可以制成不同的剂型，适合各种给药途径，可精准满足不同病症及用药群体的需求，提高药品使用顺应性和临床疗效。

（4）针对同一靶点的化学药品结构多样，有利于丰富临床用药选择。

（5）化学药品行业经过一个多世纪的发展和积累，许多疾病，特别是常见病、慢性病已经有多种不同层级的药品供选择，可满足不同层级患者的需求，这对于我国疾病类型多、家庭经济水平差距大的人口大国来说尤为重要。

（6）化学制药不仅提供直接的治疗用药品，还提供临床使用的其他化学用药，为其他子行业无论是传统的中成药还是现代的抗体药物、核酸药物、疫苗等提供不可缺少的生产用化学制品。

每年全球批准上市的新药中，化学药品无论是数量还是临床适应证都是最为丰富的，2023 年美国 FDA 共批准新药 55 个，其中化学药品有 40 个，属于原创性（FIC）的新药有 20 个，18 个是化学药品。我国 CDE 2023 年批准 40 个新药，化学药品占 19 个，从受理审批 IND 和 NDA 的构成来看，化学药品的占比更高，可以预见，在未来相当长时间内，化学药品的创新仍然保持强劲的势头。[①]

但是，我们仍清醒地看到，受到多重因素的影响，当前我国化学制药行

① 国家药品监督管理局药品审评中心：《2023 年度药品审评报告》，2024 年 2 月 4 日。

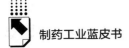

业发展面临瓶颈和挑战，近几年的发展速度有所下降，特别是最近两年的销售和利润的增幅下降明显。化学创新药研发项目海外交易，在生物技术创新药交易大单面前更是黯然失色。化学制药的升级发展之路在相关管理部门和产业界已有多种探索，本文结合自身对药物创新的认识及行业技术状况，从提高研发创新的质量和效率角度，对化学制药如何加快发展新质生产力谈些个人看法。

二 重视基础研究，提高创新药质量

2023 年 9 月，习近平总书记在主持召开新时代推动东北全面振兴座谈会上，强调要整合科技创新资源，引领发展战略性新兴产业和未来产业，加快形成新质生产力，增强发展新动能，这是首次提出发展"新质生产力"的概念。2024 年 3 月，李强总理在政府工作报告中把"大力推进现代化产业体系建设，加快发展新质生产力"放到 2024 年政府十大任务的首位。制药工业是科技含量很高的产业，是发展新质生产力的一支重要力量。创新药是化学制药行业的利润之母，也是企业行业地位的重要标志。2023 年 8 月召开的国务院常务会议审议通过的《医药工业高质量发展行动计划（2023～2025 年）》提出"要着眼医药研发创新难度大、周期长、投入高的特点，给予全链条支持"。因此，提高研发创新药的质量和效率是发展我国化学制药新质生产力的重要内涵。

进入 21 世纪以来，随着行业自身发展的需求，加上国家"重大新药创制专项"等政策的引导，传统制药企业加大创新投入，新兴的研发型公司更是大量涌现，已经取得一些成绩。近十年来，我国本土企业自研上市的一类化学新药就超过 80 个，也有个别成果进入了美国等发达经济体。但总体来说，我国创新药的综合水平与发达国家相比，还有相当的差距，突出表现为：一是原创性新药数量很少，我国批准上市的 80 多个创新药，绝大部分是 me-too 类的追随创新，原创性的数量极少，导致我国大部分创新药上市之时，就受到原创药品的竞争；二是创新药物的靶点过于集中，特别是一些热门的肿瘤药物靶点，常常多家申报，有些超过 10 家的 IND，这不仅造成社会资源的极大浪费，也为这些创新成果的市场表现增加了不确定性；三是我国本土的 NCE 进入国际市场的很少，不仅发达经济体的数量少，在其他国家上市销售的也很少。这类质量不高的创新药，不仅消耗大量社会创新资源，还会对行业发展方向产生误导。

造成这一局面的原因主要有两点：一是企业从事基础研究和前沿技术研究的力量太弱；二是技术成果交易的市场化理念和机制不够完善，为数不多的创新成果的成药化、商业化的效率不高。

新药创制发展到现代，低垂的果实几乎被摘干净了，一般性的以结构创新为特征的创新药，如果没有显示特有的临床价值，很难有国际性的市场机会。要获得有价值的创新药，必须高度依赖基础科学对疾病新机制的发现、新型诊断标志物的确认，以确定新的干预途径。同时，还要有新靶点的高精度生物学结构数据，以及生物信息学、AI 等技术手段的应用，提高潜在药用新药分子的发现速度及商品化开发进展。

我国制药企业中与原创性新药开发密切相关的分子生物学、生物物理学等基础技术力量很弱，高水平的生物信息学、AI 人才也不足，难以支撑开发 FIC 创新药所需要的前期基础发现。另外，科研机构、高校有较为雄厚的基础研究力量，但缺少技术开发人才和新药的配套力量，也缺乏市场化的技术合作意识，导致有价值的科学发现，迟迟无法实现临床应用的转化。要改变这种局面，除了国家政策层面的引导，更重要的是创新链上的学术界和产业界都应有正确的定位，加强研产合作，推动科研成果的转化，提高创新药质量。

首先，行业企业应以多种形式介入早期研究，积累原创性科学发现，为开发 FIC 创新药奠定技术基础。加强与高校、科研院所的长期、持续的合作，以科研基金、联合实验室等形式，资助科研团队开展与企业战略领域适配的基础研究，实时关注基础新发现，并配备强大的成果转化研究力量，及时将基础科研成果转换成企业自身的优势技术平台，形成核心竞争力。基础研究不仅有助于发现新的靶点，而且阐明了传统"不可成药"靶点的生物

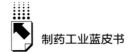

学机制，为小分子开辟新的作用方式，如 PROTAC、分子胶等，进一步拓展了小分子的药用性能。

其次，学术界或专业性的生物技术公司对自身成果的商业转化也要有正确的市场定位，善于合作，以终为始。新药研发是一项费时、耗钱、多学科协调的系统工程，从靶点确认、先导化合物发现和优化、剂型确定到临床研究及商业化成功，不同的阶段有不同的学科需求，生物技术公司、初创公司、传统大药企等不同性质的企业在新药创新链、产业链上有各自的优势，企业应当根据自身的特点，发挥优势，加强合作。有关文献分析了 2010～2020 年 FDA 批准的 50 个抗肿瘤 FIC，由大企业先行发现的只占 14%，60% 的研发者是生物技术公司（多数也是学术机构创办的）和学术机构，但最终由大公司完成关键临床研究，推到市场实现商品化的数量却占了 76%。[①] 在全球抗击新冠疫情发挥了"定锚"作用的 P 药和 M 药，也是多家公司合作的结果，但在最后阶段都由跨国大公司推向市场。

国内传统大药企与新兴研发型公司这种"接力式"的成功合作不多，这对传统制药企业或是新兴研发公司都是损失。希望业内各类企业在日后多加强这类合作，建议行业管理部门也要尽可能多地加强针对性的引导。

三　充分挖掘资源，提高创新效率

基础研究不足是我国化学制药行业开发 FIC 创新药的先天缺陷，也难以在短期内一蹴而就。但追随式创新（follow-on）也还有不少的市场机会，至少在国内市场的机会还是比较大的。这类 NCE 的商业成功依赖开发速度和品种特点，在 follow-on 中成为 best-in-class。以下策略是增大 follow-on 商业成功概率的有效途径。[②]

① Kate H. Kennedy et al., "Small Biotechs Versus Large Pharma: Who Drives First-in-class Innovation in Oncology", *Drug Discovery Today* 28 (2), 2023.
② Landsay Spring et al., "First-in-class Versus Best-in-class: Anupdate for New Market Dynamics", *Nature Reviews Drug Discovery* 22 (4), 2023.

（1）适应证的选择：非肿瘤类适应证的机会相对多些，肿瘤药物的迭代太快，同靶点的后来者难有机会。糖脂代谢、心血管疾病等慢性病的群体庞大，亚型分类多，后续者腾挪空间也更大。

（2）多样性临床研究设计，充分挖掘新产品的关联新适应证，实现"侧翼"超越。完成1个新药分子（即使是 me-too 类）的全程研发，上市申报是很不容易的，劳神费力。千万不要简单完成临床研究申报上市了事，应当根据新药的作用机制，设计多样的临床，以充分挖掘新分子的临床特点，为商业推广创造机会。恩格列净是很好的例子，本来作为血糖调节药物的 SGLT-2 抑制剂，恩格列净是第三个被批准上市的。但因为在临床研究中注意到受试者心功能的改善，就加速针对心衰的临床研究，并优先获得批准，成为第一个获得心衰治疗的 SGLT-2i，实现对首个 SGLT-2i 药物达格列净的逆袭。

PDE4 抑制剂西地那非则是从最初的临床研究失败，而通过分析临床数据，转换适应证成为重磅炸弹的案例。正是对作为心肌缺血药物临床试验的数据分析，注意到了新的适应证，再结合新的作用机制研究，开发了第一个 ED 治疗药物，继而又成为肺动脉高压（PTH）的特效药物，为 PTH 药物的开发开辟一条新的路径。

借助基因检测开展精准用药研究，有利于发现适应本产品的最优"亚型"，这样虽然受众群体缩小了，但可以在临床推广上更加突出特点，避开 FIC 的正面交锋，这对于变异性高的肿瘤新药的商业开发特别有价值。

以往国内制药企业临床试验相对简单，以满足最低注册要求临床方案完成研究注册，虽然在资金和时间上有所节省，但也可能失去更为宝贵的 NCE 临床数据，以及由此带来的市场机遇。

（3）充分利用中药研究数据，丰富新药分子设计的多样性。无论是原创性新药还是追随式创新药，分子结构的新颖性都是先决条件。虽然现在许多公司都已经使用 CAD、DEL 等技术和平台，增加候选分子的结构多样性，加快先导化合物的发现，但仍然常常陷入结构专利纠纷之中，或是效率很低，合成一大堆无活性的新结构。天然产物则是同时拥有生物功能性和化学结构特殊性，成为新药结构的重要来源。丰富的中药研究数据正是我国创新药的重要资源。新中国成立以来，对中医药的现代科学研究，在中药药效作用基础、药效分子解析、多组分相互作用网络分析等领域已经积累了大量的资料。化学制药行业企业应充分利用这些中药研究的积累，结合单细胞转录组学、蛋白组学、钓靶技术、类器官筛选等新技术，明确中药化学成分的作用靶点，再以此为基础开展结构修饰、QSAR 分析等，进而发现结构新颖的PCC。天然成分的化学结构比较特殊，不易陷入专利纠纷，还可能体现特有的代谢特征，可以大大提高新分子的成药性。2022 年 CDE 批准上市的治疗肝癌的淫羊藿素，就是从传统中药材发现新疗效新分子的典型例子。第一代 SGLT-2 抑制剂的先导化合物根皮苷的灵感，就是受到喝苹果等水果果皮煮的水，可增加尿液的糖分这个西方民间记载的启发。

（4）老药临床再定位研究是现代新药发现高效、安全的途径。[①] 目前临床上有大量的药物分子，有些已经使用百年以上。长期的临床实践，积累了海量的疗效数据。还有群体药代动力学、种群临床药理、不良反应等数据。基础研究的进展，不断揭示老药物的作用新机制，对早先基于表型筛选的药物分子的作用机制的揭示，更是蕴含着丰富的新用途开发信息。大数据分析技术的应用，临床多组学技术的不断完善，为老药临床再定位提供了有力的技术支持。20世纪 60 年代因严重不良反应而声名狼藉的沙利度胺（反应停），却在科学新发现的指导下开发成为治疗多发性骨髓瘤的特效药，再进而引导开发了更加安全、高效的来那度胺，这些都是新的科学发现对老药分子临床再定位的经典案例。

（5）重视临床价值与工程化研究，实现创新剂型的产品化。剂型创新不仅是延长专利药独占期的重要商业手段，也是挖掘药物分子临床价值的技术支撑。由于在 NCE 研制方面的技术差距，我国化药企业一度寄希望于剂型创新，实现品种替代，但至今没有一款革命性的新型 DDS 技术是由我国企业开发并实现商品化。新的注册管理办法鼓励改良性创新，但从近几年的

---

① Sudeep Pushpakom et al,"Drug Repurposing: Progress, Challenges and Recommendations", *Nature Reviews Drug Discovery* 18（1），2019.

实施效果来看，实际效果并不明确，以 2023 年药品注册数据为例，2 类（包括各亚类）新药的 IND 数量和 NDA 数量都远少于 1 类创新药，其中的原因有多种，最为重要的原因是剂型改进的目的不明确，有不少是为了创新而创新，未能体现临床优势。有些则由于复杂剂型的工程化技术没有过关，与此配套的专用辅料、工艺设备以及质量监控体系缺乏，难以保证这些复杂制剂的质量稳定性。实际上，剂型创新对弥补我国原研新药力量不足、发挥化学制造的专长是有利的，但需要多学科的上下游配合完成。新剂型开发的重点应当针对某些群体的特殊需求，如老年群体吞咽困难的剂型、减少服药频次的长效剂型、儿童群体的口味要求、剂量调整等特点，或者是某些疾病的用药特点如慢性疼痛、精神分裂症的超长效剂型等。

四　加强新技术的应用，保持 API 的竞争力

化学原料药是我国医药行业中最具竞争力的产业类型，在全球医药行业的供应链中占有重要的地位。近年来随着安全生产、环保、双碳政策要求的提高，生产成本不断攀升，另外，西方国家为保障供应链弹性，也鼓励本国加强 API 产业技术的升级，以增强原研药 API、临床基础用药 API 自我供应能力。要应对这些挑战，只有不断应用新技术，在产品质量和成本上持续发力。要加快连续制造、微通道反应、固定床催化、酶催化、在线控制等在 API 生产中的应用和监管认可，发展集成制造体系及柔性制造单元，大幅降低生产成本。近年以合成生物学技术为支撑的生物制造，不仅在传统发酵类 API 生产中大显身手，在非天然 API 关键中间体制造中的产业技术也日益成熟，并成为美国政府的重点支持领域。西方国家合成生物学技术在药用关键中间体制造中的应用，有可能对全球 API 供应链构成产生颠覆性的影响。Antheia 公司已经实现蒂巴因、东莨菪碱、东莨菪碱等关键中间体工程菌生产的规模工艺研究[①]，一旦实现商品化供应，几乎可以摆脱对天然资源的依

---

① "Next-generation biosynthetic KSMs and APIs"，https：//antheia.bio/pipeline/.

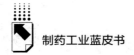

赖。我国 API 行业要高度重视这些技术的应用，加强研产结合，推进合成生物技术、连续制造等新兴技术在 API 行业中的应用。

五　树立大化学制药观，扩展化学制药的产品边界

药品自然是化学制药行业最为重要的产品和追求，但作为整个医药产业基础的化学制药行业，不仅提供临床治疗直接使用的药品，还包括医疗服务行业中大量使用的非药类化学制品，如制剂辅料、多种营养补充剂、诊断试剂，以及抗体药物、基因和细胞治疗、核酸药物等新型药物，都需要有大批的化学制品。这些化学制品虽然不是直接使用的药品，但对于其他活性成分成为"药品"是不可缺少的，其质量与性能甚至可以开创一个新产业。[①] 没有 SNAC 辅料及制剂技术，也就没有口服司美格鲁肽这个"重磅炸弹"；没有 LNP 等载体材料的发明及相应的荷载技术及质控体系的完善，核酸药物也难以进入商业化时代。现在大为热门的 ADC，其中的连接子、药物分子（payload）及偶联技术是其核心技术构成，也是化学制药技术延伸的领域。细胞产品开发、疫苗产业中也要用到大量的专用化学制品；新型显影剂和示踪剂，显著提升了影像技术的临床应用及诊断水平。这些非药化学制品的化学制备原理与化学制品类似，其质量控制和监管体系，也需要达到临床医用水平。化药行业拥有天然的技术和管理优势，完全可以作为业务扩展的方向，开辟行业的新领域，也促进其他关联产业的发展。从行业管理上，应将这类医疗用非药类化学制品纳入化药行业管理，建立相应的质量体系和技术指南，完善和提升我国化学制药行业的产品结构和技术力量。企业也可根据自身的技术优势，选择开发差异化的产品，增强市场竞争力。

---

① Lewis L. Brayshaw, Carlos Martinez-Fleites, Takis Athanasopoulos, Thomas Southgate, Laurent Jespersa and Christopher Herring, "The Role of Small Molecules in Cell and Gene Therapy", *RSC Med. Chem.* 12（2），2021：330 - 352.

六 重视监管科学研究，促进新技术新产品的国际化准入

药品是严格全生命周期监管的商品。新技术的应用、新产品的上市首先要使监管部门对其可监管化。化药行业管理部门及制药企业，需要高度重视监管法规的实时进展，同时要主动协助政府监管部门，建立新技术的监管方案，这样才有可能将新技术应用到实际的产业发展中，比如对于合成生物学技术在 API 关键中间体中应用的中控体系、新型 DDS 的质量标准及关键质量属性表征、连续制程技术在医药产品生产的 GMP 管理实践等，行业部门应从科学监管的角度先进行监管的科学问题的研究，主动对接监管部门，实现新技术可监管化。

对于区域性、全球性监管体系的了解和遵循更是实现产品国际化的前提。制药企业要提高参与国际行业标准研究的自觉，只有事前多做"义务工"，才可能有事后的话语权。美国总统 2022 年 9 月签发的行政令（Advancing Biotechnology and Biomanufacturing Innovation for a Sustainable, Safe, and Secure American Bioeconomy），其中有专门章节强调要以美国的价值观主导生物制造方面的国际标准制订，我国行业对此一定要高度重视。行业管理部门应当进行引导，鼓励、支持、引领国内企业参与国际标准的研究工作。

一个多世纪来，化学制药行业在保障人类健康、战胜重大传染疾病方面发挥了重要作用，为提高我国民众健康水平做出了历史性贡献。随着生命科学、基础医学、转化医学新发现，化学制药技术创新领域将越来越宽。化学制品在精准医疗、联合治疗等方面将有更多样的作为。我们要牢记护佑健康的初心和使命，以有效的技术创新厚植新质生产力，化学制药行业将可与生物制药、细胞治疗等新兴治疗交相辉映，在保障民众健康、增强社会经济实力中继续发挥中坚作用。

B.4
医药企业 ESG 信息披露体系建设研究*

夷征宇　吴耀卫　朱蓓芬**

摘　要： 为不断适应医药行业发展，推动医药企业绿色低碳战略转型，实现高质量发展目标，亟须建立符合医药企业特点的 ESG 信息披露指南。2023 年 8 月 25 日，由上海医药行业协会提出并归口，上海医药集团股份有限公司（上海医药）、上海质量管理科学研究院（上海质科院）和上海医药行业协会联合牵头起草的《医药企业 ESG 信息披露指南》（T/SHPPA 022-2023）团体标准正式发布实施。该指南以真实、完整、及时、一致、连贯原则为基础，以国家相关法律法规和标准为依据，结合我国国情和医药行业企业特点，从环境、社会、治理三个维度构建 ESG 信息披露指标体系，为医药企业开展 ESG 信息披露提供基础框架，促进企业实现经济价值、社会价值与环境价值的统一，就上海医药而言，ESG 已成为企业常态化运营的管理标准和长远健康发展的重要内核，其用绿色、健康、可持续发展的底层逻辑贯穿产业链，从而推动上海医药可持续和高质量发展。

关键词： ESG　制药行业　可持续发展

一　协会标准化工作简介

上海医药行业协会成立于 1987 年 1 月 5 日，是中国医药行业最早成立

---

* 本文数据来源为上海医药公众号。
** 夷征宇，上海医药行业协会执行副会长兼秘书长；吴耀卫，上海医药行业协会副秘书长；朱蓓芬，上海医药行业协会科技咨询部经理。

的地方性医药行业协会之一，是上海民政局首批通过的 5A 级社会组织，并于 2018 年、2023 年分别通过 5A 级社会组织复评。

上海医药行业协会立足上海建设国际化、全球卓越城市大背景和四大品牌建设，积极开展标准化建设创新实践，拓展服务长三角一体化发展战略以及国际化合作的新思路。

2018 年协会申报了"上海市团体标准化试点项目"，由此开启了协会标准化工作的新征程。截至 2024 年 1 月，协会已编制和发布了 26 个团体标准，参与上海市药品监督管理局起草的《药品生产全过程数字化追溯体系建设和运行规范》（DB31/T1400-2023）地方标准制定。

协会连续三年参评"上海标准"，其中《窄治疗指数药物质量评价及标准制订的通用技术要求》（T/SHPPA 007-2020）、《药品生产数字化质量保证技术要求》（T/SHPPA 010-2021）、《药品多仓协同运营管理规范》（T/SHPPA 013-2022）团体标准分别于 2021 年、2022 年及 2023 年获"上海标准"标识证书。

二 建立医药企业 ESG 信息披露体系的重要意义

ESG 信息披露是关于环境（Environmental）、社会（Social）和治理（Governance）的信息披露体系。ESG 信息披露可以帮助医药企业树立良好的企业形象，提升品牌价值，提高综合竞争力，帮助医药企业增强透明度和可信度，让股东、投资者、客户和员工更好地了解企业的运营和管理情况，提高信任度和忠诚度，帮助医药企业降低风险和运营成本，充分识别环境污染、劳工纠纷、管理不善等风险。

近年来，国际国内社会责任及 ESG 信息披露相关政策、法规和标准迅速发展，数量逐渐增多，但各国或地区推进路径存在一定差异。如欧洲长期关注该领域，常通过政策驱动信息披露实践；美国更多依靠资本市场驱动社会责任及 ESG 信息披露，除在特定议题上逐渐出现强制披露的倾向之外，目前仍以自愿性披露为主；我国起步晚于欧美国家，但发展迅速，势头强劲，相关政策出台较为频繁，相关标准不断推出。

2020 年，我国将"双碳"目标纳入生态文明建设体系，绿色发展理念引领着我国的经济社会建设，绿色可持续发展理念得到了政府、监管机构和市场本身的高度关注。"可持续发展、绿色低碳"作为 ESG 的核心理念，与我国"碳达峰、碳中和"的发展战略高度契合，"双碳"正在促使 ESG 快速发展，ESG 也将气候变化、碳排放等作为重要议题。

医药行业是国家经济发展的支柱之一，为企业和国家创造了巨大的经济效益。更重要的是，医药行业是保障民生、增进民生福祉的不可或缺的行业。医药行业属于知识密集型、技术密集型、信息密集型产业，医药企业具有巨大的创新发展潜力和增长动能，然而在医药企业由高速增长转为高质量发展的现阶段，由于其社会责任缺失导致的违法、违规现象频频发生，在此背景下，开展医药企业 ESG 披露的研究和应用对于医药企业具有重要的现实意义。

ESG 信息披露体系是在考量传统财务回报的基础上，进一步考虑环境、社会责任以及公司治理三个层面来评估企业经营的可持续性和社会影响，更加关注企业的可持续成长及社会贡献度。ESG 作为一项基础工程是组织评估评级和投资指引的重要基础，目前已发展成为组织可持续发展的核心，逐渐成为组织非财务绩效的重要评价体系。ESG 信息披露引导组织在追求经济效益的同时，也引导组织诚信对待供应商、客户和消费者，积极从事环境保护、社区建设等公益事业，从而促进组织本身与全社会的协调、和谐发展，引导组织在追求短期利益和长期可持续发展之间寻求平衡。

基于此，为了不断适应市场竞争的发展和需要，推动医药行业绿色低碳战略转型，引导行业高质量发展，建立适用于医药企业的 ESG 信息披露指南十分必要和迫切，对于医药企业可持续发展具有重要意义。

三 《医药企业 ESG 信息披露指南》的制定原则和框架

上海医药行业协会牵头起草的《医药企业 ESG 信息披露指南》团体标

准是建立在医药行业特点和发展需求的基础上，结合相关实操经验和工作要求，充分考虑以下原则。

1. 合规性

作为医药企业，遵守相关法律法规以及各项规章制度是行业发展的基础和根本。因此，在团体标准起草过程中，起草组参考和借鉴了相关的法律法规，包括《中华人民共和国环境保护法》《中华人民共和国公司法》《中华人民共和国劳动法》《中华人民共和国固体废物污染环境防治法》《企业环境信息依法披露管理办法》《上市公司治理准则》《中华人民共和国药品管理法》《药品经营质量管理规范》《药品流通监督管理办法》《中华人民共和国个人信息保护法》等，保证标准条款和技术内容的合法合规要求。

2. 适用性

在标准起草过程中，根据国内外已有的 ESG 披露以及评价相关的理论和实践，结合医药企业 ESG 信息披露工作从披露形式和频次、披露内容、披露流程等方面提出了切实可行的管理要求，并且对 ESG 披露的流程和评价结果应用予以明确和规范，从而确保标准的可实施、可操作、可改进。

3. 针对性

作为团体标准，起草过程中一直注重与行业实际和发展现状以及企业管理实际工作相结合，在通用要求的基础上，选择有针对性、具有特色的管理要求和披露指标，在保证基本 ESG 披露理论和指标要求的前提条件下，增加能够体现医药行业特色的指标，以更好地为医药行业开展 ESG 信息披露提供针对性的指导和参考。

4. 可操作性

医药企业 ESG 信息披露指标体系中二级指标和三级指标，以与环境、社会、治理有关的可持续发展理念、利益相关者理论、委托代理理论和合法性理论为基础，符合市场情况和相关制度，四级指标是对三级指标具体的测量和评估方式的展开，并且在文件中给出了具体的指标说明以及披露方式说明。

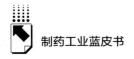
5. 发展性

ESG 核心理念是企业活动不应只着眼于经济效益，同时应考虑环境保护、社会责任和治理成效等多方面因素，进而实现人类社会的可持续发展。ESG 倡导企业在环境、社会和治理等多维度均衡发展，是可持续发展理念在企业界的具体体现。起草组以发展的眼光和系统管理的思维来提升医药行业企业 ESG 管理工作，围绕标准化工作实际，从环境、社会、治理等各个主题构建披露指标体系，不仅考虑医药行业当下发展实际，同时也从支撑行业高质量发展和未来可持续发展的角度提出披露指标，是对医药企业 ESG 管理标准化工作上升到系统规划、持续改进的通盘考虑。

2023 年 8 月 25 日，由上海医药行业协会提出并归口，上海医药集团股份有限公司（上海医药）、上海质量管理科学研究院（上海质科院）和上海医药行业协会联合牵头起草的《医药企业 ESG 信息披露指南》（T/SHPPA 022-2023）正式发布实施。

这是国内首个医药行业的 ESG 信息披露团体标准，为我国医药企业开展 ESG 信息披露提供了基础框架，对推动医药企业绿色低碳战略转型，引导医药行业可持续高质量发展具有积极意义。

《医药企业 ESG 信息披露指南》以真实、完整、及时、一致、连贯原则为基础，以国家相关法律法规和标准为依据，对标国内外主流 ESG 标准与监管指引，结合我国国情和医药行业企业特点，提供披露内容、披露形式与频次、披露流程、披露结果应用的指导和建议，从环境（E）、社会（S）、治理（G）三个维度构建 ESG 信息披露指标体系。指标体系包括 3 个一级指标、13 个二级指标、37 个三级指标和 96 个四级指标。环境维度包括环境管理、能源及资源利用、气候变化、污染防治、生物多样性；社会维度包括产品责任、员工权益、供应链、相关方、责任履行；治理维度包括组织机构及运行、管理机制、可持续发展，全面科学合理地覆盖了医药行业 ESG 信息披露内容。

四　上海医药实施 ESG 信息披露指南的成效

上海医药是上海生物医药产业发展的龙头企业，作为此次标准的主要牵头制定单位，始终以服务国家和人民为己任，秉承"持之以恒 致力于提升民众的健康生活品质"的崇高使命，以高度的使命感和责任感，将可持续发展理念融入企业运营，以实际行动履行社会责任，在民众健康、绿色发展、公益慈善、人才发展等诸多领域创造可持续价值，获得社会广泛认可。

上海医药凭借医药领域研发与制造、分销与零售全产业链覆盖的独特优势，依托开拓进取的创新精神，全链条提升药品与医疗服务可及性。截至 2023 年，临床申请获得受理及进入后续临床研究阶段的新药管线已有 68 项。目前上海医药产品中被用于治疗罕见病的共有 49 个品种，覆盖 67 个罕见病病症，是国内拥有罕见病药品批文最多的企业。上药云健康依托"互联网+"打造智慧医疗，提供以专业药房为基础的创新药全生命周期服务，提高患者用药的可及性及便捷性。搭建创新型普惠健康医疗服务及保障平台，以服务中国多层次医疗保障体系建设为目标，共同构建就医用药新模式，减轻患者用药负担。

上海医药深入贯彻绿色发展理念，积极响应国家"双碳"战略，始终以"成为一个资源节约型和环境友好型集团公司"为目标，坚定不移开展绿色运营，推动产业与社会绿色转型。截至 2023 年底，31 家下属企业通过 ISO 14001 环境管理体系认证，27 家下属企业获得 ISO 50001 能源管理体系认证。目前已拥有 9 家国家级绿色工厂、8 家省市级绿色工厂、1 家"零碳"工厂、1 家国家级"绿色供应链"企业，是坚持数量、质量和效益并重，实现绿色发展和经济效益"双赢"的体现。

五　结语

中国经济发展已经进入了新时代，基本特征就是我国经济已由高速增长阶段转向高质量发展阶段。研究和推广 ESG 是推动中国经济高质量发展重

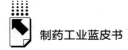
要因素，构建 ESG 评价指标体系，推广 ESG 理念，可以更有效发挥市场机制，引导企业在环境、社会、治理方面的最佳实践，推动企业践行创新、协调、绿色、开放、共享等发展理念，鼓励企业承担更多的社会责任，以应对日益严峻的气候变化、环境污染、贫富差距等挑战，从而推动医药产业健康和高质量发展。

B.5

2023年中国生物医药投融资及创新药研发情况分析

吴夏 李靖*

摘　要： 本文对2023年中国生物医药行业一级/二级市场投融资情况进行综述。药渡数据库投融资板块数据显示，2023年中国生物医药市场投资热度仍处于持续降温阶段。2023年一级市场和二级市场获得融资的企业数量、融资总额均出现明显下滑。然而，融资紧缩暂未显著影响到企业的研发投入。药渡数据库显示，2023年创新药在研数量仍保持持续高速增长。在融资额TOP10治疗领域中，肿瘤领域临床在研数量依旧保持绝对领先。免疫系统疾病、肿瘤、神经系统领域在研数量较2022年均有明显涨幅。

关键词： 生物医药投融资　创新药　靶点　治疗领域

一　一级市场融资分析

（一）融资轮次及企业分析

2023年，中国生物医药行业299家企业共获得近548亿元融资，融资金额同比下降28.9%，企业数量同比下降10.8%。对企业主营业务类型进行分析，结果如图1所示。

---

* 吴夏，博士，药渡智慧（北京）医药科技有限公司咨询合伙人；李靖，博士，药渡智慧（北京）医药科技有限公司董事长。

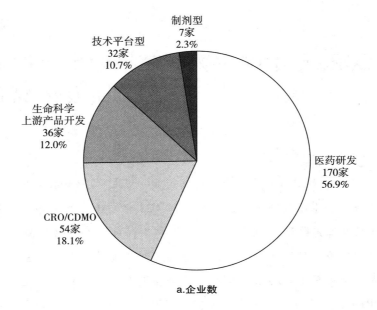

a.企业数

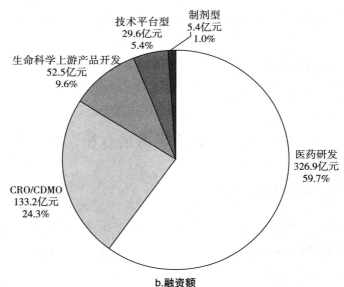

b.融资额

图1　2023年生物医药企业一级市场融资额占比及企业类型

注：按照公开披露数据统计。未明确具体数额的，千万元按照5000万元统计，数亿元按照5亿元统计。

资料来源：药渡数据库，药渡咨询。

其中，医药研发企业共计 170 家，融资额 326.9 亿元，占比 59.7%（2022 年为 66.6%）；其次为 CRO/CDMO 企业，共计 54 家，融资额 133.2 亿元，占比 24.3%；生命科学上游产品开发企业共计 36 家，获得 52.5 亿元融资；技术平台型企业共计 32 家，获得 29.6 亿元融资；制剂型企业 7 家，融资 5.4 亿元。

2023 年中国共发生 376 起生物医药融资事件，各轮次融资数量见图 2。

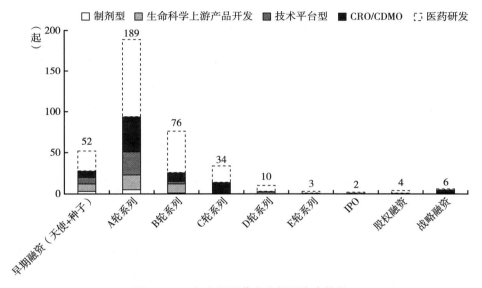

图 2　2023 年生物医药企业投融资事件数

资料来源：药渡数据库。

其中，早期融资共 52 起，含种子轮 9 起、天使轮 43 起；A 轮系列共 189 起，含 Pre-A 轮 68 起，A 轮、A+轮、A++轮合计 121 起；B 轮系列共 76 起，含 Pre-B 轮、Pre-B+轮共计 8 起，B 轮 68 起；C 轮系列共 34 起，含 Pre-C 轮 3 起，C+轮和 C++轮 31 起；D 轮系列共 10 起，含 Pre-D 轮 1 起，D+轮、D++轮合计 9 起；E 轮 3 起；IPO 轮 2 起；股权融资 4 起；战略融资 6 起。

各轮次融资中，医药研发企业融资事件依旧最多，达 203 起（2022 年

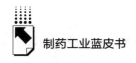

为 294 起），同比下降 31.0%；CRO/CDMO 企业融资事件增长明显。

在各轮次融资金额方面，A 轮系列融资 241.3 亿元，占比最高，达到 44%；其次是 B 轮系列，融资 117.5 亿元，占比 21.5%；C 轮系列融资 89.5 亿元，占比 16.3%。2023 年 A、B 轮系列融资总金额占绝大部分，两者合计占比达到 65% 以上。

各轮次获得最高融资公司情况如表 1 所示。

表 1 2023 年生物医药一级市场各轮次获得最高融资额公司情况

单位：亿元

融资轮次	融资额	公司名称	主营业务领域
早期融资	3.52	核舟医药	放射性配体疗法；肿瘤领域
A 轮系列	22.20	海森生物	心脑血管、代谢领域和急重症领域
B 轮系列	10.00	鞍石生物	肿瘤领域
C 轮系列	11.00	百明信康	过敏和自身免疫性疾病
D 轮系列	6.00	新元素医药	代谢和炎症领域
E 轮系列	11.00	先通医药	诊断和治疗性放射性药物

资料来源：药渡数据库，公司官网。

如表 1 所示，一级市场获得 10 亿元以上融资企业包括 4 家。按照金额由高到低排序分别为海森生物、百明信康、先通医药和鞍石生物。

海森生物为一级市场获得融资额最高的生物医药企业，其于 2023 年 4 月获得 3.15 亿美元（约合人民币 22.20 亿元）的 A 轮融资，融资由康桥资本、阿布扎比主权财富基金领投。该轮募集资金用于未来产品收购和创新产品管线的业务发展。海森生物是一家创新型生物医药企业，在研及上市产品集中在心脑血管、代谢领域和急重症领域。海森生物目前拥有 1 款在研创新药及 7 款来自全球 500 强药企的原研产品，主要负责其在中国的商业化营销。

百明信康是一家专注于开发过敏和自身免疫性疾病药物，于 2023 年 6 月完成了 11 亿元的 C 轮融资。融资资金主要用于现有产品管线的全球开发及商业拓展、自主研发平台的构建及新项目的引入，推动公司国际化和专业化团队的搭建。百明信康基于 PCFiT 技术治疗过敏性鼻炎、过敏性结膜炎和过敏性哮喘（最高处于临床Ⅱ期）；利用 Apitopes 技术治疗多发性硬化症（临床Ⅱ期）、格雷夫斯病、葡萄膜炎、血友病Ⅷ因子抑制物，以及心肌炎和类风湿性关节炎等其他自身免疫疾病。

先通医药以放射性药物和生物抗体药物的研发生产为主，于 2023 年 7 月完成了 11 亿元的 E 轮融资。募集资金用于诊断和治疗性放射性药物的研究、开发和临床应用，其中用于冠心病诊断的心肌灌注 SPECT 显像剂已经上市。此外，国内首个用于阿尔茨海默病（AD）诊断的 Aβ-PET 显像剂欧韦宁®氟［18F］贝他苯注射液已于 2023 年 10 月正式获批上市，可精准识别早期 AD 患者。

鞍石生物以抗肿瘤药研发为主，于 2023 年 12 月完成了 10 亿元的 B 轮融资，旨在研发克服现有疗法局限性的创新药物。融资用于推进鞍石生物科技管线内的临床研究，积极推动中美双申报的进程，助力药品上市和商业化布局。鞍石生物旗下子公司浦润奥生物的伯瑞替尼于 2023 年 11 月获得中国 NMPA 上市批准，用于治疗间质—上皮转化因子（MET）外显子 14 跳跃突变的局部晚期或转移性非小细胞肺癌（NSCLC）成人患者。

（二）TOP10治疗领域分析

根据各治疗领域获得一级市场投资额由多到少进行排序，如表 2 所示。

表 2　2023 年一级市场投资的前十大治疗领域

单位：次，亿元

序号	治疗领域	投资次数	投资次数已披露金额	投资额度已披露金额
1	肿瘤	100	85	146.37
2	内分泌和代谢性疾病（糖尿病、高尿酸血症等）	31	29	91.69
3	心脑血管疾病	17	16	62.26
4	抗病毒（含新冠病毒、疱疹病毒、流感病毒等）	26	22	57.36

续表

序号	治疗领域	投资次数	投资次数 已披露金额	投资额度 已披露金额
5	免疫系统疾病（如类风湿关节炎、系统性红斑狼疮、系统性硬皮病等）	32	27	51.59
6	血液和淋巴疾病（如血友病）	11	8	37.07
7	神经系统疾病（含神经退行性疾病如帕金森病、阿尔茨海默病，精神类疾病如抑郁、焦虑等）	22	21	36.24
8	抗感染	14	12	30.49
9	消化系统疾病	10	7	25.04
10	皮肤疾病	13	12	24.05

资料来源：药渡数据库。

如表2所示，肿瘤仍是投资公司最关注的领域，2023年完成了100次投资，其中投资额度已披露金额达146.37亿元。此外，内分泌和代谢性疾病、心脑血管疾病、抗病毒、免疫系统疾病一直是投资的热点，但明显逊于肿瘤领域。

（三）TOP10靶点分析

对一级市场融资额TOP10靶点进行统计，排序结果如表3所示。

表3　2023年生物医药研发企业融资金额TOP10靶点

单位：亿元

序号	靶点	融资额	治疗领域	针对适应证
1	CD19	15.57	血液瘤	淋巴瘤、白血病
2	BCMA	15.57	肿瘤	多发性骨髓瘤
3	EGFR	15.00	实体瘤	肺癌
4	AXL	11.12	实体瘤	肺癌、肾细胞癌等

续表

序号	靶点	融资额	治疗领域	针对适应证
5	CD7	10.57	血液瘤	白血病；淋巴瘤
6	PCSK9	8.64	心血管疾病	高脂血症、动脉粥样硬化
7	C3	8.64	心血管疾病、神经系统疾病	高脂血症、动脉粥样硬化；脊索疾病
8	MET	8.52	实体瘤	非小细胞肺癌
9	VEGF	7.82	肿瘤、眼科	实体瘤；黄斑病变
10	HER2	7.50	肿瘤	乳腺癌、胃癌

资料来源：药渡数据库。

其中，2023年融资额TOP1靶点为CD19（和2022年一致），该靶点是B细胞表达的一种CD分子（即白细胞分化抗原），属于Ig超家族。CD19是参与B细胞增殖、分化、活化及抗体产生的重要膜抗原，还可促进BCR的信号转导；除浆细胞外的所有B细胞系，恶性B细胞与滤泡树突状细胞都会表达该分子，近年作为B细胞恶性肿瘤免疫治疗的分子靶点受到广泛关注。以CD19为靶点的药物主要为CAR-T细胞疗法，还涉及单抗、双抗、ADC等。涉及适应证以淋巴瘤、白血病等血液瘤为主，其他还涉及视神经脊髓炎、系统性红斑狼疮等适应证。2023年该靶点融资额最高的企业是亘喜生物（10.57亿元）。

融资额并列第一的靶点除了CD19外，还有BCMA。BCMA是B细胞成熟抗原，通常在B细胞的成熟和活化过程中表达。在多发性骨髓瘤等B细胞相关的癌症中，BCMA也可以在恶性浆细胞表面上表达，因此成为多发性骨髓瘤免疫疗法靶标。以BCMA为靶点的药物主要为单抗、双抗、ADC和CAR-T细胞疗法。

位列第三的靶点为EGFR。EGFR称为表皮生长因子受体，是一种膜上受体酪氨酸激酶。在某些癌症患者中，EGFR基因发生突变，导致其过度活跃，从而促进肿瘤的生长和扩散。EGFR突变在非小细胞肺癌中较为常见，其中最常见的突变类型为EGFR激活突变，如L858R和Exon19缺失。这些

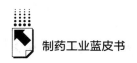

突变使肿瘤细胞对 EGFR 信号通路高度依赖，从而成为治疗的靶点。中国目前上市的 EGFR 抑制剂 1 类新药已有 6 个，形成了非小细胞肺癌 EGFR-TKI（酪氨酸酶抑制剂）"三代同堂"的局面。

位列第四的靶点为 AXL。AXL 作为一种调控多个下游信号通路的受体酪氨酸激酶，在肿瘤的形成、增长及扩散中起到重要作用。AXL 抑制剂拟开发适应证主要针对肿瘤以及自身免疫性疾病。目前行业内研究 AXL 靶点的公司不多，2023 年统计中，布局了 AXL 靶点药物的企业有药捷安康、亚飞生物医药等四家企业，其中亚非生物医药专注于肿瘤领域药物研发，在 2023 年获得了数亿元的 A 轮融资，为其管线的推进助力。

位列第五的靶点为 CD7。CD7 是一种 40kD 的 Ig 超家族成员，正常 T 细胞和自然杀伤细胞表达 CD7，在超过 95% 的急性淋巴细胞白血病（ALL）和 30% 的急性髓系白血病（AML）以及一些淋巴瘤中也表达 CD7。CD7 也是 T-ALL（T 细胞 ALL）、TCL（T 细胞淋巴瘤）、AML 和 NKL（自然杀伤细胞样淋巴瘤）的众所周知的标记物。CD7 被认为是治疗 T-ALL、TCL、AML 和 NKL 的潜力靶点。

与往年相比，资本关注点不再仅仅集中于 PD-L1、HER2、Claudin 18.2 等成熟的大热靶点，而是转向关注具有潜力的新靶点，以求研发上市一些打破当前治疗格局的新药物，为中国生物医药创新市场注入新活力。

二 二级市场融资分析

（一）各板块 IPO 概况

2023 年共计 29 家中国生物医药公司在中国内地、中国香港和美国完成 IPO，企业数量较 2022 年下滑接近 50%。其中，A 股 21 家企业 IPO 募集资金 223.56 亿元（2022 年为 49 家 749 亿元），港股 5 家企业 IPO 募资 285.82 亿港元（2022 年为 8 家 36.38 亿港元），美股 3 家企业 IPO 共募资 2.27 亿美元（2022 年无企业美股上市）。三地 IPO 总募集资金同比下滑约36%。

然而，除了 A 股呈现持续下滑趋势外，2023 年港股和美股 IPO 却呈现恢复趋势。其中，港股上市企业募集金额有明显提高，增加的金额主要来自京东健康的 IPO 募集，单个 IPO 上市募集了 264.57 亿港元。美国市场方面，2023 年再次出现 3 家中国生物医药企业赴美上市成功，总募集 2.27 亿美元。对比 2021 年美国 IPO 企业数量 8 家，募资 10.65 亿美元的数据发现，虽然从数量和金额上 2023 年的表现仍有一定差距，但重新出现企业赴美上市，预示着中国生物医药企业正在逐渐"消化"新冠疫情造成的国际影响。

（二）IPO 募资10亿元以上企业分析

2023 年 IPO 募资超过 10 亿元的企业情况如表 4 所示。

表 4　2023 年 IPO 募资超 10 亿元的企业情况

序号	证券代码	证券简称	业务类型	上市日期	募集资金	上市板	上市地点
1	86618.HK	京东健康-R	医药电商	2023/6/19	264.57 亿港元	主板	香港
2	688443.SH	智翔金泰-U	创新药研发	2023/6/20	34.73 亿元	科创板	上海
3	301246.SZ	宏源药业	原料药、中间体	2023/3/20	23.63 亿元	创业板	深圳
4	301393.SZ	昊帆生物	原料药、试剂	2023/7/12	18.27 亿元	创业板	深圳
5	688581.SH	安杰思	微创介入诊疗	2023/5/19	18.20 亿元	科创板	上海
6	688576.SH	西山科技	微创外科手术器械	2023/6/6	17.99 亿元	科创板	上海
7	301509.SZ	金凯生科	原料药、中间体	2023/8/3	12.17 亿元	创业板	深圳
8	301293.SZ	三博脑科	医院管理	2023/5/5	11.73 亿元	创业板	深圳
9	301520.SZ	万邦医药	生物药研发	2023/9/25	11.31 亿元	创业板	深圳

资料来源：药渡数据库。

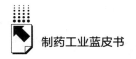

上述 9 家企业中，原料药、中间体及试剂生产供应商包括 3 家，分别为宏源药业、昊帆生物和金凯生科；创新药/生物药研发企业包括 2 家，分别为智翔金泰和万邦医药；微创医疗器械企业包括 2 家，分别为安杰思和西山科技。医药电商和医院管理企业各 1 家，分别为京东健康和三博脑科。

宏源药业（湖北省宏源药业科技股份有限公司）创立于 2002 年，于 2023 年 3 月在创业板上市，IPO 募资 23.63 亿元；下辖 6 家全资子公司、3 家参股公司。公司技术覆盖了硝基咪唑类抗菌药物及抗疱疹病毒药物从起始物料、关键中间体到原料药直至制剂的完整产品路线，成为全球硝基咪唑类抗菌原料药及中间体、抗疱疹病毒原料药及中间体、青霉素类抗菌药物中间体的主要供应商之一。

昊帆生物（苏州昊帆生物股份有限公司）成立于 2003 年，于 2023 年 7 月在创业板上市，IPO 募资 18.27 亿元。公司总部位于苏州市高新区，是一家为全球医药研发及原料药生产企业提供特色原料的高新技术企业。公司产品主要应用于多肽、核苷酸和医药合成等领域，产品范围涵盖特色酰胺键构成用多肽合成试剂、分子砌块、蛋白质试剂、脂质体与脂质纳米颗粒药用试剂、离子液体、PROTAC 试剂和核苷酸试剂等种类。目前已累计研发生产各类产品达 1500 多种。

金凯生科〔金凯（辽宁）生命科技股份有限公司〕成立于 2009 年，于 2023 年 8 月在创业板上市，IPO 募资 12.17 亿元。金凯生科是一家多元全球化 CDMO 公司，为客户提供 GMP 中间体、原药料、辅料、中间体、合成砌块和特殊化学品的一站式服务。公司的医药核心产品主要应用于药物合成与药用辅料（SNAC）两个方向，终端药物涉及肿瘤、心脑血管、糖尿病、肾脏疾病、白血病、贫血症、免疫系统疾病等多个疾病治疗领域。

智翔金泰（重庆智翔金泰生物制药股份有限公司）成立于 2015 年，于 2023 年 6 月在科创板上市，IPO 募资 34.73 亿元。公司是一家以抗体药物发现技术为驱动的创新型生物制药企业，聚焦自身免疫性疾病、感染性疾病及肿瘤等治疗领域。核心产品赛立奇单抗（Xeligekimab）是重组全人源抗 IL-17A 的 IgG4 单克隆抗体，IgG4 相对于 IgG1 介导的 ADCC 和 CDC 效应更弱，可降低由于 ADCC

和 CDC 效应造成的不可控制的不良反应，目前处于申请上市（NDA）阶段。此外，还有针对狂犬病毒、破伤风、呼吸合胞病毒的生物药管线。

万邦医药（江苏万邦生化医药集团有限责任公司）系上海复星医药（集团）股份有限公司核心成员企业，于 2023 年 9 月在创业板上市，IPO 募资 11.31 亿元。公司前身为成立于 1981 年的徐州生物化学制药厂。万邦医药建有原核和真核细胞基因工程药物研发和生产基地；针对重组人胰岛素及类似物、重组人促红细胞生成素等重组蛋白药物的研发国内领先；在小分子高难度仿制药方面亦处于行业领先地位。根据公司财报，公司年投入约占当年销售收入 10% 的资金用于新品研发；拥有近 500 人的专职研发队伍，年均申请国家专利 50 余项。

安杰思（杭州安杰思医学科技有限公司）成立于 2010 年，于 2023 年 5 月在科创板上市，IPO 募资 18.20 亿元。公司致力于微创介入诊疗领域产品和手术方案的设计与开发，是一家集研发、生产、销售和服务于一体的国家高新技术企业。根据公司财报，安杰思主要产品应用于消化内镜诊疗领域，按治疗用途分为止血闭合类、EMR/ESD 类、活检类、ERCP 类和诊疗仪器类。2022 年止血夹、圈套器、活检钳境内市场占有率分别达到 15.74%、5.43%、3.12%。

西山科技（重庆西山科技股份有限公司）成立于 1999 年，于 2023 年 6 月在科创板上市，IPO 募资 17.99 亿元。公司专注于外科手术器械，主要从事微创外科手术器械的研发。西山科技的核心产品是神经外科、骨科、耳鼻喉科开颅凿骨必备的手术动力装置，可在临床切除、重建坚硬骨质以及软组织。根据公司财报，2022 年手术动力装置贡献了 2.5 亿元的收入，占主营业务收入的 97.61%，其中手术动力装置耗材占比 64.74%。除乳房病灶旋切产品为三类医疗器械外，大部分产品为二类手术器械。

三　中国创新药研发概况及融资分布

（一）2023年中国创新药研发概况

据药渡数据库，与 2021 年和 2022 年相比，2023 年中国 1 类临床在研数量增长较为明显，总数由 2022 年的 2104 个增长到 2023 年的 2817 个，增长率 33.9%（2021~2022 年增长率 32.7%）。一定程度上说明，一、二级市场的融资紧缩暂未明显影响到企业的研发投入。2021~2023 年创新药中国 1 类临床在研数量增长趋势如图 3 所示。

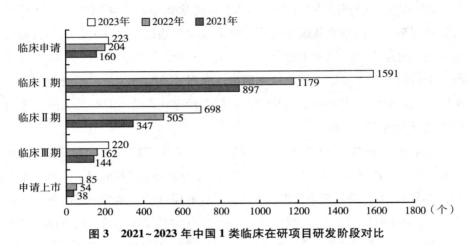

图 3   2021~2023 年中国 1 类临床在研项目研发阶段对比

注：临床阶段均依据中国最高研发状态进行统计。
资料来源：药渡数据库。

如图 3 所示，2023 年各研发阶段占比格局基本与往年一致，且各研发阶段的在研数量较上一年度均有提升。2023 年临床 I 期在研项目 1591 个，占比最高，达到 56.5%；其次为临床 II 期，在研项目 698 个，占比 24.8%。

（二）TOP10 治疗领域在研项目分析

据药渡数据库，中国 1 类临床在研项目中，涉及 TOP10 治疗领域的在研项目共计 2908 个，其临床研发阶段分布情况如图 4 所示。

如图 4 所示，融资额 TOP10 治疗领域临床在研项目主要集中在肿瘤领域（1506 个，占比 51.79%），其次为内分泌和代谢性疾病领域（226 个，占比 7.77%）和免疫系统疾病领域（217 个，占比 7.46%）。

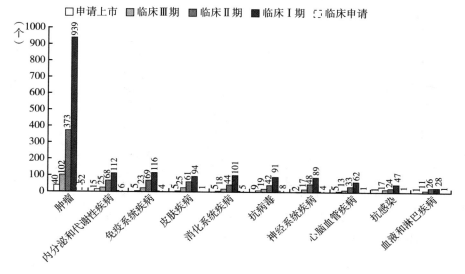

图4 融资额TOP10治疗领域在研项目研发阶段分布

注：按照最高研发状态统计；同一药物如属于多个治疗领域，每个领域分别计数。
资料来源：药渡数据库。

（三）TOP10靶点在研项目分析

如前文所示，2023年，融资额TOP10靶点由高到低排序为CD19、BCMA、EGFR、AXL、CD7、PCSK9、C3、MET、VEGF、HER2。经药渡数据库检索，涉及上述十大靶点的临床在研项目共计277个，其临床研发阶段分布情况如图5所示。

如图5所示，融资额TOP10靶点涉及的临床在研项目主要集中在临床Ⅰ期（140个，占比达50.54%），其次为临床Ⅱ期（80个，占比28.88%）。

其中，EGFR靶点的在研项目数量最多（86个），其次为HER2靶点（65个），CD19、VEGF、MET及BCMA靶点的在研数量均大于等于20个，PCSK9及AXL靶点的在研数量均大于10个，C3、CD7靶点的在研数量均小于5个。

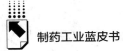

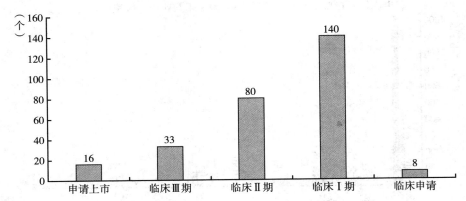

图 5　融资额 TOP10 靶点临床在研产品研发阶段分布情况

资料来源：药渡数据库。

B . 6
制药企业加快发展新质生产力的
着力点和实践路径

史建会*

摘　要：　党中央提出的发展新质生产力这一重大理论和一系列重要部署，为新时代推动中国经济包括制药工业高质量发展指明了方向，具有重大指导意义。本文围绕发展新质生产力的核心内涵，并结合医药产业高质量发展的实际，就制药企业如何加快发展新质生产力，从科技创新、以新型工业化提升改造传统产业、打造新型产业人才队伍等几个重点方面的着力点和实践路径进行剖析和探讨。

关键词：　新质生产力　制药工业　科技创新　数字化转型　产业人才队伍

一　加快发展新质生产力是我国经济高质量发展的重要任务

2023 年 9 月 7 日，习近平总书记在哈尔滨主持召开新时代推动东北全面振兴座谈会时说，"积极培育新能源、新材料、先进制造、电子信息等战略性新兴产业，积极培育未来产业，加快形成新质生产力，增强发展新动能。"习近平总书记首次提出"新质生产力"这一概念，很快就成为中国经济发展的高频词。

2023 年 12 月 11~12 日举行的中央经济工作会议上，习近平总书记强

---

* 史建会，石家庄四药有限公司党委书记、执行总裁兼董事会秘书。

调，要以科技创新推动产业创新，特别是以颠覆性技术和前沿技术催生新产业、新模式、新动能，发展新质生产力。2024年1月31日，习近平总书记在中共中央政治局第十一次集体学习时强调，加快发展新质生产力，扎实推进高质量发展。2024年3月5日，习近平总书记在参加十四届全国人大二次会议江苏代表团审议时强调，"要牢牢把握高质量发展这个首要任务，因地制宜发展新质生产力。面对新一轮科技革命和产业变革，我们必须抢抓机遇，加大创新力度，培育壮大新兴产业，超前布局建设未来产业，完善现代化产业体系。发展新质生产力不是忽视、放弃传统产业，要防止一哄而上、泡沫化，也不要搞一种模式。各地要坚持从实际出发，先立后破、因地制宜、分类指导，根据本地的资源禀赋、产业基础、科研条件等，有选择地推动新产业、新模式、新动能发展，用新技术改造提升传统产业，积极促进产业高端化、智能化、绿色化"。2024年3月6日，习近平总书记在看望参加全国政协十四届二次会议的民革、科技界、环境资源界委员时又深刻指出，"加强基础研究和应用基础研究，打好关键核心技术攻坚战，培育发展新质生产力的新动能"。

在不到半年的时间内，习近平总书记在多次重要会议和多个重要场合提出要加快培育发展新质生产力的新动能，深刻回答了"什么是新质生产力、为什么要发展新质生产力、怎样发展新质生产力"的重大理论和实践问题，这是新时期推动经济社会创新发展的深邃理论洞见，是对马克思主义生产力理论的创新和发展，为我国经济高质量发展指明了前进的方向。

2024年3月5日，国务院总理李强在第十四届全国人民代表大会第二次会议所作的政府工作报告中，把"大力推进现代化产业体系建设，加快发展新质生产力"放到2024年政府十大任务的首位，并提出"积极培育新兴产业和未来产业"，其中包括"加快前沿新兴氢能、新材料、创新药等产业发展""积极打造生物制造、商业航天、低空经济等新增长引擎"等，其中包括生物医药产业内容。

新质生产力是由技术革命性突破、生产要素创新性配置、产业深度转型升级而催生的当代先进生产力。与传统生产力形成鲜明对比，新质生产力对科技创新起核心主导作用，具有高科技、高效能、高质量特征，可摆脱传统经济增长方式、生产力发展路径依赖，为产业发展带来源头活水。因此，加快发展新质生产力是新形势下我国经济高质量发展的重要任务。

二　发展新质生产力是制药企业高质量发展的内在要求

历经七十五载栉风沐雨，我国从过去的缺医少药，到目前已建立起较为完整的医药工业体系，形成相对完整的医药创新体系和生态系统。作为战略性新兴产业，医药创新正在经历从"有"到"优"的跃升，实现更多"从0到1"的突破，科技创新有力推动医药新产业、新模式、新动能发展，为培育和壮大新质生产力带来勃勃生机。

高质量发展是新时代的硬道理，发展新质生产力是推动我国制药工业高质量发展的内在要求和重要着力点。对医药产业而言，发展新质生产力有利于推动产业链、供应链的优化升级，提升产业及企业竞争力和影响力，有利于推动医药传统产业的改造升级和新兴产业的快速发展，促进结构优化和发展方式的转变，实现产业和企业的高质量发展，有利于提升创新成果的可及性，提高人民群众的健康获得感、幸福感和安全感。

医药产业是关系国计民生和国家安全的战略性新兴产业，发展新质生产力意义重大。结合产业前沿和市场需求，解决原始创新能力的"痛点"，打通成果转化效率不高的"堵点"，聚焦解决提升技术"原创力"和成果"转化力"，是制药企业加快形成和发展新质生产力的当务之急。

（一）创新是医药产业新质生产力发展的核心驱动力

新质生产力代表了生产力发展的新趋势和新变化，发展新质生产力的核心要素是科技创新。医药产业具备发展新质生产力的"先天"特质，以科技创新引领现代化医药产业体系建设，是把握新一轮科技革命和产业变革机遇的战略选择，加强科技创新资源的整合、布局和引领，推动产业链、供应链优化升级，有效形成新质生产力，将促使制药企业在未来发展和竞争中赢

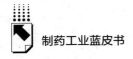

得战略先机和主动。

科技创新在制药企业全面创新中具有引领作用，对形成以创新为主要引领和支撑的医药产业体系和发展模式产生巨大影响力，这种实践认知在制药企业中已经深入人心，并成为众多制药企业创新发展的动力。当前，新质生产力初步形成并展示出对高质量发展的强劲推动力和支撑力。数据显示，"十四五"以来，我国医药工业主营业务收入年均增长 9.3%，利润总额年均增长 11.3%，全行业研发投入年均增长超 20%，大大高于全国研发投入8.1% 的增长水平，基础研究取得原创性突破，一批医药工业龙头企业规模壮大、产业集聚程度进一步提高，产业链供应链韧性水平提升，医药工业高质量发展成效显著、动力强劲。[①]

近年来，我国高度重视并不断加大医药创新要素的供给力度，聚焦原创性引领性颠覆性科技攻关，努力以科技创新引领实现高水平科技自立自强，统筹推进传统产业升级、新兴产业壮大、未来产业培育，不断塑造发展新动能新优势。过去十年，我国医药创新成果瞩目，药物研发管线的产品数量仅次于美国，排在全球第二位，首发上市的新药数量仅次于美国和日本，排在第三位，进入了全球研发的第二梯队。[②] 日益丰富的创新成果充分印证创新是医药产业和企业发展的核心驱动力。

（二）创新成果产业化是制药企业发展新质生产力的关键

创新驱动发展能力持续提升，为制药企业加快形成新质生产力注入源源不断的动力，推动更多创新成果从科研院所走向企业、从实验室跃上生产线，成为发展新质生产力的必由之路。

党的二十大报告指出，"加强企业主导的产学研深度融合，强化目标导向，提高科技成果转化和产业化水平"。加快发展新质生产力时不我待，面对新一轮科技革命和产业变革，制药企业在努力攻克技术难题、消除行业壁

---

① 王政、刘温馨：《医药工业高质量发展成效显著》，《人民日报》2023 年 11 月 15 日。

② 《探索生物医药成果转化新路径——2023 企业创新大家谈活动侧记》，光明网，2023 年 10月 27 日，https://tech.gmw.cn/2023-10/27/content_ 36924759. htm。

垒、全面提升自主创新能力的同时，需要推动创新链、产业链、资金链、人才链深度融合，把高质量的创新成果转化为现实生产力，推动现代化制药产业体系的完善与发展。

创新成果转化的过程，实际上就是创新资源供给与市场需求相适配的过程。对制药企业而言，研发生产更多适合中国人生命基因传承和身体素质特点的"中国药"，其中一项根本任务就是打通科研成果与产业化之间的"堵点"，实现创新成果的转化，达到产业化应用、开拓市场的目的。

近年来，制药企业加快补齐创新能力弱、同质化严重、成果转化率低等短板弱项，通过数字化转型等手段，推动生产要素从低效向高效流动，让更多更好的创新成果高效率、高水平转化，造福千万患者，服务健康中国建设。向科技创新要动能、要发展、要效益，成为制药企业发展新质生产力的关键和根本所在。

以创新驱动引领医药产业发展，河北省石家庄市做出了很好的示范。近两年来，石家庄立足区域资源禀赋和产业基础，把生物医药产业作为推动高质量发展的重要依托，"靶向"发力，先后出台《关于支持新一代电子信息产业和生物医药产业率先突破的若干措施》及优化举措，汇集创新资源，鼓励包括创新药前期研究、临床试验、申请报批、投产上市等在内的全链条创新，有效激发创新主体和"链主"的活力，制药企业向新而行、向高而攀，创新频频破圈突围，发展动能加速释放，产业化步伐明显加快，有力带动生物医药产业集群化发展。2021年石家庄市医药产业主营收入716亿元；2022年，实现855亿元；2023年，突破千亿元，创新成效引人瞩目。①

三　制药企业加快发展新质生产力的实践路径探索

2023年5月，习近平总书记在视察石家庄生物医药产业发展时强调，生物医药产业是关系国计民生和国家安全的战略性新兴产业。要加强基础研

---

① 《石家庄两大产业迈过千亿级门槛》，《河北日报》2024年1月29日。

究和科技创新能力建设，把生物医药产业发展的命脉牢牢掌握在我们自己手中。要坚持人民至上、生命至上，研发生产更多适合中国人生命基因传承和身体素质特点的"中国药"，特别是要加强中医药传承创新发展。

习近平总书记的重要指示和讲话精神，为生物医药产业加快发展新质生产力、实现高质量发展指明了方向。因此，聚焦国家重大战略需求和产业发展需要，加快原创性引领性创新攻关，推动医药科技成果及时应用到生产链和产业链上、向现实生产力转化，是中国式现代化医药产业体系建设、实现企业创新绿色高质量发展的先手棋。

近些年来，我国启动了重大新药创制等一系列国家科技重大专项，通过加大财政经费投入，加强创新平台建设，鼓励与引导技术创新，有力有效带动生物医药重点领域实现跨越式发展。尤其是一些头部制药企业重视创新和投入，围绕新机制、新靶点药物的基础研究和转化应用不断取得新突破，以基因治疗、细胞治疗、合成生物技术、双功能抗体等为代表的新一代生物技术日渐成熟，在研新药管线数量已居全球第 2 位，医药研发正从以 Fast follow 为主的创新 1.0 时代，加速向更加注重差异化特色化和源头创新的 2.0 和 3.0 时代迈进。

2024 年 2 月，国家药监局发布的《2023 年度药品审评报告》显示，2023 年，国家药监局药品审评中心（CDE）药品注册申请受理量（以受理号计，下同）和审结量均创近五年新高，受理各类注册申请同比增加 35.84%，审结注册申请同比增加 28.80%；全年批准上市创新药 40 个品种，新批准上市罕见病用药 45 个品种，批准上市儿童用药产品 92 个品种，境外已上市、境内未上市的原研药品 86 个品种，临床用药需求得到更好满足。① 以南京圣和药业、轩竹（北京）医药分别自主研发并拥有自主知识产权的创新药奥磷布韦片、安奈拉唑钠肠溶片为代表的一大批创新成果，不仅为企业高质量发展提供了充足动能和发展空间，也为行业创新进步树立了出色标杆。

----

① 落楠：《2023 年度药品审评报告发布》，《中国医药报》2024 年 2 月 20 日。

面对日益加剧的全球医药竞争形势，我们必须清醒看到，与国际先进水平相比，我国医药产业"大而不强""全而不优"及医药研发跟随式、模仿式、引进式创新的局面仍未改变，新靶点、新化合物、新作用机理的原创性新药还很少，源头创新能力较为薄弱，一些领域关键核心技术受制于人的局面对科技创新形成现实制约，掣肘医药产业高质量发展，特别是研发投入不足和人才短缺所导致的原始创新能力不强是困扰制药企业和产业高质量发展的最大短板和弱项，亟待提高和加快改善。2017～2020 年，在国内上市的37 个Ⅰ类新药中仅有 3 个产品具备原创新作用机制，这也意味着医药创新还有很长的路要走。①

（一）聚焦主业，加大投入和创新，不断夯实发展新质生产力的基础

1. 加大投入，久久为功抓创新

关键核心技术是要不来、买不来、讨不来的。医药市场的日新月异、国家和地方集采不断深化、国际技术壁垒限制，都对制药企业的创新提出了更高更紧迫的要求。面对挑战和差距，医药创新需要坚定信心，脚踏实地、久久为功，懂得产业、舍得投入、等得成长、容得失败。

"抓创新就是抓发展，谋创新就是谋未来"已成为广大制药企业寻求生存和发展的思想共识和行动准则。例如，恒瑞医药聚焦抗肿瘤、代谢性疾病等领域新药研发，矢志不渝，保持战略定力，走上了上市一批、临床一批、开发一批良性循环的创新之路，构筑起强大的自主研发能力，截至目前，已有 13 款自研创新药、两款合作引进创新药在国内获批上市，创新成果稳居行业领先地位，成为国内最具创新能力的制药龙头企业之一。无独有偶，国内医药创新头部企业之一的石药集团每年研发投入近 40 亿元，2023 年前三季度研发费用达到 36.78 亿元，同比增长 25.9%，依托较为完善的创新体系和机制，约 60 个重点在研药物已进入临床或申报阶段，其中自主研发的中

---

① 《探索生物医药成果转化新路径——2023 企业创新大家谈活动侧记》，光明网，2023 年 10 月 27 日，https：//tech.gmw.cn/2023-10/27/content_ 36924759.htm。

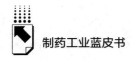

国首款 mRNA 疫苗，填补了我国疫苗在 mRNA 技术路线的空白。①

与此同时，更多创新型药企紧锣密鼓破圈突围。作为国内医药工业"原料药+制剂"一体化发展的骨干企业，石家庄四药锚定国家战略发展和适老化、适儿化市场需求，坚持"仿创结合"，持续加大研发资金和人才投入，积极整合科技创新资源，联合高校和科研院所着力在心脑血管系统、神经系统、全身用抗感染、抗肿瘤、降糖、麻醉等领域开展创新药、改良型新药、复杂制剂及罕见病用药、短缺药物等研究，开发的治疗婴儿严重肌阵挛性癫痫的罕见病用药司替戊醇干混悬剂（250mg 及 500mg）在国内首家且独家获批，上市以来收到较好的创新和社会效应。目前，石家庄四药年研发投入达 5 亿元，占销售收入 9% 以上，有力助推科研成果厚积薄发。

恒瑞医药、石药集团、石家庄四药踔厉奋发、向新而上，攻坚克难，蓄势聚能，加快创新取得的显著成效，只是我国医药产业快速发展、创新活力持续迸发的缩影。不难看出，这些创新型制药企业凸显出的共性发展特质就是注重对创新的投入和专注。

2. 明确重点，精准发力抓创新

加快科技创新，发展新质生产力，制药企业应与国家发展大局、国家产业政策、地方产业布局、市场需求和自身情况相结合相匹配，突出特色、把握重点、精准发力，及时系统地谋划、制定和调整创新发展的方向和定位，促进创新链和供求链有机衔接，让科技创新有的放矢。

2022 年 1 月，工信部、国家发改委等九部门联合印发的《"十四五"医药工业发展规划》提出了"十四五"期间要落实的五项重点任务，并结合技术发展趋势，以专栏形式提出了医药创新产品产业化工程、医药产业化技术攻关工程、疫苗和短缺药品供应保障工程、产品质量升级工程、医药工业绿色低碳工程等五大工程，十分详尽地为制药企业创新指明了重点和趋向。

此外，国家发改委通过并发布的《产业结构调整指导目录（2024 年本）》，明确规定了医药产业鼓励、限制、淘汰类项目。其中，鼓励类主

① 光明日报调研组：《千亿级生物医药产业集群如何崛起》，《光明日报》2023 年 12 月 15 日。

要包括医药核心技术突破与应用、新药开发与产业化、生物医药配套产业、高端医疗器械创新发展、中医药传承创新五个方面。在医药核心技术突破与应用方面，将膜分离、新型结晶、手性合成、酶促合成、连续反应等原料药先进制造和绿色低碳技术，新型药物制剂技术、新型生物给药方式和递送技术，大规模高效细胞培养和纯化、药用多肽和核酸合成技术，抗体偶联、载体病毒制备技术等作为重点支持对象；在新药开发与产业化上，主要鼓励拥有自主知识产权的创新药和改良型新药、儿童药、短缺药、罕见病用药，重大疾病防治疫苗、新型抗体药物、重组蛋白质药物、核酸药物、生物酶制剂、基因治疗和细胞治疗药物。可以说，指导目录具有鲜明的导向性，引导创新主体对行业关键技术、共性技术、前沿技术进行攻关，为制药企业今后一个阶段发展新质生产力、精准创新、防范风险提供有力的指导。

3. 技术引领，质效并重抓创新

发展新质生产力需要依赖持续的技术创新和业务模式创新。当前，全球医药行业处于百年未有之大变局的加速演进阶段，划时代的新技术新理念层出不穷。制药企业发展新质生产力，实施科技创新举措，应坚持守正创新，努力探索新技术的应用，积极对现有的创新流程、模式、手段进行优化改造，打通束缚创新的"堵点"和"卡点"，以不断适应新阶段新形势新任务新要求。

制药企业应高度重视人工智能和大数据对于医药研发、临床使用和产业监管所发挥的重要作用。注重和引导技术创新及人工智能（AI）技术在新药研发各个环节的深入应用，善于运用人工智能算法技术辅助开展化合物筛选设计及靶标识别，有针对性地挖掘潜在的研发靶点，借助新技术提高药物研发的效率和成功率，通过数字化创新构建起从筛选、研发、实验到转化高效协同的医药创新生态圈，打造核心竞争力，夯实创新工作质效。

在强化新技术应用的同时，制药企业还应以更加科学、严谨的态度做好基础研究，聚焦研发创新的薄弱环节和转移转化中的关键症结，深化关键核心技术和产品的联合攻关机制，用好"揭榜挂帅""赛马"等创新工作和评

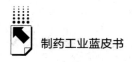
价机制，做到项目开发效率和质量并重，推动科研开发和成果转化提质增效，更好服务企业生产经营大局。

（二）加快数字化转型，以新型工业化改造提升传统产业

数字化转型是新一轮科技革命和产业变革的重要驱动力，也是制药企业加快形成新质生产力的必经之路。国家"十四五"规划和2035年远景目标纲要中提出，要加快建设数字经济、数字社会、数字政府，以数字化转型整体驱动生产方式、生活方式和治理方式变革。

数字化转型是发展新质生产力、加快建设医药制造强国的主攻方向，也是广大制药企业加快智能制造、实现新型工业化发展的重要抓手。新建和改造智能工厂、数字化车间是推动智能制造的切入点和突破口，也是数字化转型的重要平台，以智能工厂和数字化车间为载体，布局新赛道、触发新动能、带动新终端，将有效降低成本、提高生产效率、提升药品质量，促进企业高质量发展驶入快车道。

近年来，制药企业高度关注并实施数字化转型，多措并举、持续发力，以"互联网+"的思维方式和技术手段，建设药品全生命周期完整、真实、可追溯的数字化管理系统。目前，以生产制造执行系统（MES）、质量管理信息化系统（QMS）、实验室管理系统（LIMS）等为核心基础的数字化管理系统已在制药企业得到广泛应用，数字化管理让药品生产与管理流程更快速、便捷、透明和可控。例如，石家庄四药以建设"灯塔工厂"为目标，结合工业4.0标准，对生产全过程特别是质量、采购、仓储、物流等管理及产线衔接进行数字化布局，智能制造水平实现新跃升，其"药品智能运营协同调度平台创新应用"入选工信部2023年新一代信息技术典型产品、应用和服务案例。西南药业在生产和管理系统推行数字化管理，实现由"制造"向"智造"的转变升级，新型工业化水平显著提升，智能制造有力推动企业转型升级迈向产业中高端。

制药企业应充分用好政策"组合拳"，搭上数字化"快车"，助力企业提质增效、转型升级。近年来，国家相关部门先后出台《中小企业数字化

转型指南》《中小企业数字化赋能专项行动方案》《关于开展中小企业数字化转型城市试点工作的通知》等政策文件，支持中小企业利用链主企业、龙头企业的平台能力和数据基础，实现订单、设计、生产、供应链等多方面协同，推动"链式"数字化转型，提升强链补链能力。2024年3月，国务院印发《推动大规模设备更新和消费品以旧换新行动方案》。在设备更新方面，行动方案明确，到2027年，工业、农业、医疗等领域设备投资规模较2023年增长25%以上。行动方案提出要把符合条件的设备更新项目纳入中央预算内投资等资金支持范围，把数字化智能化改造纳入优惠范围。对制药企业而言，这些支持企业数字化发展的政策"组合拳"，将有效降低企业投资成本，极大激发企业加快数字化转型、发展新质生产力的意愿和热情。制药企业应因势利导、把握机遇，因地制宜用足用好政策，加快数字化转型步伐，努力在当前和今后产业竞争中取得主动。

此外，以新型工业化提升改造传统产业，制药企业还应高度重视绿色转型。要树牢绿色发展理念，在研发源头和生产过程中加快绿色科技创新和先进绿色技术及装备的推广应用，发展绿色低碳产业和供应链，促进生产经营全生命周期绿色发展，厚植企业高质量转型发展的绿色底色，更高层次满足经济社会发展的要求。

（三）加快培育壮大人才队伍，为发展新质生产力提供有力支撑

发展新质生产力的关键要素是人才。聚焦高质量发展这一首要任务，实施医药创新和产业化，既需要打造一批战略型创新人才，培育和引进一批领军型科技人才，重点培养一批技能型人才，同时也需要锻造一批具有战略眼光、洞悉商机、把握未来发展的企业家和管理者。

强化顶层设计，统筹建设好制药企业高层次人才、管理人才和技能型人才队伍，全方位提高职工素质和技能，打造新质生产力所需的新型劳动者队伍。制药企业应充分运用好国家和地方人才政策，深刻认识和把握人才、技术和市场之间的关系，发挥人才成长通道和薪酬分配机制的激励作用，针对人才建设的薄弱环节，建立刚性和柔性相结合的引才机制，双向奔赴、加强

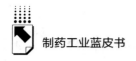

储备，锻造人才成长梯队，打好识才、育才、引才、爱才、用才、容才、聚才"组合拳"，打造人才集聚新磁场，全方位、多渠道造就一支有理想守信念、懂技术会创新、敢担当讲奉献的宏大的医药产业创新队伍，为新质生产力发展提供系统的人力资源支撑。

深化产教融合、校企合作育才新模式，积极搭建制药企业与高校科研院所专业共建、人才共育、过程共管、资源共创、责任共担、成果共享的长效机制，促进教育链与科技链、产业链、创新链的有效衔接。注重以高水平科研支撑校企合作，共建联合培养基地、实习实训基地、科研实践基地，持续推动人才培育和创新成果转化为现实生产力。

着眼科技运用与现实生产相结合，重视数字化人才的培养和引进。制药企业应着力制定相关激励举措，突出政策的吸引力和导向性，建立与数字化转型相适应的复合型数字人才培养、培训体系，吸引和留住高水平关键人才，让人才引得进、留得住、用得好，助力企业数字化转型可持续高质量发展。

（四）发展新质生产力应始终坚持实事求是、因地制宜的原则

"牢牢把握高质量发展这个首要任务，因地制宜发展新质生产力。"习近平总书记对发展新质生产力提出明确要求，就是要因地制宜，其中蕴含一以贯之的战略清醒。

作为制药企业，因地制宜发展新质生产力，必须从产业需求、资源环境、自身状况等实际出发，实事求是，摒弃急功近利、贪多求快、不切实际的心态和做法，谋定后动，精准施策，紧扣科技创新的核心要素，把握好点与面、新与旧、稳与进、立与破、微观与宏观等辩证关系，找准发力点，在固长板、补短板、锻新板上狠下功夫，在现代化产业体系建设中探索出适应自身转型升级发展的新路径。因地制宜发展新质生产力，制药企业要注意正确把握处理好以下三个方面的关系。

第一，要聚焦主责主业，不能忽视、放弃传统产业。传统产业在我国医药工业中占比超 80%，是现代化医药产业体系的基底，也是形成新质生产

力的基础。发展新质生产力核心在于创新，要将传统医药产业通过技术改造打造成为培育新质生产力的主阵地，带动整体产业向高端化、智能化、绿色化、融合化、集群化方向跨越。

第二，应坚持稳中求进，以进促稳，先立后破。制药企业要充分挖掘现实生产力的潜力，充分考虑企业自身和本地的资源禀赋、产业基础、科研条件等现实状况，加快推进具有关键核心技术和产品的科技创新，因地制宜、因时制宜，不搞一种模式，找准发展方向和突破口，有选择地推动新产业、新模式、新动能发展。

第三，要立足当前、谋划长远。发展新质生产力是一项长期任务、系统工程，涉及市场供求、产业政策、行业壁垒、医保制度、发展环境等方方面面，需要科学谋划、统筹兼顾，不盲目攀比、一味求新求快，以久久为功的耐心和毅力，保持发展定力、苦练内功，使创新成果厚积薄发，加快向现实生产力转化，推进制药企业高质量发展走深走实。

B.7
中国抗生素产业发展历史、现状与展望

刘希禹*

摘　要： 　抗生素作为 20 世纪最伟大的发明之一，对保障人类健康起到了极大作用。中国的抗生素产业从白手起家发展成为全球最大的抗生素生产和出口国，经历了漫长而曲折的过程。20 世纪五六十年代中国抗生素产业发展起步阶段取得了很多关键性突破并涌现了一批重要企业和科研机构。现在中国抗生素市场规模大、产量高，但传统的发酵工艺在生产的过程中催生出大量菌渣、废水，对环境造成严重威胁。近年来，随着合成生物学、连续反应技术、抗生素菌渣无害资源化技术的快速发展，中国抗生素的生产也将迈向更加高效、绿色、可持续的新阶段。

关键词： 　抗生素　　合成生物学　　连续反应技术　　无害资源化

　　抗生素，曾被称为抗菌素，是指由微生物（包括细菌、真菌、放线菌属）或高等动植物在生活过程中所产生的具有抗病原体或其他活性的一类次级代谢产物，这类物质常以极小量对其他微生物的生长具有抑制或杀灭的作用。

　　人类对抗生素的探索最早可以追溯到 19 世纪 70 年代。1874 年，William Roberts 首次发现了微生物间的拮抗作用，并发表论文指出了真菌生长可以抑制细菌生长的现象。接下来的 20 年里涌现了大量微生物抗菌活性的研究成果，到 20 世纪初已经可以证明这种现象是由某种抗生素物质引起

---

* 刘希禹，中国化学制药工业协会科技部/环保部主任助理。

的。1929 年英国细菌学家 Alexander Fleming 从霉菌培养物的滤液中提取了青霉素，证实了其对一些致病细菌的抑制作用，为抗生素的研究揭开了划时代的一页。1938 年青霉素从实验室向规模化生产的转化成功，在第二次世界大战中拯救了无数伤员的生命。1942 年美国微生物学家 Selman Waksman 将这类具有抗菌性能的物质重新命名为抗生素，并于 1944 年发现了链霉素，可作用于对革兰氏阴性菌及青霉素无效的分枝杆菌，不仅是青霉素的理想补充，而且在结核病的治疗上产生了革命性的成功。① 随着抗生素的广泛应用，人类的平均寿命大大提升，但在抗生素作用于细菌时，总有一些细菌没有被杀死并不断积累耐药基因，导致临床耐药性增加。针对这一严重的问题，20 世纪 50 年代末研究发现通过改变天然抗生素的局部化学结构，不仅能解决耐药性问题，而且可以达到增加稳定性、降低毒副作用、扩大抗菌谱、提高生物利用度，提高药物治疗的效果。六七十年代，世界各国都在积极推进抗生素药物的研发和生产，每年都有新的抗生素出现。

一　我国抗生素产业发展历史

我国科学家对抗生素的研究从 1941 年就已经开始，但抗日战争胜利后，国内外政治环境的骤变，使国内各行各业都面临巨大的危机，医药制造业的生产环境也很不理想。美国的药品倾销导致国内很多药厂纷纷倒闭。上海原有 200 余家制药厂，在大量低价进口药品的冲击下，截至 1946 年底，倒闭歇业的达 120 余家。此外，青霉素的功效虽然已经通过媒体在国内传播开来，但战后青霉素已经成为一种商品，制造技术被保密，工业生产的先进方法也依然为美国所把控。② 为了青霉素工业化生产的目标，在新中国成立之前，中央北京生物制品研究所就成立了"盘尼西林室"进行研究并于 1947 年试制成功小量冷冻干燥青霉素注射剂。1950 年 4 月，华东人民制药公司

---

① 刘昌孝：《当代抗生素发展的挑战与思考》，《中国抗生素杂志》2017 年第 1 期。
② 管同、张大庆：《我国青霉素工业初建的困境与成就》，《医学与哲学》2021 年第 13 期。

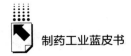

在上海筹建青霉素实验所，童村先生带领一批年轻的工作人员，在全国有关专家和科研机构的协助下，克服能源、设备、原料、技术等重重困难，于1951年4月试制成功第一批青霉素钾盐结晶样品。[①]

接下来的20年里，我国抗生素药品的研究和生产都取得了巨大的成就，也涌现了一批突出的企业，在推动产业发展上做出了重大的贡献。

1953年5月1日，在上海青霉素实验所的基础上，我国自行设计、建设的全国第一座抗生素厂——上海第三制药厂正式投产，开启了我国抗生素工业之路。值得一提的是，当时国内温饱问题尚未解决，奶业也不发达，乳糖供应不上，加之西方国家对我国的经济封锁，抗生素发酵所需的乳糖无法进口，即使可以进口，其价格之高昂也导致成本大幅上升。1957年上海第三制药厂研究以葡萄糖代乳糖发酵获得成功，对保障青霉素生产原料立足国内和生产成本降低有着重要意义。在产品方面，上海第三制药厂先后成功研制、生产了金霉素、四环素、新霉素、红霉素、头孢菌素等30多个品种的药物，该厂出口的四环素盐酸盐在国际市场上享有"中国黄"之美誉。

如果说上海第三制药厂是"中国抗生素之摇篮"，那么1958年作为"共和国医药工业长子"的华北制药厂建成投产则标志着中国抗生素生产翻开了新的篇章。这座当时亚洲最大的抗生素厂实现了吨位级生产，其第一批青霉素的下线，彻底结束了我国抗生素依赖进口的历史，并迅速带动了国内青霉素的普及和降价，极大满足了人民健康的需要。在生产的过程中，华北制药厂在菌种选育、发酵、提炼、结晶工艺上不断进行改革和优化。到1960年，青霉素发酵单位已比原设计提高3.4倍，产量比设计能力增长2.7倍。该厂的洁霉素菌种经选育获得的高产菌株比投产时的发酵单位提高了20倍。到1978年，产品由最初的5种增加到75种，抗生素总产量也从1958年的91吨增加到1978年的1655吨，抗生素生产水平步入当时国际先进行列。

生产的发展离不开科研的支持，四川抗菌素工业研究所（其前身为上

---

① 鲍竞雄：《我国抗生素事业先驱者：童村》，《中国药学杂志》1982年第7期。

海医药工业研究院抗生素室）和中国医学科学院医药生物技术研究所（原中国医学科学院抗生素研究所）则在当时的环境下承担起了这项重任。以中国医学科学院医药生物技术研究所为例，在1958年建所后的30年间，建立了几十种新药筛选模型与方法，发现了近20种新结构的抗生素，同时筛选并研制成功20余个抗生素新品种并相继提供工业生产，填补了国内医药产业的重要空白，使抗生素品种增加，质量和技术水平不断提高。[①] 此外，人才的培养和储备也对我国抗生素产业的长期稳定发展有着至关重要的作用。在当时化工部医药局的支持下，华东化工学院（现为华东理工大学）为解决抗生素生产人才短缺的问题，于1955年正式创办了中国第一个本科抗生素制造工学专业，并抽调1953年和1954年的部分化学制药工学专业学生转入该专业学习，开启了我国自主培育抗生素制造工程技术人才的先河。这批学生毕业后将学习的基础理论应用于实践生产中，成为推动抗生素产业发展不可或缺的生力军。

20世纪80年代，我国抗生素生产能力已经有了大幅进步，从原料药、中间体到制剂，形成了一条完整的产业链。全国生产抗生素的企业已达170多家，其中包括华药集团、石药集团、鲁抗药业、广州白云山等以抗生素产品为主导的企业，不仅满足国内临床、动物保健及农用需求，而且远销国外多个国家和地区，颠覆了80年代前国际抗生素市场上美、日、欧生产商"一统天下"的格局。[②]

二　我国抗生素产业现状及挑战

经过多年的不懈努力，我国已经成为抗生素最大生产和消费国，抗生素生产量和消费量常年居世界之首，其中青霉素工业盐、头孢菌素及链霉素占比均超过75%。国际著名医药咨询公司 Transparency 的一份报告中指出，

---

① 蔡年生：《中国医学科学院医药生物技术研究所》，《中国抗生素杂志》1990年第3期。
② 郑智敏：《抗生素产业东方崛起》，《中国处方药》2008年第6期。

2017 年全球抗感染类药物的市场销售规模为 1139 亿美元，我国 2017 年抗感染类药物市场规模已经超过 2200 亿元，并在接下来的 5 年中维持着较高的产量和出口量（见图 1），随着人口老龄化及医保投入的扩大，该类药物市场规模可能进一步增加。抗感染类药物包括抗生素类、诺酮类、磺胺类、硝基咪唑类、硝基呋喃类、抗麻风病药、合成抗结核药、抗病毒药等，但抗生素类作为行业统计 24 大类中第一大类抗感染药中的第一小类，产量占近80%，按销售额计算比重更大，在可预见的未来，抗生素类药物的生产还将占有非常重要的地位。

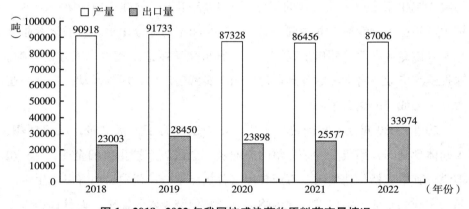

图 1　2018~2022 年我国抗感染药物原料药产量情况

资料来源：中国化学制药工业协会统计信息专业委员会。

　　抗生素生产主要采用微生物发酵法，也有部分化学合成及半合成的方法。发酵类抗生素的生产过程中产生大量的抗生素菌渣，目前我国每年生产排放的菌渣超过 300 万吨。这些菌渣虽富含蛋白质和多糖等营养物质，但其中残留的抗生素和抗性基因如果不妥善处理进入环境，则可能使细菌产生耐药性，进而危害人类健康。因此我国 2008 年将抗生素菌渣列入《国家危险废物名录》，并在 2022 年的《新污染物治理行动方案》中强调"严格落实抗生素生产过程中产生的废母液、废反应基和废培养基等废物的收集利用处置要求"。尽管大多数抗生素菌渣可以按照危险废物管理要求进行焚烧，但焚烧不仅成本高，而且产生的废气容易引起二次污染。不仅如此，抗生素生产过程中产生的废水也是一种高浓度有机废水，其成分复杂，含有大量发酵残留物、生物代谢物、提取机残留物及未能提取干净的抗生素残留，呈现高化学需氧量、高生物毒性等特点。在 2015 年制药行业被列入"水十条"十大重点行业之一后，2018 年实施的《环境保护税法》也督促企业主动减排。从这些都可以看出，目前抗生素产业面临的风险及挑战主要集中在环保方面，如何降低污染物的产生并创新改进污染物的处理技术将是未来抗生素生产的重中之重。

三　我国抗生素产业展望

党的二十大报告中将"健康中国"放在了战略位置，同时指出要加快发展方式的绿色转型，深入推进环境污染防治。抗生素作为保障人民健康的重要药物，在保证产量的同时降低对环境的污染将是未来的重要方向。遵循 2022 年发布的《新污染物治理行动方案》中严格源头管控、强化过程控制、深化末端治理的思路，下面几项新技术可能将推动抗生素产业的发展。

（一）合成生物学

20 世纪 90 年代，大规模基因组测序技术和序列分析方法的成熟使科学研究进入基因组时代，大量的研究结果为合成生物学的产生奠定了基础。2000 年，E. Kool 重新定义"合成生物学"为基于系统生物学的遗传工程，首次将工程学理论与方法应用于生物学领域，为生物学研究提供了新的策略。随着研究的深入，在系统生物学研究的基础上，以人工合成 DNA 为基础，设计创建元件、器件或模块，用以改造和优化现有自然生物体系，构建人工细胞行为，实现药物、功能材料与能源替代品的大规模生产。[1]

---

[1]　邢玉华：《利用合成生物学技术制备达托霉素》，吉林大学博士学位论文，2013。

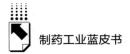

很多抗生素药物是通过发酵、分离后辅以简单的化学半合成，但存在原始菌株生长缓慢、难以大规模培养或提取产量低等问题。合成生物学可以通过设计使天然产物生物合成途径在模式宿主中重构，实现目标化合物的高效生物全合成。具体分为两种策略。

其一是将天然产物的合成途径放入一个新的微生物宿主中进行异源表达，这也是合成生物学中比较直接的一种方式。例如，链霉菌具有多种天然产物的生物合成或前体代谢途径，是一种优秀的天然宿主，如果将一些天然菌种中生产效率低下的抗生素的合成途径植入链霉菌中，便可以大规模培养，从而提高生产效率。中国科学院覃重军教授课题组以天蓝色链霉菌为研究对象，连续敲除多个基因簇并导入其他抗生素合成途径后使产量获得大幅提升，并已经成功应用于产业化生产。①

其二是对已有的天然产物的生物合成途径进行优化改造。基于一些天然化合物的生物合成途径已经得到解析，可以通过对 DNA 序列进行重新设计，去除不必要的部分以降低副产物的产生，或引入新的功能基因，直接在生物体内进行包括糖基化、甲基化、羟基化等后修饰反应，使一些半合成抗生素可以进行生物全合成，不仅节省了化学半合成的物料和时间，而且避免了化学合成时可能导致的环境污染。

（二）连续反应技术

随着化学合成技术的不断进步，很多抗生素已经可以进行化学全合成，但传统釜式批次反应不仅溶剂使用量大，而且每一步的提取、纯化等效率低，耗能高，并且造成环境的污染。近年来兴起的连续反应技术则提供了一种流动化学合成方法代替传统批次反应的新途径。底物被泵入反应器后，在微通道中持续混合反应，直接在反应器末端收集产物。各单元操作如反应、分离、干燥等均可采用连续反应的方式完成，通过对反应器的合理设计，还

---

① Weihua Chen and Zhongjun Qin, "Development of a Gene Cloning System in a Fast-growing and Moderately Thermophilic Streptomyces Species and Heterologous Expression of Streptomyces Antibiotic Biosynthetic Gene Clusters", *BMC Microbiology* 11, 2011: 243-252.

可实现全过程的连续制造。全过程连续制造不仅具有放大效应小、占地空间小等优点，适合批量不间断地大规模生产，而且反应物及溶剂全部处于反应器中，从源头和过程上减少了三废的产生及暴露风险，加之产生的三废也可以通过连续反应的方式进行处理，对环境更加友好。连续反应器本身具有微尺度混合的特点和优秀的传质、传热性能，适用于重氮化反应、加氢反应、硝化反应等因反应速度快或放热量大而有危险性的化学反应，具有本质安全的特性。[1] 近年来，美国 FDA、欧盟、ICH 和 CDE 等药审监督机构相继发布原料药及中间体开发与制造相关的指导原则，《"十四五"医药工业发展规划》中也强调开发和应用连续合成等绿色化学技术，足见国内和国际上对该项技术的重视。目前，该技术已经成功应用于培南类抗生素的合成中并具备产业化生产的能力，相信未来该技术将成为化学合成抗生素的一个重要方向。

（三）菌渣无害资源化

抗生素菌渣虽含有大量营养物质但难以被资源化利用，主要是因为其中含有残留的抗生素及耐药基因。近年来，电子束辐照[2]、热解气化[3]等新技术的出现，加强了对残留抗生素的去除和耐药菌的灭活。随着技术的发展，如果能够高效地将抗生素菌渣无害化，则可将其转化为肥料等，达到变废为宝的目的。但无论采用何种无害化技术，都需要在资源化前进行安全性评估。抗生素的种类繁多，生产的方式、菌种的特性也不尽相同，如何构建完

---

① 李向涛、刘连根、轩书琴、王传兴：《精细化工过程连续化的研究进展》，《山东化工》2023 年第 4 期。

② 刘淑云、邓留杰、吴忠楠：《大环内酯类抗生素菌渣无害化处置与资源化利用研究进展》，《中国资源综合利用》2023 年第 5 期；张涛、韩筠松、陈川红、陈海、初里冰：《头孢菌素发酵菌渣电子束辐照-好氧堆肥无害资源化处理技术研究》，《环境科学学报》2022 年第 8 期。

③ 杨双霞、侯建军、李天津、陈雷、孙来芝、华栋梁：《抗生素菌渣热解技术研究现状及展望》，https：//kns. cnki. net/kcms2/article/abstract？v = VIrt19joK6h6A4NTNe8BBXH7qg4u9K0pq0ToU0yZsKP9FIRYUedugaPrp69ki9QJd9YkODrS71H9oWWN7rx81tcyzTDu15O _ Bt8Kn5Sw2RCrf - FAsJevyUC1 - LLTwPo1QDi0evNUBucU2sxqdQf31IXbi3DJY7ZUbKccGJAahIO3DhVX5cmK5A = = &uniplatform = NZKPT&language = CHS。

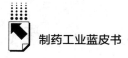

善的抗生素残留排放及菌渣处理后的安全性评价标准体系显得尤为重要。目前，包括技术中心、科研院所、行业协会等多家机构已经针对这个问题深入合作，研发新技术，开展大田实验，并通过团体标准的形式构建重点品种抗生素在菌渣、有机肥基料、作物、环境介质中的检测方法体系，为我国抗生素产业的绿色可持续发展打下坚实的基础。

药品产品篇

B.8
全球多肽类药物研发状况与国内外
销售市场分析

蔡德山*

摘　要：　近100年来，全球肽类药物的研究在医药领域逐渐向深度、广度迅猛发展。多种作用机制肽类的问世，揭示出一类分子量在小分子和蛋白质之间的独特化合物。国内外学者一致认为肽类药物在临床应用上的特点是在内源性激素水平缺失下，补充肽类激素达到对疾病的有效治疗。其中包括了胰高糖素样肽-1（GLP-1）受体激动剂、促性腺激素释放激素、加压素、催产素和胰岛素类似物等多学科的药物。本文分析了2023年全球多肽类药物研发和市场发展的状况，揭示胰高糖素样肽-1（GLP-1）受体激动剂已成为领军药物。同时，分析当前国内重点公立医院多肽类药物市场的销售情况。展望未来，多肽类药物的不断更新迭代，将在临床治疗中发挥重要的作用。

* 蔡德山，北京嘉林药业股份有限公司高级工程师。

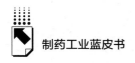

关键词： 多肽类药物　胰高糖素样肽-1（GLP-1）　受体激动剂

随着多肽类降糖药物从低谷中的快速崛起，年销售收入从数十亿美元到超百亿美元的重量级药物呈现日新月异的发展态势，推动着多肽类药物市场的变革。多肽类药物，是指由多个氨基酸残基构成的化合物，具有结构简单、可被人体快速吸收发挥作用，而不易产生耐药性特点的物质，是靶向治疗领域中的重要选择。随着时代的发展，多肽类药物不可替代性的地位日益凸显，已呈现逐年升温的态势。

一　多肽类药物市场探索范畴

随着多肽合成技术和生物工程技术快速发展，多种肽类药物被开发并应用于临床。目前在肿瘤、肝炎、糖尿病、艾滋病等疾病的预防、诊断和治疗中已日臻成熟，是一个具有广阔开发前景的品类。

据多肽药物的药代动力学和生物分析，肽是由 2～100 个氨基酸（Amino acid，AA）组成的分子。其分子量是小于 6000 道尔顿的单链或环行分子结构，是涉及人体细胞功能的活性物质。国内外学术界对于多肽的定义已达成共识，10 个氨基酸是肽类物质中寡肽与多肽的转折点，因此，胰岛素已是多肽类和蛋白质的分水岭。

随着统计学的不断进步，学术界已将胰岛素所含有的 51 个氨基酸数量作为基准，由 51 个以上（含 51 个）氨基酸组成的氨基酸链定义为蛋白质。由 50 个以下氨基酸组成的氨基酸链定义为肽类。因此，胰岛素、干扰素及重组人促红素等属于蛋白质类，而不列入肽类物质的讨论范畴。据 2023 年广东药监局整理的《肽类激素药品管理》数据，国内现行肽类激素已有 68个品类。

迄今为止，医学临床的肽类药物包括了胰高糖素样肽-1（GLP-1）受体激动剂，垂体、下丘脑及其类似物，促性腺激素释放激素激动剂，免疫调节类多肽，钙稳态多肽药物，多肽类抗菌药物，抗肿瘤多肽靶向药物，心血管多肽药物和其他类多肽药物等 9 个小类，构成了多肽类药物的庞大市场。目前，全球开发及上市的肽类药物已涉及 14 个治疗领域、140 多个品种，其中多肽类治疗药物已超过 60%，在人体多种疾病临床治疗中发挥了极其重要的作用，全球多肽新类如雨后春笋般纷纷面市已成定局。

二　全球多肽类药物研发与市场发展状况

据药渡信息库数据，2023 年降糖减肥药新秀替尔泊肽（Tirzepatide，Zepbound）全球销售额 51.63 亿美元，比上一年增长了 968.95%，成为礼来公司销售额居第 2 位的药物。替尔泊肽是 2022 年 5 月礼来推出的降糖减肥药新秀，2023 年前三季度销售额超过 29 亿美元，第四季度销售额达到 22.63 亿美元，远远超过预期，快速进入全球重磅炸弹药物榜单，在医药魔方发布的全球 TOP100 榜单中列第 27 位。

据美国 FDA 数据，2022 年至 2023 年 10 月批准了 9 款多肽新药上市。其中，2022 年，美国 FDA 新批准了诺华公司的 PSMA 阳性转移性去势抵抗性前列腺癌药物镥［18Lu］特昔维匹肽注射剂、马林克罗制药公司的治疗成人肝肾综合征（HRS）的特利加压素注射剂、礼来公司的每周 1 次的 2 型糖尿病治疗药物替尔泊肽注射剂。2023 年 11 月 8 日美国 FDA 再次批准了礼来的替尔泊肽新适应证用于成年肥胖症患者的治疗，从而拉动了替尔泊肽在市场中迅速增长。

据美国 FDA 数据，2023 年美国 FDA 药物评估和研究中心（CDER）、生物制品评估和研究中心（CBER）总共新批准了 69 款新药，创下五年来的新高。其中多肽类药物占据了 5%，仅在前 10 个月，就已批准了辉瑞每周一次长效人生长激素曲更生长素、阿卡迪亚制药公司的成人及儿童瑞特综合征药物曲非奈肽口服溶液剂、生物制药公司 Cidara 的抗念珠菌血症雷扎芬净、耶路撒冷 BioLineRx 生物制药公司的抗多发性骨髓瘤莫替沙福肽注射剂、优时比的 AChR 抗体阳性全身型重症肌无力的 15 个氨基酸的大环肽药

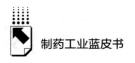

物 Zilucoplan 等品种。

据中国国家药监局南方医药经济研究所米内网信息库公布的跨国药业年度财报数据，2022 年全球多肽类药物主要市场销售额超过了 550 亿美元，同比增长了 3.41%。TOP30 多肽类药物市场销售额 386.91 亿美元，较上一年增长 13.17%（见表 1）。

米内网信息库最新数据显示，2023 年全球 TOP8 胰高糖素样肽－1（GLP－1）受体激动剂药物的销售额已达到了 364.15 亿美元，比上一年增长了 62.10%（见表 2）。

Frost & Sullivan 披露数据显示，2025 年全球多肽类药物市场预计将达到 960 亿美元，预期年复合增长率约为 18%。

表 1 2022 年全球 Top30 多肽类药物市场

单位：亿美元，%

序号	药物名	商品名	生产商	2022 年销售额	2021 年销售额	增长率	主要适应证
1	司美格鲁肽	Ozempic, Rybelsus	诺和诺德	103.60	65.81	57.43	2 型糖尿病及减肥
2	度拉糖肽	Trulicity	礼来	74.39	67.57	10.10	2 型糖尿病
3	利拉鲁肽	Victoza	诺和诺德	17.96	35.75	-49.80	2 型糖尿病，减肥
4	利拉鲁肽	Saxenda	诺和诺德	15.56	15.76	-1.27	体重管理肥胖症治疗
5	罗米司亭	Nplate	安进	13.07	10.27	27.27	治疗免疫性血小板减少症，紫癜
6	醋酸兰瑞肽	Somatuline	益普生	13.06	13.24	-1.40	肢端肥大，内分泌瘤
7	卡非佐米	Kyprolis	安进	12.47	11.08	12.55	多发性骨髓瘤
8	醋酸奥曲肽	Sandostatin	诺华	12.38	14.13	-12.40	肢端肥大症，神经分泌瘤
9	生长激素	Nord itropin	诺和诺德	10.46	10.70	-2.24	促进骨骼、内脏和全身生长
10	利那洛肽	Linzess	艾伯维	10.35	10.96	-5.60	慢性待发性便秘肠易激综合征
11	戈舍瑞林	Zoladex	阿斯利康	9.27	9.48	-2.20	前列腺癌、乳腺癌
12	司美格鲁肽注射液	Wegovy	诺和诺德	9.02	4.78	88.77	每周注射一次减肥药
13	促卵泡激素	Gonal-f	默克雪兰诺	8.70	8.09	7.54	促进卵泡发育

续表

序号	药物名	商品名	生产商	2022年	2021年	增长率	主要适应证
14	亮丙瑞林	Leuplin	武田	8.43	8.07	4.51	子宫内膜异位乳腺前列腺癌
15	替度鲁肽	Revestive	武田	7.28	5.91	22.85	短肠综合征(SBS)
16	格拉替雷	Copaxone	梯瓦	6.91	10.05	-31.24	多发性硬化症
17	特立帕肽	Forteo	礼来	6.13	8.02	-23.56	骨质疏松
18	替尔泊肽	Mounjaro	礼来	4.83	0	∞	2型糖尿病及减肥
19	镥氧奥曲肽	Lutathera	诺华	4.71	4.75	-0.84	内分泌瘤
20	依特卡肽	Parsabiv	安进	3.82	2.80	36.43	慢性肾病
21	生长激素	Genotropin, Saizen	辉瑞,默克	6.40	6.50	-1.53	促进骨骼、内脏和全身生长
22	环孢素A微乳化	Ciclosporin	诺华	3.10	3.68	-15.76	异体移植排斥
23	艾塞那肽长效剂	Bydureon	阿斯利康	2.80	3.85	-27.27	2型糖尿病
24	镥[18Lu]特昔维匹肽	Pluvicto	诺华	2.71	0	—	阳性转移性去势抵抗性前列腺癌
25	硼替佐米	Velcade	武田	2.23	8.58	-74.01	多发性骨髓瘤
26	聚乙二醇化双环肽	Empaveli	阿佩利斯	6.51	0	—	治疗阵发性夜间血红蛋白尿(PNH)者
27	地加瑞克	Firmagon	辉凌	3.65	0	—	晚期前列腺癌
28	地非法林	Korsuva	维福费森尤斯	3.50	0	—	血液透析慢性肾病中度至重度瘙痒
29	司美诺肽	Imcivree	益普生	1.69	0	—	基因缺陷肥胖症
30	艾替班特	Firazyr	武田	1.92	2.08	-7.69	遗传性血管水肿

资料来源:国家药监局南方医药经济研究所米内网信息库数据汇总分析。

表2　2023年全球TOP8胰高糖素样肽-1(GLP-1)受体激动剂药物市场

单位:亿美元,%

序号	通用名	商品名	公司	2023年	增长率	2022年	增长率	适应证
1	司美格鲁肽	Ozempic/Wegovy/Rybelsus	诺和诺德	139.17	66	84.65	77	2型糖尿病血糖控制
2	度拉糖肽	Trulicity	礼来	71.33	-4	74.40	15	2型糖尿病血糖控制

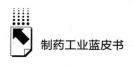

续表

序号	通用名	商品名	公司	2023年	增长率	2022年	增长率	适应证
3	替尔泊肽	Mounjaro	礼来	51.63	968.95	4.83	—	控制2型糖尿病,肥胖
4	司美格鲁肽	Wegovy	诺和诺德	45.57	420	9.02	88.77	每周注射一次减肥药
5	司美格鲁肽片剂	Rybelsus	诺和诺德	27.26	71	16.47	133.55	2型糖尿病血糖控制
6	利拉鲁肽	Saxenda	诺和诺德	14.96	-0.47	15.03	-1.27	控制2型糖尿病,肥胖
7	利拉鲁肽	Victoza	诺和诺德	12.60	-27.79	17.45	-26.90	2型糖尿病血糖控制
8	艾塞那肽长效剂	Bydureon	阿斯利康	1.63	-41.79	2.80	-27.27	每周1次控制2型糖尿病
合计				364.15	62.10	224.65	—	

资料来源：国家药监局南方医药经济研究所米内网信息库数据汇总分析。

合成多肽类激素的开发，以及蛋白质和聚乙二醇结合工艺增加肽的分子量技术的发展，成为广义上多肽类新药的又一个里程碑。近两年，胰高糖素样肽-1（GLP-1）受体激动剂在减肥及多学科的突破性进展，打破了人类减肥类药物青黄不接的局面，2024年多肽类药物市场展现出一片蓝海。

三　全球多肽类药物市场领头羊 GLP-1

在全球，胰高糖素样肽-1（glucagon-like peptide-1，GLP-1）受体激动剂已是多肽类药物的领军品种。胰高糖素样肽-1是一种主要由肠道L细胞所产生的肠促胰素类激素，经过深入研究，GLP-1受体激动剂已是治疗2型糖尿病的新一代药物。

目前，全球共有10款单独使用的胰高糖素样肽-1（GLP-1）受体激动剂药物上市，分别是诺和诺德的司美格鲁肽（Semaglutide）、利拉鲁肽（Liraglutide），礼来的度拉糖肽（Dulaglutide）、替尔泊肽（Tirzepatide），阿斯利康的艾塞那肽（Exenatide）及艾塞那肽微球，赛诺菲的利司那肽（Lixisenatide），葛兰素史克的阿必鲁肽（Albiglutide），罗氏的他司鲁肽（Taspoglutide），中国豪森药业的聚乙二醇洛塞那肽（PEG-Loxenatide）和仁会生物的贝那鲁肽（Beinaglutide），分别在 2 型糖尿病血糖控制和肥胖人群减肥方面发挥了重要作用。据摩根士丹利市场需求估算，到 2030 年，肥胖药物的市场规模预计超过 540 亿美元，有望超过 PD-1/PD-L1 成为全球市场规模最大的药品，胰高糖素样肽-1（GLP-1）受体激动剂呈现广阔的市场前景。

四 司美格鲁肽增长率超过88%

据丹麦诺和诺德财报，2023 年司美格鲁肽和利拉鲁肽总营收 1647.64 亿丹麦克朗（约 239.57 亿美元）。最吸引人眼球的品种是司美格鲁肽。医药魔方 2024 年 1 月 31 日文章显示，2023 年丹麦诺和诺德的司美格鲁肽总营收 1458.11 亿丹麦克朗（约 212 亿美元），比上一年增长了 88.78%。

在司美格鲁肽系列产品中，司美格鲁肽注射液 Ozempic 营收 957.18 亿丹麦克朗（139.17 亿美元，增长 60.20%），占比 65.64%；司美格鲁肽抗 Ⅱ 糖尿病片剂 Rybelsus 营收 187.50 亿丹麦克朗（27.26 亿美元，增长 65.91%），占比 12.86%；司美格鲁肽注射液 Wegovy（肥胖）营收 313.43 亿丹麦克朗（45.57 亿美元，增长 407%），占比 21.50%。值得注意的是，不止降糖减肥，2023 年司美格鲁肽在心衰和肾病领域也取得了突破性进展。

据中国国家药监局官网数据，2021 年 4 月 27 日已批准丹麦诺和诺德司美格鲁肽注射液注册，商品名诺和泰。2024 年 1 月 26 日和 2024 年 4 月 9 日批准丹麦诺和诺德司美格鲁肽片剂注册，商品名诺和忻，成为国内首个获批上市的口服 GLP-1 受体激动剂，有助于司美格鲁肽在 2 型糖尿病血糖控制治疗中市场地位的进一步提升。

据丹麦诺和诺德财报，2023 年中国司美格鲁肽注射液 Ozempic 营收

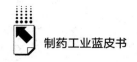
48.21亿丹麦克朗（约51.05亿元人民币），较上一年增长119.54%，随着人们对司美格鲁肽认知度的提高，以及在心血管和肾病领域临床推进，这一类药物市场将得到进一步增长。

五　全球 GLP-1 受体激动剂替尔泊肽市场

在多肽类降糖及减肥药物领域，研发厂商剑拔弩张。多靶点制剂已成为GLP-1 受体激动剂的重要研发方向。礼来公司的替尔泊肽是同类上市产品中首个双靶点激动剂（GIP/GLP-1）肥胖治疗药物。预计礼来公司将在2024 年公布 3 项关于替尔泊肽的 Ⅲ 期临床数据，分别针对阻塞性睡眠呼吸暂停综合征（OSAS）、射血分数保留型心力衰竭等疾病治疗领域。

2023 年 11 月，替尔泊肽减重版获 FDA 批准上市，商品名 Zepbound。替尔泊肽是一款每周注射一次的 GIPR 和 GLP-1 激动剂。GLP-1 和 GIP 是两种天然的肠促胰素，研究表明 GIP 可以减少食物摄入、增加能量消耗，从而减轻体重。当 GIP 与 GLP-1 受体激动剂联合使用时，可能会对患者血糖和体重产生更大的影响。在全球，礼来的替尔泊肽与诺和诺德司美格鲁肽展开正面较量。值得一提的是，FDA 已批准了替尔泊肽用于治疗 2 型糖尿病，药品名为 Mounjaro，从而在 2023 年取得较好的经济效益。

据礼来公司 2023 年财报，降糖尿病高血糖和控制肥胖药物领域营销收入为 168.83 亿美元，比上一年的 139.01 亿美元增长了 21.45%。礼来公司热销的 GIP/GLP-1 药物主要是度拉糖肽（Trulicity）、替尔泊肽（Mounjaro和 Zepbound）。2023 年 Trulicity、Mounjaro 和 Zepbound 等三款药物营销收入124.72 亿美元，比上一年增长 57.42%。其中 Mounjaro 和 Zepbound 营销收入 53.39 亿美元，比上一年增长 1005.38%，尤其是减肥产品 Zepbound 市场潜力深不可测。

研究数据显示，礼来的替尔泊肽在 SURPASS-2 研究"头对头"击败司美格鲁肽，引发行业的轰动。实际上，GLP-1 类减肥擂台帷幕已经拉开，诺和诺德面对替尔泊肽竞逐注册了 CagriSema 与替尔泊肽的"头对头"试验。

CagriSema 是诺和诺德的司美格鲁肽和卡格列肽的复方制剂，研究证明降糖、减重效果都优于司美格鲁肽单药，从而给多肽类降糖及减肥大擂台增加了亮点。

六　国内重点公立医院多肽类药物市场分析

目光转向国内多肽市场。国内多肽医药保健领域中，原料药及制剂品种较多，汇总数据中未包括胰岛素、干扰素及重组人促红素等蛋白质类药物。

根据中国人在健康费用支出分析的对比，在零售价排行榜中多肽类药物是仅次于孤儿药、单克隆抗体和小分子靶向药物之后居第四位的高消费品种。

据国家药监局南方医药经济研究所米内网信息库数据，目前，国内重点省市公立医院临床使用的多肽类药物已超过 60 个品种，占 2498 个通用名药物的 2.4%。2022 年多肽类药物终端市场销售额超过 133 亿元，同比增长0.59%。占重点省市公立医院用药总额 2239.36 亿元的 5.96%。

目前国内 2023 年全年统计数据尚未公布，但是从 2023 年上半年在胰高糖素样肽-1（GLP-1）受体激动剂市场拉动下，多肽类药物终端市场超过70 亿元，较上一年增长 10.54%（见图 1）。

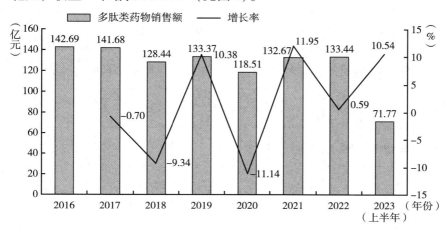

图 1　国内重点省市公立医院多肽类药物市场销售额及增长率

资料来源：国家药监局南方医药经济研究所米内网信息库。

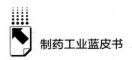

近年来，多肽类药物是我国快速增长的品类之一。公开数据显示，我国的肽类药物（包括胰岛素及类似物）总体市场将从 2020 年的 85 亿美元增至 2025 年的 182 亿美元，复合年增长率为 16.3%。

2022 年，国内重点省市公立医院使用的 TOP30 多肽类药物金额占其总体市场的 80%，2023 年上半年其比例增长到 85.15%，同比增加 5.15 个百分点。详细统计数据及适应证见表 3。

表 3　国内重点省市公立医院 2022 年和 2023 年上半年多肽类药物情况

单位：万元，%

序号	药物名	2022 年	2023 年上半年	2022 年增长率	2023 年上半年增长率	分类	作用机制或适应证
1	亮丙瑞林	160304	79435	12.18	0.94	9 氨基酸多肽	促性腺激素乳腺癌，前列腺癌 emt 症
2	多黏菌素 B	93319	73998	33.82	58.35	9 肽类抗生素	广谱抗生素
3	戈舍瑞林	103544	55976	5.90	9.44	10 肽促性腺激素	抗子宫内膜异位症，前列腺癌
4	司美格鲁肽	49640	50428	36670	284.24	17 氨基酸多肽	GLP-1 类 2 型糖尿病用药
5	万古霉素	61869	33582	7.04	12.45	3 环复杂糖肽	抗超级细菌最后防线抗生素
6	曲普瑞林	58213	29374	−0.93	3.13	10 肽促性腺激素	前列腺癌和女性不孕症
7	环孢素	52385	27102	2.51	5.95	11 氨基酸环多肽	强力的免疫抑制剂
8	生长抑素	44541	25469	−12.20	13.23	14 肽 28 肽垂体激素	消化系统出血及并发症
9	谷胱甘肽	51244	23354	−9.29	−4.37	3 肽抑自由基类	增强免疫力整合解毒作用
10	奥曲肽	66156	22603	−8.87	−33.85	8 肽生长抑素	肢端肥大症，食管胃静脉曲张出血
11	利拉鲁肽	38788	22533	−13.07	21.19	31 氨基酸多肽	GLP-1 类 2 型糖尿病用药

续表

序号	药物名	2022 年	2023 年上半年	2022 年增长率	2023 年上半年增长率	分类	作用机制或适应证
12	A 型肉毒毒素	24313	16950	7.49	39.56	19 氨基酸肽肉毒杆菌	用于眼睑、面肌痉挛、斜视及美容
13	度拉糖肽	34374	15918	182.50	−1.49	4 氨基酸多肽	GLP-1 类 2 型糖尿病用药
14	胸腺法新	22935	14456	−54.09	31.37	28 肽小分子氨基酸短肽	慢性乙型肝炎,增强机体免疫
15	脾多肽	28459	11468	−20.03	−20.29	30～50 氨基酸多肽	原发性继发性、细胞免疫缺陷病
16	替考拉宁	18172	10211	−4.94	14.47	新糖肽类抗生素	抗金葡菌强效药物
17	鲑降钙素	16773	9015	4.47	11.72	32 氨基酸合成多肽	骨质疏松症、骨质溶解骨痛
18	脾氨肽	17507	8546	−4.39	−3.77	18 氨基酸小分子多肽	免疫调节剂
19	多黏菌素 E	3636	7572	8990	385.70	类环状 10 肽	抗革兰阴性菌感染
20	硼替佐米	21481	7495	−41.77	−30.97	2 肽硼酸基础结构	治疗多发性骨髓瘤和套细胞淋巴瘤
21	乌苯美司	15242	6834	−21.14	−14.33	2 肽小分子化合物	抗癌化疗、放疗的辅助药
22	垂体后叶素	11313	6482	−0.62	18.98	9 肽药物	引产,食管胃底静脉曲张破裂出血
23	聚乙二醇洛塞那肽	7360	5813	114.20	101.28	44 氨基酸 PEG 衍生物	GLP-1 类 2 型糖尿病用药
24	阿托西班	12822	5693	1.28	−18.61	9 肽药物	去氨缩宫素的类似物
25	西曲瑞克	10212	5466	−6.81	5.30	10 肽合成药物	控制性卵巢刺激辅助生育技术药

续表

序号	药物名	2022年	2023年上半年	2022年增长率	2023年上半年增长率	分类	作用机制或适应证
26	胸腺五肽	7966	5313	−30.34	33.93	5氨基酸组成多肽	乙型肝炎、类风湿关节炎、红斑狼疮
27	缩宫素	9775	4198	−6.25	−12.99	二硫键的环状9肽	宫缩引产药物
28	加尼瑞克	6974	3699	34.58	21.16	10肽合成药物	调控促黄体素、卵泡素合成分泌
29	卡贝缩宫素	6238	3604	2.01	18.75	长效催产素9肽类似物	预防子宫张力不足和产后出血
30	特利加压素	7402	3593	−26.17	−11.28	12氨基酸多肽	胃肠道泌尿生殖系统出血症

资料来源：国家药监局南方医药经济研究所米内网信息库。

七　国内重点公立医院多肽类药物分类

随着多肽类药物的快速发展，全球多肽类新药呈现一片蓝海。在国家药监局审评中心管理创新改革推动下，多层面政策红利带动利好，推动国内多肽类新药临床和注册进程。

据国家药监局南方医药经济研究所米内网信息库数据，将2023年上半年国内重点省市公立医院临床使用的多肽类药物分为9个小类。其中增长率最高的胰高糖素样肽-1（GLP-1）受体激动剂占13.95%，促性腺激素释放激素激动剂占24.28%，多肽类抗感染药物占19.74%，肿瘤及免疫治疗多肽药物占18.83%，多肽下丘脑激素占8.47%，心脑血管系列多肽药物占5.26%，垂体激素多肽占3.98%，钙稳态多肽药物占1.74%，其他多肽药物占3.74%（见图2）。

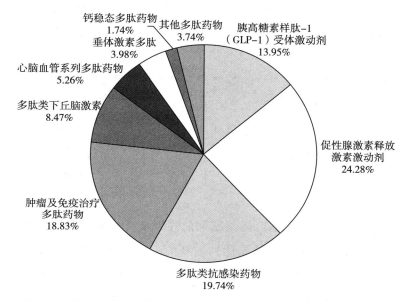

图2　2023年上半年国内重点省市公立医院临床用多肽药物分类占比

资料来源：国家药监局南方医药经济研究所米内网信息库。

八　国内胰高糖素样肽-1（GLP-1）受体激动剂市场

据国家药监局南方医药经济研究所米内网信息库数据，2022年国内重点省市公立医院抗糖尿病用药市场为70.18亿元。2023年上半年抗糖尿病用药市场36.80亿元，较上一年同期增长了3.74%。

中国抗糖尿病用药市场统计用药分11小类，分别为胰高糖素样肽-1（GLP-1）受体激动剂、胰岛素及其类似物、SGLT2抑制剂、二肽基肽酶4（DPP-4）抑制剂、口服降糖药复方、其他糖尿病用药、α-葡萄糖甙酶抑制剂、双胍类、磺脲类衍生物、其他口服降血糖药、噻唑啉二酮等。

在抗糖尿病市场中，胰高糖素样肽-1（GLP-1）受体激动剂市场居于首位，2023年上半年公立医院抗糖尿病用药终端市场中胰高糖素样肽-1（GLP-1）受体激动剂占据25.78%的比重，比多年雄踞霸主地位的胰岛素

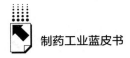

及其类似物的 22.89%高 2.89 个百分点。在胰岛素进入国家集采降价的环境下，胰高糖素样肽-1（GLP-1）受体激动剂已是抗糖尿病国内终端市场的新霸主。

2023 年国内重点省市公立医院使用的胰高糖素样肽-1（GLP-1）受体激动剂药物有 6 个品种，居前 3 位的品种占据了 93.68%。分别是 2021 年 4 月诺和诺德在中国注册的司美格鲁肽注射液（诺和泰），以 53.15%的份额居首位，居第二位的是诺和诺德 2020 年在中国上市的利拉鲁肽注射液（诺和力），占 23.75%，第三位是礼来的度拉糖肽注射液（度易达），占 16.78%。

此外，江苏豪森的聚乙二醇洛塞那肽注射液（孚来美）占 6.13%，阿斯利康的艾塞那肽注射液（百泌达）占 0.15%，上海仁会的贝那鲁肽注射液（谊生泰）占 0.05%。另外 2022 年 7 月 29 日国家药监局批准的青海晨菲制药的艾塞那肽注射液已进入公立医院销售。

2023 年 3 月 28 日国家药监局批准上市持有许可人杭州中美华东，由杭州九源基因工程生产的利拉鲁肽注射液（利鲁平）也在公立医院销售，均已在起步阶段。2023 年全年数据将改变胰高糖素样肽-1（GLP-1）受体激动剂市场格局。

九　多肽类药物市场展望

随着健康消费成为全球刚需，多肽类药物已是朝阳产品。胰高糖素样肽-1（GLP-1）受体激动剂的问世，成为医学史上里程碑的品种。随着人类对降糖与减重市场新药的期盼，GLP-1 多肽类药物的需求量猛增。受到全球消费潮流的渗透，我国 GLP-1 多肽类药物销售规模也迅速扩张，产品品类全面延伸，但是生产工艺仍处于瓶颈期。根据最新科研成果，GLP-1 多肽类药物在非酒精性脂肪性肝炎治疗领域有了长足迈进。这也意味着，未来 GLP-1 多肽类药物将具备多领域应用潜力，结合庞大的消费市场，其产业链拓展空间令人期待。

B.9
皂苷类化合物药用价值新探

徐铮奎[*]

摘　要： 皂苷（Saponins）系存在于 500 多种植物里的天然化合物。按其化学结构，皂苷通常分为两大类，即甾族皂苷和三萜类皂苷。迄今为止，国内外研究人员已发现的具有显著抗癌作用的几种典型皂苷类化合物有：薯蓣皂苷元（抗乳腺癌）、薯蓣皂苷（抗白血病、肺癌等）、茶多酚 D（抗卵巢癌、胶质母细胞瘤等）、人参皂苷 Rg3（抗肺癌、食管癌等），类似例子还有很多。鉴于天然皂苷类化合物有很多种类，随着人们对皂苷类化合物的研究不断深入，相信在不久的将来，皂苷类化合物有望被开发成新型抗肿瘤药物并上市。

关键词： 皂苷　天然植物化合物　抗肿瘤作用　新型抗癌药物

一　皂苷类化合物种类及药用功效

众所周知，癌症现已成为全球主要死亡原因之一，仅次于心血管疾病死亡率，无论是在发达国家还是发展中国家，癌症均为国民性重大疾病。据世卫组织（WHO）专家估计，2022 年全球死于癌症的患者总人数超过 1000 万人。虽然目前国际市场上已有数以百计的抗癌药物，但毋庸置疑，大多数抗癌药物都有一定毒副作用，如癌患者使用了这些药物后，易出现全身性虚弱、疲劳、食欲不振、感染和脱发等。故寻找安全有效的抗癌药物势在必

---

* 徐铮奎，原无锡市医药科技情报站情报翻译。

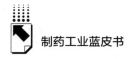

行。而 20 世纪医学界的临床实践表明，植物药可为癌症治疗提供一种可行性选择。植物药来源丰富，属于可再生资源。一般来说，绝大多数植物药对人体比较安全，其副作用亦小于合成药。据药物学家积累的经验，最具有抗癌药用价值的植物化合物包括芥子油苷、生物碱类、三萜类、类黄酮、色素、单宁和皂苷类等。其中皂苷类化合物近年来引起医药研究人员极大的研究兴趣。据统计，迄今已用于临床的植物来源的抗癌药物包括：紫杉醇、长春花碱及其衍生物、喜树碱（包括其半合成衍生物如伊立替康、托泊替康等）、姜黄素、白藜芦醇、足叶乙甙、金雀花素和 β 异金雀花素等、大蒜素、番茄红素、薯蓣皂素、β 胡萝卜素等。据统计，还有数十种各种植物来源化合物抗癌药处于临床前研究阶段或临床试验阶段。总之，植物来源抗癌药物为医学界提供了极大的帮助。

作为植物来源抗癌药的"后起之秀"，近几年皂苷类化合物引起国际药学界的高度重视。据了解，皂苷类化合物分为两大类，即①甾族皂苷，其皂苷配基为螺甾烷的衍生物如薯蓣皂苷等。这类皂苷多存在于百合科、玄参科和薯蓣科植物的根茎里。②三萜类皂苷，它们可分为四环三萜与五环三萜两类。三萜皂苷多存在于五加科（如人参）和伞形科、豆科、葫芦科等多种植物中，其自然界分布非常广泛。在过去 20 年里，科学家对皂苷的药用价值做了大量研究性工作并取得了一系列重要新发现。其中最令人感兴趣的是皂苷在癌症治疗中的作用。皂苷类化合物具有高度结构多样性，临床研究表明，皂苷的抗癌机制包括：促使癌细胞生长周期停止、抗氧化作用、细胞侵袭抑制作用、诱导癌细胞凋亡和自噬等。故皂苷类化合物有望成为未来的抗癌新药来源。

虽然高等植物是目前皂苷类化合物的最主要来源，但科学家发现：在海洋生物体内同样存在皂苷，尤其是棘皮类海洋生物（如海参等）。鉴于海洋生物品种多样，尚有许多种海洋生物含皂苷类活性物质，故今后人们可将海洋生物列入开发皂苷类药用物质的新来源。

尽管科学家已发现的皂苷类化合物有很多种，但迄今为止美国 FDA 仅批准少数几种植物皂苷可供食品或药品用途，其中包括皂树皂苷和甘草酸及其衍生物等。

现已知道，皂苷是一大类天然植物化合物，它们存在于 500 多种植物中，如豆类、人参、甘草、菠菜叶和皂树种子等。由于皂苷具有良好的表面活性作用，故它们可用于工业活性剂、发泡剂、胶束剂、化妆品助剂和食品添加剂等多种用途。随着科学家对皂苷作用的研究不断深入，皂苷的药用价值引起药学界的浓厚兴趣。在后疫情时期，如何应对严重影响呼吸道的新冠病毒变异株是摆在国际医学界面前的重大研究课题。而植物中很多种天然皂苷（三萜或甾体皂元和一种或多种糖残基组成的糖苷类化合物）已被证明为可抑制新冠病毒（或其他病毒）的天然良药。这是由于皂苷具有出色的病毒抑制作用，它们能抑制病毒不同的药理靶点，具有抗炎活性和预防血栓形成的作用，可大大缓解炎症并遏制其传染性。此外，皂苷还有免疫激活作用，可提高疫苗的功效性和安全性，延长疫苗的有效期（特别是针对SARS-COV-2 变种的免疫特性）。来自中国医学研究人员的大量研究论文指出：一系列中草药已被证实具有良好的抗 SARS-COV-2（新冠病毒）作用。它们的成分非常复杂，有黄酮类、生物碱类、多糖类以及以前不为人知的皂苷类植物化合物。例如，前几年在中国抗击新冠疫情期间发挥了重要作用的几个中成药品种（如连花清瘟胶囊、蒲地蓝口服液、清肺排毒汤等），其中一些中药材成分均有皂苷类物质在起作用，这表明，皂苷在抗病毒斗争中具有不可或缺的作用。据来自中国学者们的研究，已发现的具有抗病毒作用的皂苷类物质包括连翘苷、黄芩苷、桔梗苷、甘草酸、粉防己苷等，它们均有出色的抑制病毒作用。当然，在上述已见成效的抗新冠成药中并非单一成分在起作用，而是包括皂苷在内的多种植物化合物在发挥协同作用。根据浙江大学科研人员的研究成果，他们发现来自绿茶的天然色素——茶黄素具有抗新冠病毒作用；茶皂苷则与茶黄素发挥配伍抗病毒作用。浙江大学科研人员们的新发现具有重要意义，因为我国是世界最大绿茶生产国和出口国。

国外研究人员对植物来源的皂苷的作用总结如下：①抗病毒作用（典型皂苷类物质为齐墩果酸）；②抗炎作用（如甘草酸、β 七叶皂苷）；③降血脂作用（如三七总皂苷）；④抗真菌作用（如重楼皂苷）；⑤抗菌活性（如茶皂

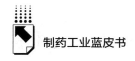
苷）；⑥降血糖作用（如葫芦巴苷、匙梗藤苷、苦瓜皂苷等）；⑦皂苷类物质其他已知的活性作用包括抗癌、驱虫、抗氧化、抗溃疡、抗疟、缓解湿疹、镇痛、防止肾结石生成，以及提高免疫力等。据国内外学者们的研究，最有希望的皂苷类抗癌药物为大豆皂苷和人参皂苷，其中后者已在中国上市。

二 已实际应用的皂苷类化合物主要产品

国内外研究人员研究成果中，皂苷类产品应用实例主要有以下几类。

1. 甘草酸（简称 GA，它也是皂苷类化合物之一）

这是一种上市近百年的老产品，主要来自甘草提取物。GA 为三萜类皂苷，与其他皂苷不同的是，天然 GA 以两种差向异构体"18-α-GA"和"18-β-GA"存在。由于两者结构和手性等因素，GA 分子在水中表现出分层"自组装"行为，成为半柔性的纳米原纤维。最终形成纤维网络，它们具有右旋性。天然 GA 水溶液表现出良好的抑菌性，对革兰氏阳性菌（如金黄色葡萄球菌）显示出很强的抑制作用。GA 可用于形成稳定的食品乳液及有效的乳化剂，并具有抗菌/抑制微生物生长作用。在美国和欧洲，早已将皂树皂苷与甘草酸共同用于制作稳定的复合型食品用乳化剂。由于皂树皂苷与甘草酸均为沿用已久的乳化剂原料，它们副作用少，对人体十分安全，故在食品加工业中有巨大应用前景。

2. 薯蓣皂素

皂苷在医药工业中最早应用实例为以墨西哥薯蓣及中国黄姜中提取的"薯蓣皂素"为起始原料半合成甾体类激素药物——可的松类（如氢化可的松、保泰松、强的松、强的松龙、炔诺酮、肤轻松、地塞米松等数十种药物），这类药物在临床上具有广泛的用途，如用于消炎、抗氧化、抗过敏、抗病毒、抗休克等。估计全球制药业年产薯蓣皂素类激素原料药总量在5000~6000 公斤，目前全球薯蓣皂素原料药的 90% 产自中国（主要原料是人工种植的黄姜），全球薯蓣皂素及其半合成激素类药物的市场总价值高达数百亿美元。

3. β-七叶皂苷

该物质系从裟椤树果实"裟椤子"（西方称其为"马栗子"）提取所得的一种三萜类皂苷天然化合物。国外研究人员早在 20 世纪 70 年代即已发现，来自马栗子的提取物——β-七叶皂苷具有出色的抗炎作用，可治疗包括血管炎在内的多种炎症性疾病。20 世纪 80 年代国外厂商开发上市了β-七叶皂苷冻干粉注射剂并获准上市。其适应证包括：治疗脑出血、脑水肿、创伤，或手术所导致的肿胀，以及临床常见的"静脉回流障碍症"等。β-七叶皂苷对神经根型颈椎病、淋巴回流障碍等所致水肿也有一定疗效。医学研究人员认为：β-七叶皂苷的抗炎作用可类比地塞米松的效果，其副作用较少且作用更为持久。近年来国外又有研究认为，β-七叶皂苷可协同抗肿瘤药物并增强后者的抑瘤作用。动物试验表明：β-七叶皂苷可加速癌细胞的凋亡，抑制癌细胞的侵袭以及阻滞其增殖，逆转癌细胞的抗药性。β-七叶皂苷另一新发现的重要作用是，抑制肿瘤的新血管形成，从而使癌肿萎缩。β-七叶皂苷还能清除掉体内的自由基，保护缺血再灌注损伤的神经组织，促使神经功能恢复。总之，β-七叶皂苷是一种临床用途非常广泛的皂苷类药物，它也是迄今为止医药研究人员开发最成功的一种皂苷类药物。

4. 我国科研人员自行开发的其他皂苷类药物

过去 20 年里，我国中医药科研人员在利用中药作为原料提取的皂苷类新药开发方面取得了重要进展，并形成具有中国特色的皂苷类药物新产品群体，它们上市后已形成巨大市场规模。这类产品目前在欧美国家大多未生产，是我国中医药的特色产品。国内已上市的皂苷类产品主要有：β-七叶皂苷、人参茎叶总皂苷、三七总皂苷、齐墩果酸、熊果酸、苦瓜皂苷、匙梗藤皂苷、刺蒺藜皂苷、葫芦巴皂苷、红景天皂苷、绞股蓝皂苷、羽扇豆烷。植物学家已发现的皂苷还有不少，限于篇幅不能一一列举。

三　皂苷类化合物在抗癌方面的应用前景

如上文所述，医学研究人员早已发现：皂苷类化合物具有优异的抑瘤作

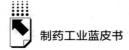

用。在当今全球癌症发病率不断上升的大趋势下，开发新型抗癌药物成为医药科研机构的一项紧迫课题，而植物皂苷以其来源多样性和"多靶点"抗癌作用成为药物研究人员的重点研究对象。

经持续多年的研究，科研人员发现，皂苷的抗癌作用可归纳为：抗癌细胞增殖，阻滞癌细胞转移，抗癌组织的新血管生成，以及逆转癌细胞的"多药耐药性"等。上述皂苷的抗癌作用主要通过诱导癌细胞凋亡，促进细胞分化，免疫调节作用，与胆酸盐结合和改善致癌物诱导的细胞增殖来实现。皂苷的抗癌活性涉及不同的分子机制。值得注意的是，皂苷的抗癌作用机制与其结构部分的性质密切相关，包括皂苷的苷元部分、糖苷链的长度与连接方式、苷元链上功能性羧基的存在、糖分子和羟基的数量、羧基的位置、立体选择性以及甘氨酸链上糖分子的类型等。

过去 20 年来，具有抗癌活性的纯化皂苷数量显著增加。由于皂苷通常具有较高的分子量，因此皂苷具有大量可旋转氢键、总极性表面积以及氢键供体和受体。一般说来，低分子量、高亲脂性和较少氢键供体和受体的药物通常具有更高的生物利用度。与苷元皂苷相比，皂苷糖苷的口服生物利用度明显较低。对于几种口服生物利用度较低的药物通常会探索大剂量口服给药或静脉注射和肌肉注射等替代方式给药，但现有资料表明：由于皂苷具有溶血性，故不宜采用静脉注射形式（注射皂苷类化合物有可能导致贫血症）。皂苷的活性具有"剂量依赖性"（即剂量越大效果越明显），口服剂量的加大意味着生物利用度和作用的显著增加，从而也会加大皂苷的毒性（亚急性毒性、肾毒性、肝毒性与心脏毒性）。最新研究发现，某些皂苷类化合物如大豆皂苷、黄芪皂苷和柴胡皂苷属于"非溶血性皂苷"类化合物，这类皂苷化合物即使大剂量口服亦不会产生毒副作用。

皂苷类化合物抗癌研究最具应用前景的是，将皂苷类化合物与现有化疗药物配伍使用，可大大增强后者的抑瘤作用，并可降低癌细胞对化疗药物的耐药性发生概率。因为现有研究资料表明：皂苷类化合物能诱导癌细胞凋亡和（癌细胞）生长周期停滞，或增强癌细胞对放疗的敏感度，从而增强放疗的治疗效果。还有一个重要因素，即皂苷能提高人体免疫力。在今后的科研课题中，将皂苷加工成为靶向"精准输送制剂"以及将其与化疗药配伍使用成为两大科研新课题。

科学家已发现的具有抗癌活性的皂苷类化合物及其抗癌范围举例：①薯蓣皂苷元（乳腺癌）；②薯蓣皂苷（白血病、肺癌、胃癌、肝癌、宫颈癌、乳腺癌）；③茶多酚 D（卵巢癌、胶质母细胞瘤、神经胶质瘤、非小细胞肺癌）；④夹竹桃苷（胰腺癌、前列腺癌、乳腺癌、淋巴癌、黑色素瘤、骨肉瘤）；⑤人参皂苷 Rg3（肺癌、食管癌、胃癌、结肠癌、肝癌、肾癌、膀胱癌、乳腺癌、卵巢癌、前列腺癌、黑色素瘤）；⑥人参皂苷 Rh2（白血病、结肠癌、肝细胞癌、乳腺癌、卵巢癌、前列腺癌）；⑦柴胡皂苷 A（肝细胞癌、乳腺癌、结肠癌）；⑧柴胡皂苷 D（肺癌、肝细胞癌、前列腺癌、甲状腺瘤等）；⑨知母皂苷 A－Ⅲ（乳腺癌、前列腺癌、胰腺癌、骨肉瘤）；⑩OSW-1（白血病、胰腺癌）；⑪绞股蓝总苷[①]。

综上所述，在过去20多年里，中外科学家对具有抗癌活性的皂苷类化合物做了大量具有开拓性的科研工作并取得显著成果。虽然目前除中国已有少量皂苷（如人参皂苷等）被用于抗癌药物外，欧美发达国家迄今尚未正式批准皂苷类化合物作为抗癌药上市，但从长远角度看，由于人们已发现皂苷具有优越的抑瘤作用，故相信在不久的将来肯定会有来自皂苷类化合物的抗癌新药上市，皂苷类产品无疑具有广阔的市场前景。

---

① 据中国科学家的最新研究结果，一种生长在南方的植物——绞股蓝提取的总苷具有优异的抗癌作用，它对包括肝癌、肺癌、子宫颈癌、黑色素瘤和骨肉瘤等20多种癌症具有抑制作用。

B.10
2023年中国维生素 B2产销概况及前景展望[*]

张 伦[**]

摘 要： 维生素 B2 是一种重要的水溶性 B 族维生素，是人类和动物不可或缺的营养补充剂。我国生产维生素 B2 已有几十年历史，改革开放以来，我国维生素 B2 产销呈现快速增长态势，现已成为全球最大的生产和出口基地。目前我国企业生产规模庞大，工艺技术十分成熟，具有自主知识产权，上下游产业链配套完善，销售价格竞争力很强，在国际市场上占有举足轻重的地位。未来维生素 B2 的国内外市场将长期看好，我国产销还会进一步提高。

关键词： 维生素 B2 原料药生产 医药市场 饲料添加剂

维生素 B2 又名核黄素、维生素 G 等，是一种重要的水溶性 B 族维生素，参与机体生物氧化过程，是人类和动物不可或缺的营养补充剂。

《中国药典》自 1963 年版以来的历次版本中均收载了维生素 B2，目前已被收入 2020 年版。维生素 B2 亦被收入美国药典 USP46-NF41、英国药典 BP2023、日本药典 JP18、印度药典 IP2022、韩国药典第 10 版以及德国、法国等许多国家的药典，此外欧洲药典 EP11.0 和国际药典（WHO 药典）第五版也将它收载其中。

---

[*] 本文数据来源为中国海关统计数据、中商情报网数据。

[**] 张伦，南京制药厂研究所工程师，专注于药品生产工艺及市场发展等方面的研究。

多年来，维生素 B2 的国内外市场需求量很大，产销量稳步上升。我国产销一直保持稳定增长态势，未来市场前景看好。

一　生产概况

维生素 B2 于 1920 年首先由 Emmett 等人从酵母提取液中发现，1932 年 Warburg 从酵母中提取到黄色酵素，一年后证明即维生素 B2。1933 年 Kuhn 等人从蛋黄中分离出纯维生素 B2 结晶，1935 年 Karrer 等人完成了维生素 B2 的人工合成。

长期以来，世界上有许多企业生产维生素 B2，德国巴斯夫、瑞士罗氏等为全球生产巨头。维生素 B2 在整个维生素类产品中的产量份额约为 1.5%，在维生素 B 族中占有约 12% 的份额。

（一）生产多用发酵方法

目前维生素 B2 在工业上应用较多的生产方法有酵母菌发酵法、基因工程菌发酵法、化学合成法和化学半合成法等。其中化学合成法具有颇多难以解决的问题，现已被取代，而两种生物发酵法则为世界主流供应商主要采用的生产方法。

传统的酵母菌发酵法主要以棉病囊菌（Ashbya gossypii）、枯草芽孢杆菌（Bcillus subtiltis）和阿舒氏假囊酵母菌（Eremo-thecium ashbyii）等作为维生素 B2 生产菌种，工业生产中主要以阿舒氏假囊酵母菌为生产菌种。基因工程菌发酵法则运用 DNA 重组技术构建出能够合成维生素 B2 的基因工程菌，取代原先使用的酵母菌。

维生素 B2 的工业发酵一般为二级发酵，发酵液先后经过沉淀、氧化等工序，最后进行分离并提纯。发酵培养基中以植物油、葡萄糖、糖蜜或大米等作为主要碳源，植物油中以豆油对维生素 B2 产量的促进效果最为显著，有机氮源以蛋白胨、骨胶、鱼粉、玉米浆等为主，无机盐主要有氯化钠、磷酸氢二镁、硫酸镁等。

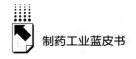
在生产过程中，种子扩大培养和发酵的通气量要求均比较高，通气比一般在 1.0，罐压为 0.05 MPa 左右，搅拌功率的要求也比较高。阿舒氏假囊酵母菌的最适宜生长温度在 28~30℃，种子培养 34~38 小时后接入发酵罐，发酵培养 40 小时后开始连续流加补糖，发酵液的 pH 值需控制在 5.4~6.2 区间。整个发酵周期为 150~160 小时，维生素 B2 的产量在 50g/L 左右。目前玉米是发酵生产维生素 B2 的主要原料，约占生产成本的 50%以上。

（二）我国生产历史悠久

我国最早于 1959 年由天津河北制药厂率先投产维生素 B2，是以阿舒氏假囊酵母菌为菌种，先后经过三级发酵，发酵液经过酸化、压滤、氧化、精制等工序最终得到产品。

与此同时，西安制药厂采用化学合成法也生产出维生素 B2，但是化学合成法工艺复杂，收率不高，后来停产。多年来，由于国内维生素 B2 的发酵水平较低，成本和质量均不太理想，因此产量受到限制，一直上不去。

20 世纪 90 年代，湖北广济药业的科技人员经过不懈努力，成功实现了维生素 B2 的基因工程发酵法并用于一线生产，使生产技术水平有了大幅度提高，极大地缩短了生产周期，节约了能源，降低了能耗和成本，使我国维生素 B2 成为国际市场上富有竞争力的产品。

（三）全国产量不断上升

长期以来，我国维生素 B2 的生产能力和产量一直在稳步上升。20 世纪 90 年代初，全国生产能力为 300 吨，产量为 200 吨。到 20 世纪末，生产能力达到 700 吨，产量增长到 500 吨。21 世纪初，生产能力为 1400 吨，产量达到 1000 余吨。

目前全国维生素 B2 的年生产能力已达到 8000 余吨，产量达 5500 余吨。在我国生产的维生素 B2 系列产品中，有医药级 98%、压片级 95%、饲料级 96%、饲料级 80%微粒等多种规格，其中大约 80%的产量为饲料级。

（四）国内生产企业众多

目前，我国有多家企业生产维生素 B2，如湖北广济药业股份有限公司、上海海嘉诺医药发展股份有限公司、山东恩贝集团有限公司、梅花生物科技集团股份有限公司、浙江圣达生物药业股份有限公司、宁夏启元药业有限公司等，出口到海外市场的大多是生产饲料添加剂级别的产品。

多年来，维生素 B2 的市场价格上下波动。有的企业因为生产成本控制不好，当市场价格低于成本线时就会亏损，因此一旦市场售价低迷，有的企业就会停产。长期以来，一直稳定生产的企业主要有湖北广济药业、上海海嘉诺公司等。

国家药品监督管理局官网显示，截至 2024 年 3 月 15 日，全国持有维生素 B2 原料药生产批准文号的医药企业有 1 家，为湖北广济药业。该企业生产的维生素 B2 原料药供应全国的制剂生产厂家。

维生素 B2 制剂品种有片剂、注射剂、复方片剂等。国家药品监督管理局官网显示，截至 2024 年 3 月 15 日，全国共有维生素 B2 制剂生产批准文号 453 个，涉及生产企业 400 余家。其中片剂的生产批准文号最多，有 389 个，注射剂生产批准文号有 62 个，复方制剂生产批准文号有 2 个。

在维生素 B2 制剂品种中，片剂的产量最大。2003 年全国产量已达 27 亿片，2008 年为 36 亿片，目前已达 60 余亿片。全国维生素 B2 片剂产量较大的企业有 20 余家，产量过亿的企业有 10 余家，其中华中药业股份有限公司产量最大，年产量达到 10 多亿片。

此外，目前全国还有几十个维生素 B2 兽药生产批准文号，主要剂型为注射剂和片剂。

（五）生产规模十分集中

现在全球维生素 B2 的生产能力约为 1.2 万吨，年需求量约为 9000 吨，其中 65% 的需求为饲料添加剂，22% 为医药用，13% 为食品用。全球维生素 B2 的产能十分集中，我国主要生产企业为湖北广济药业、上海海嘉诺公司、

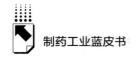

山东恩贝集团等，国外主要生产企业是巴斯夫和帝斯曼。

国内企业中，湖北广济药业的产能约为5000吨，上海海嘉诺公司的产能约为1000吨。国外企业中，帝斯曼的产能约为2000吨，巴斯夫的产能约为1500吨。这几家企业的产能大约占据全球80%左右的份额。

（六）全球最大生产企业

目前我国乃至全世界最大的维生素B2生产企业为湖北广济药业。该公司始建于1969年，是以生产、销售医药原料药及制剂、食品添加剂、饲料添加剂为主的重点高新企业，该企业于1999年在深交所上市。

湖北广济药业的主导产品即维生素B2，经过多年的不断做大做强，该公司已成为维生素B2生产的龙头企业，2000年产量达到400吨，为全国第一。2002年，产量跃上1200吨，为亚洲第一、世界第三。2007年生产能力为2700吨，产量为2000吨。目前该公司的产能已达5000余吨，年产量4000余吨，其行业龙头的地位十分稳固。

湖北广济药业的维生素B2分为原料系列产品、制剂系列产品等。其中原料系列产品又分为医药级、食品级、饲料级98%、饲料级80%及维生素B2磷酸钠等。

近年来，该公司通过革命性技术变革，攻克了利用大米代替糖蜜生产维生素B2的难题，使生产效率大幅提高，成本大幅降低，产量超过了世界医药巨头巴斯夫和帝斯曼，已占据80%左右的国内市场和45%左右的国际市场。目前该企业已获得维生素B2国内外发明专利授权21个。

二　市场状况

（一）国内市场需求旺盛

维生素B2主要用于医药品以及食品、饲料、化妆品、保健品等的添加剂。长期以来，国内医药市场维生素B2需求旺盛，用量稳定增长。

现在维生素 B2 已成为临床上应用面十分广泛、应用量很大的维生素产品，其片剂和注射剂已被列为我国《国家基本医疗保险、工伤保险和生育保险药品目录》中的甲类品种。它还与其他维生素品种一起构成复合维生素 B 和多种维生素产品，作为 OTC 药物广为销售。维生素 B2 在我国大城市医院的用药普及率已达到 95%~100%。

多年来，我国市场维生素 B2 的需求量一直在持续增长。20 世纪 80 年代，国内市场年消耗量仅有几十吨，且应用面较窄，主要是医药用。20 世纪 90 年代起，需求量开始不断上升，到 90 年代中期，全国年消耗量已达百余吨。后来上升势头更猛，每年都以较大比例增长，年平均增幅超过了两位数。

到 20 世纪末，国内市场年用量已达 500 余吨。进入 21 世纪的 20 多年里，市场需求高速增长，除了医药用，饲料添加剂的需求更旺，目前年用量已达 2000 多吨。

（二）出口不断上升

长期以来，我国生产的维生素 B2 除供应国内市场外还大量出口海外市场。20 世纪末，全国维生素 B2 出口创汇已达 1000 余万美元。

进入 21 世纪，我国维生素 B2 的出口量和出口金额稳步攀升。2002 年，出口金额超过了 2000 万美元。2005 年，突破了 3000 万美元。2012 年，全国维生素 B2 出口量达 1593 吨，出口金额 4771 万美元，出口均价 30.32 美元/千克。2017 年，我国维生素 B2 的出口量达到 2739 吨，比上年的 2203 吨增加了 536 吨，增长率达到 24.3%，出口金额达到 8871 万美元，比上年的 7580 万美元增加了 1291 万美元，增长率达到 17.0%，出口均价为 32.4 美元/千克。2018 年，我国维生素 B2 出口量首次达到创纪录的 3000 吨。2019 年，出口量继续增长，达到 3285 吨，增长率为 9.5%。

（三）近年来出口有所波动

最近几年来，由于受到全球新冠疫情及经济疲软等多重因素的影响，我

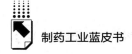

国维生素 B2 出口量和出口金额以及出口价格均有不同程度的下滑。

2020 年，我国维生素 B2 出口量为 2848 吨，同比减少了 437 吨，降幅为 13.3%。2021 年，出口量为 2975 吨，比上年有小幅增长，增幅为 4.46%。2022 年，我国维生素 B2 出口金额为 6960 万美元，同比下降了 13.61%。

2023 年 1~10 月，我国维生素 B2 出口量为 2753 吨，出口金额为 5568 万美元，与上年同期相比，出口数量增长了 35.64%，由于出口单价下滑，出口金额下降了 0.64%。出口产品以饲料级为主，其次为医药级和磷酸盐。

（四）出口企业集中度高

目前国内维生素 B2 主要出口企业有湖北广济药业、上海海嘉诺公司、山东恩贝集团等，其中最大的出口企业为湖北广济药业，它的出口量占据了整个行业七成以上的份额。

长期以来，湖北广济药业十分注重产品质量体系建设，几条生产线不但全部通过了国家 GMP 认证，还遵循国际维生素 B2 生产标准，先后通过了 HACCP（联合国食品法典委员会推荐的预防性的食品安全卫生控制体系）、FAMI-QS（欧盟有关饲料添加剂和预混饲料添加剂质量管理规范）的认证，为产品出口打下了良好基础。

近年来，山东恩贝集团生产的维生素 B2（80%）出口增长较快，2023 年该公司的产品已经达到欧盟饲料添加剂市场准入条件，开始进入欧盟市场销售。

（五）出口地区十分广泛

我国维生素 B2 出口地遍布全球，已出口到全世界近百个国家和地区，主要出口地为欧洲、北美等地的发达国家。近年来，印度、印度尼西亚、越南、斯里兰卡等广大发展中国家需求增长很快，对我国的进口大幅增加。

2015 年，我国维生素 B2 前五大出口国分别是：美国（出口量占比 25.75%）、德国（出口量占比 8.38%）印度（出口量占比 8.32%）、荷兰

（出口量占比 6.04%）、西班牙（出口量占比 4.40%）。2017 年我国维生素 B2 前五大出口国分别为：美国、荷兰、德国、印度、越南。

2022 年，我国维生素 B2 出口量排名靠前的国家中，美国、巴西、印度尼西亚、印度、斯里兰卡位列前五，其中对美国的出口量占比为 20%，对巴西的出口量占比为 6.5%，对印度尼西亚的出口量占比为 6.1%。

（六）出口美国数量最多

多年来，美国一直是我国维生素 B2 出口的第一大市场。2015 年，我国出口到美国的维生素 B2 为 529 吨，占我国出口总量的 25.75%。2017 年，出口美国的维生素 B2 为 603 吨，占出口总量的 22.0%，出口金额为 2192 万美元，占出口总金额的 24.7%。2022 年 1~8 月，我国出口到美国的维生素 B2 为 326 吨，占出口总量的 19.6%。

近年来，虽然美国和中国发生了贸易摩擦，但是对我国维生素 B2 的出口影响不大，因为中国维生素 B2 产业在全球市场中所占的份额较大且产品的性价比很高，在国际市场上拥有较强的竞争力。我国出口到美国的维生素 B2 主要是饲料用，对产品的性价比要求较高。欧洲生产厂家主要集中在医药等高端领域，基本放弃了饲料级的生产，全球市场中饲料级维生素 B2 大多由中国企业供应。

美国畜牧、饲料市场经历了 2008 年金融危机带来的消费低迷后已逐步恢复，最近几年基本恢复到 2008 年前的饲料消费水平，对饲料添加剂这种刚需产品的需求还会稳步增加。

（七）国内市场价格上下波动

长期以来，国内外市场维生素 B2 的价格一直在上下波动。以 80% 维生素 B2 为例，2006 年初，国内市场的价格约为 140 元/千克，到 2006 年底，部分产品的报价已高达 200~205 元/千克。2007 年初，因为韩国巴斯夫维生素工厂罢工停产，维生素 B2 价格开始了一轮暴涨，国内市场报价一度高达 850 元/千克。此后随着巴斯夫复产以及全球金融危机导致的经济低迷，

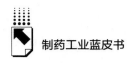

2007 年下半年，维生素 B2 的价格又迅速下跌至 150 元/千克。2009 年 6 月继续下降到 110 元/千克。此后，维生素 B2 的价格开始缓慢回升，2011 年 9 月，价格达到 160 元/千克。然后价格又开始下降，2013 年 3 月为每公斤 135 元/千克。

之后几年，由于环保治理压力的加大、生产原料价格的起伏、各种成本费用开支的增加、肉类产品价格的上下浮动，都影响着维生素 B2 的价格走势。2015 年初，80% 维生素 B2 的价格在 150 元/千克左右，到 2016 年中已经涨到近 300 元/千克，到 2017 年中降到 170 元/千克。接下来维生素 B2 的价格又像打足了气的皮球再次反弹，迅速升高，到 2018 年初上蹿到 470 元/千克左右。到了 2018 年中，价格又大幅跳水，一举跌破了 150 元/千克。

最近几年，维生素 B2 的价格一直萎靡不振，在 95~120 元/千克的低位徘徊。2023 年初，国内市场的价格为 90~95 元/千克，2023 年 9 月价格为 120 元/千克左右，2024 年初，价格在 100 元/千克上下。

三　市场前景分析

据分析，今后维生素 B2 国内外市场需求仍将十分旺盛，发展前景广阔。

（一）国内市场持续看好

维生素 B2 主要用于医药品以及食品、饲料、化妆品、保健品等的添加剂，是临床上应用面十分广泛、应用量很大的维生素产品。

维生素 B2 是第一批进入我国非处方药的品种。现在涉及维生素 B2 的 OTC 制剂品种就有 20 余个，除单方片剂外还有复方的九维片、十维片、维铁片、小儿四维葡钙片、复合维生素 B 片、14 多维元素片、15 多维元素片、16 多维元素片等。

21 世纪初，我国医药市场消耗的维生素 B2 片剂为 25 亿片，目前已达 60 余亿片。以往用量较少的维生素 B2 注射剂近来市场需求也在快速增长。

维生素 B2 也是常用药物"复合维生素 B"片剂的 5 种成分之一，全国现有上百家企业生产"复合维生素 B"片剂，每年产销量达上百亿片。维生素 B2 还是"多种维生素"产品（如 21 金维他、善存、施尔康等）的成分之一。这些产品的销售量非常大，作为保健产品，现已走进千家万户，目前全国市场规模约为 110 亿元，预计到 2030 年将达到 160 亿元。

维生素 B2 在欧美发达国家中除用于医药品外还广泛用于食品添加剂，该领域的需求量很大。以前我国这方面用量较少，近年来作为食品添加剂和营养强化剂，维生素 B2 已经越来越广泛地应用于国内诸多产品中，如乳制品、饼干、饮料、方便面、保健品等。

根据中国国家标准 GB 14880-94 的规定，维生素 B2 在谷物及其制品中的使用量为 3~5mg/kg，液体及乳饮料中的使用量为 1~2mg/kg，婴幼儿食品中的使用量为 4~8mg/kg，食盐中的使用量为 100~150mg/kg。

另外，根据中国国家标准 GB 2760-2007 的规定，维生素 B2 可用于固体饮料，0.01~0.013g/kg；营养性固体饮料，10~17mg/kg；胶基糖果，10~17mg/kg；含乳固体饮料，0.9~1.65mg/kg；豆奶粉、豆粉，6~15mg/kg，豆浆、豆奶，1~3mg/kg；孕产妇配方奶粉，10~22mg/kg；儿童配方奶粉，8~14mg/kg；方便面粉包，46~94mg/kg；孕产妇配方粉，0.57~1.13mg/kg；饼干，0.33~0.67mg/100g。预计今后我国食品添加剂对维生素 B2 的需求量还会不断增加。

（二）银发需求潜力很大

民政部、全国老龄办发布的《2022 年度国家老龄事业发展公报》显示，截至 2022 年末，全国 60 周岁及以上老年人口已经达到 28004 万人，占总人口的比例为 19.8%；全国 65 周岁及以上老年人口为 20978 万人，占总人口的比例为 14.9%。

国家统计局数据显示，2023 年我国人口总数为 140967 万人，60 周岁及以上老年人口为 29697 万人，老年人口占全国总人口的比例首次超过了 20%，达到 21.1%。

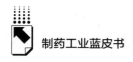

为积极应对人口老龄化，培育经济发展新动能，提高人民生活品质，大力发展银发经济，增进老年人福祉，2024 年 1 月 15 日，国务院办公厅发布了《关于发展银发经济增进老年人福祉的意见》。该意见明确指出：银发经济是向老年人提供产品或服务，以及为老龄阶段做准备等一系列经济活动的总和，涉及面广、产业链长、业态多元、潜力巨大。

维生素类产品作为医药保健品中重要的一大类产品，其保健作用稳定，长期服用副作用也很小，多年来一直受到广大民众尤其是老年人群的推崇，市场知晓度很高，消费量不断增加。可以预见，今后在老年保健品市场中，维生素类产品的需求一定还会不断上升。

（三）价格低廉利于普及

近年来，虽然经过几次提价，但目前我国市场上维生素 B2 制剂产品的价格仍然比较低廉。以片剂为例，目前市场上 5mg×100 片/瓶的维生素 B2 售价为 4~5 元，每片的价格为 4~5 分钱。2ml：10mg×10 支/盒的维生素 B2 注射剂售价约为 50 元，每支注射剂的价格约为 5 元。低廉的价格将推动其今后在中小城市和广大农村地区的用量不断增加。

维生素 B2 也是常用药物"复合维生素 B"片剂的 5 种成分之一，目前，"复方维生素 B"片剂在我国已成为应用面十分广泛，应用量很大的药品，它在城市医院的用药普及率已达近 100%。全国现有几百家企业生产"复合维生素 B"片剂，每年产销量高达上百亿片。"复合维生素 B"片剂的价格也十分低廉，目前国内市场 100 片/瓶的销售价格为 5 元左右，每片仅为 5 分钱，预计今后市场还会有很大发展空间。

（四）饲料添加剂应用需求巨大

维生素 B2 是一种重要的饲料添加剂，这方面的消耗量约占市场总量的 65%。长期以来，维生素 B2 市场需求增长最快的也是该领域。

改革开放以来，我国养殖业一直处于快速发展阶段，家禽、牲畜、水产等的养殖量多年来不断高速增长。目前我国大牲畜的饲养量已超过 10 亿头，家禽的饲养量超过了 60 亿头。现在我国肉类产量已经占到全世界肉类总产量的 1/4 左右。

2022 年，全国肉类总产量达到 9328.44 万吨，猪牛羊禽肉产量为 9227 万吨，比上年增长了 3.8%。其中，猪肉产量为 5541 万吨，占比达 60%；牛肉产量为 718 万吨，占比为 8%；羊肉产量为 525 万吨，占比达 6%；禽肉产量为 2443 万吨，占比达 26%。

目前，除了牛的饲养量外，我国猪、马、羊、家禽等的饲养量均已位列世界第一，成为全球名副其实的养殖大国。近年来，我国牛的饲养量也在稳步上升。2022 年，中国肉牛存栏量首次突破 1 亿头大关，年增长率为 4.1%，成为继印度、巴西之后，世界上第三大肉牛养殖国。

2023 年，我国猪牛羊禽肉总产量为 9641 万吨，比上年增长了 4.5%。其中，猪肉产量为 5794 万吨，同比增长了 4.6%；牛肉产量为 753 万吨，同比增长了 4.8%；羊肉产量为 531 万吨，同比增长了 1.3%；禽肉产量为 2563 万吨，同比增长了 4.9%。

养殖业的高速发展促进了我国饲料产业快速增长，目前全国混合饲料生产企业已达 4000 余家，其中生产规模达 10 万吨以上的有 1000 多家，生产规模达 100 万吨以上的有 30 多家。

近年来，全国饲料产量每年都以年增 1000 余万吨的速度不断增加。2022 年，我国各种饲料的年产量首次突破 3 亿吨大关，达到 30223.4 万吨，比上年增长了 3%。2023 年，全国各种饲料的总产量达到创纪录的 32162 万吨，同比增长了 6.6%。

多年来，我国添加各种维生素等的饲料占饲料总量的比重呈现不断上升态势，已由 21 世纪初的约占 20% 份额上升到现在的约占 60% 份额，达到 18000 多万吨。目前我国每年用于饲料添加剂的维生素 B2 达到 2000 余吨，预计未来还会继续增加。

今后随着我国人民生活水平的持续稳步提高，养殖业高速发展的步伐不会减慢。预计到 2030 年，我国饲料年产量将达 40000 万吨，为世界第一，今后该领域对维生素 B2 的需求仍会不断上升，需求量将是非常大的。

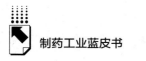
（五）全球市场依赖中国

维生素 B2 作为重要的维生素品种，无论是医药用还是饲料添加剂及其他应用，其市场需求的刚性特点十分明显。

经过多年发展，现在我国已经成为全球最大的维生素 B2 生产国和出口国，产能和产量占世界的 80% 左右。我国生产企业的工艺技术先进，拥有自主知识产权，上下游产业链配套齐全，具有明显的规模优势、成本优势和价格优势，市场主导地位十分稳固。今后国际市场维生素 B2 的需求还会稳步上升，对中国质优价廉产品的依赖还将延续。

B.11

2023年中国双（多）室袋输液发展的现状与展望

史建会*

摘　要： 本文简要介绍我国双（多）室袋输液制剂的类型，分析目前产品发展优势和面临的挑战，同时结合市场现状、发展需求及注射剂创新型药企在双（多）室袋输液产品研发探索方面取得的成效，从专业角度就加快双（多）室袋输液产品发展与进步，对加强产业政策支持和科技创新，进一步提高双（多）室袋输液制剂产品的临床价值认识程度，提升质量标准、突出产品特色，发挥智能制造引领产业提质升级及强化产业链供给能力、不断做强做优市场等方面进行宏观展望，以期更好地让双（多）室袋输液产品满足我国多种应用场景下安全用药的需求，促进我国输液产业高质量发展。

关键词： 双（多）室袋输液制剂　科技创新　高质量发展

从静脉输液发明到今天的广泛使用，输液产品模式历经全开放式、半开放式和全密闭式三个阶段的变迁，包装形式也伴随着科技进步经历了由玻璃瓶向塑料瓶、软袋等的迭代演变。

在普通塑料袋输液基础上，20世纪90年代中期和21世纪初期，为适应日常急救、重大灾害等特殊环境下的用药需求，日本和美国药企先后研发出粉液双室袋输液产品，并在临床上得到推广应用。

---

* 史建会，石家庄四药有限公司党委书记、执行总裁兼董事会秘书。

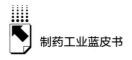

最近 20 多年来，随着部分发达国家对双（多）室袋输液研究和应用的不断深入，双（多）室袋输液制剂也日益受到我国注射剂药企和临床医院的重视，促使输液制剂创新步伐不断加快，以更好满足我国多种应用场景下安全用药的需求。

一 双（多）室袋输液的类型

结合双（多）室袋输液产品治疗和使用特性，目前，大致可分为治疗型、营养型、透析液等类型。

1. 治疗型双（多）室袋输液

抗生素药物在我国经过一段时间合理用药的规范，已步入常态化的良性发展轨道，但抗生素药物作为基本用药的刚性需求依然是主流。目前，我国研制开发的治疗型双（多）室袋输液多以头孢、碳青霉烯抗生素类粉液双室袋输液产品为主，上市产品如注射用头孢他啶/氯化钠注射液、注射用头孢他啶/5%葡萄糖注射液、注射用头孢西丁钠/氯化钠注射液、注射用头孢美唑钠/氯化钠注射液、注射用头孢地嗪钠/氯化钠注射液及注射用头孢地嗪钠/5%葡萄糖注射液等。

2. 营养型双（多）室袋输液

肠外营养在危重、严重创伤等患者的救治中具有重要作用，营养型输液可快速提供机体所需蛋白质（氨基酸）、脂肪、糖类、维生素以及微量元素等营养物质，促进患者康复，改善疾病预后。上市产品如复方氨基酸（15AA-Ⅱ）/葡萄糖（10%）电解质注射液、丙氨酰谷氨酰胺氨基酸（18）注射液及脂肪乳（10%）/氨基酸（15）/葡萄糖（20%）注射液、脂肪乳氨基酸（17）/葡萄糖（19%）注射液、中长链脂肪乳/氨基酸（16）/葡萄糖（16%）注射液、中长链脂肪乳/氨基酸（16）/葡萄糖（30%）注射液、中长链脂肪乳/氨基酸（16）/葡萄糖（36%）注射液，以及 ω-3 甘油三酯（2%）中长链脂肪乳/氨基酸（16）/葡萄糖（16%）注射液等。

3. 透析液

由于透析液生产工艺与软袋输液大体相近，在我国一般习惯将其归属为注射剂。双室袋中性腹膜透析液相较于单室袋传统腹膜透析液，其生物相容性更好，特别是在加热和储存的过程中可以最大限度地减少葡萄糖降解产物（GDPs）的产生，保护患者残余肾功能和尿量，保护腹膜功能，降低腹膜炎发生的风险，减轻灌入痛。目前，我国药企开发上市的中性、低 GDPs 双室袋腹膜透析液便属于此类产品。

二　双（多）室袋输液的优势和挑战

双（多）室袋输液上市以来，对质量标准及包材相容性、药物稳定性等研究日趋深入，产品的创新性、便利性、安全性等在研制生产和临床治疗中逐步得到肯定，并逐渐成为引领输液制剂创新升级的重要方向。

（一）双（多）室袋输液的优势

1. 创新性

双（多）室袋输液研发难度较大，在灭菌、灌装、弱焊焊接等关键核心工艺技术上存在诸多技术壁垒。面对产业迭代进步和市场发展需求，2016年，工信部将多室袋输液包装这项药物包装系统及给药装置作为我国医药工业重点推进发展的领域列入《医药工业规划指南》。2019 年，国家发改委将"自动混药等新型包装给药系统及给药装置"开发和生产纳入《产业结构调整指导目录》鼓励类项目，进一步促进了我国输液制剂研发和生产走上转型升级的快车道。

2. 便利性

双（多）室袋输液作为一种新型全封闭式输液配制系统，将注射用粉针固体制剂（或液体药物）与注射用溶剂置于同一包装袋的两个或多个靠弱焊缝隔开的腔室内，在临床使用前仅需通过轻轻挤压将腔室贯通，便使药物间"一拍即合"，减少了常规软袋输液在临床使用中配液、稀释、混匀等

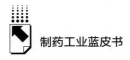
过程，同时这种一体化设计无须专门的配制场所即可实现全封闭无菌配制，达到即配即用的目的。双（多）室袋输液方便快捷的使用特性为自然灾害、急救、应急事件及偏远山区医疗救助等提供了有力帮助。

3.安全性

双（多）室袋输液产品在临床使用前，腔室内分装的药物始终处于隔离状态，这既避免了两者相互作用或降解的可能性，有效保证药物的稳定性和有效性，可精准给药，同时又避免了常规配制过程中的二次污染，降低了药品污染、配制错误、玻璃屑外伤等风险，保障临床用药的安全及时。为确保双（多）室袋输液的稳定性，目前，药企在研制生产中，大多采用了阻隔性能和密封性能更优异的非PVC专用共挤输液用膜，以防止药物污染或泄漏，确保药物的安全性和质量。

此外，双（多）室袋输液产品的环保性也值得肯定。非PVC膜材具有良好的可再生性、可降解性和环保友好性，目前，已被双（多）室袋输液产品生产药企广泛采用。同时，双（多）室袋输液产品大多由输液和粉针制剂集合而成，大大减少了相关药包材、器械的消耗和使用量，从而更环保绿色。

（二）双（多）室袋输液面临的挑战

1.质量稳定性方面

与常规的软袋输液制剂相比，双（多）室袋输液产品质量影响因素除工艺、设备、人员以外，还受到包装容器材质、弱焊焊接技术、灭菌灌装方式、药品理化性质等多方面因素制约，比较而言，潜在的质量控制风险比普通输液更高，对生产系统、质量系统风险控制要求更严格。

2.产品经济性方面

双（多）室袋输液产品相对于普通输液，产品设计上增加了溶媒等组件，并且在工艺流程、生产设备上与传统软袋输液有着较大差别，在研发、生产、检验、仓储、物流等整体成本上，会大大高于普通输液。此外，原辅料外采成本和经营规模也在较大程度上影响着产品的竞争优势。

三　双（多）室袋输液的市场发展现状

在化学药制剂中，大输液是临床急救和治疗最重要的制剂之一。近年来，尽管受限输、限抗、医保控费等政策影响，但随着我国输液产品的结构不断优化和调整，大输液仍处在一个较高的需求水平。近年来，我国大输液产销量基本保持在 110 亿瓶（袋）左右的水平。以头部输液生产企业为例，从产销包装形式来看，非 PVC 软袋大致占 50%，塑料瓶约占 40%，玻璃瓶约占 10%。尽管软袋输液市场优势明显，其中双（多）室袋输液却寥若晨星。

从国际输液市场看，欧美、日本等发达国家非 PVC 软袋输液产品已经成为市场主流。例如，美国大输液市场用量约为 10 亿袋（瓶），而非 PVC 软袋输液产品就占有约 90% 的市场份额，其中应用场景广、使用更便捷的双（多）室袋输液产品占据了相对大的比重。以粉液双室袋为例，全球范围内，主要生产商包括日本大冢制药、德国贝朗、美国百特、德国费森尤斯、日本大鹏制药等，整个市场基本被大冢制药和贝朗所占据，两大厂商占有全球大约 90% 以上的份额。这当中日本是最大的市场，约占 60%，北美约占 40%；就产品类型而言，头孢类约占 74% 的份额，占比最大。

比较而言，我国在非 PVC 软袋双（多）室袋输液产品的研发、生产及临床应用上，无论是政策准备还是品种开发，都尚处于起步阶段，产品和市场亟待开发。近年来，我国部分注射剂创新型药企锐业制药、科伦药业、石家庄四药、辰欣药业等锚定市场前沿，发挥创新主体作用，积极涉足双（多）室袋输液的开发与创新，迈出了漫长而艰辛的步伐。

尽管 2020 版《中国药典》和《国家基本医疗保险、工伤保险和生育保险药品目录（2020 年）》中，粉液双室袋剂型与粉针剂仍并为一类，在一定程度上降低了注射剂药企开发的积极性，致使不少企业一直处在等待观望的状态。然而，如锐业制药、科伦药业等药企却攻坚克难、矢志不渝、终有所获，先后有数款治疗型、营养型双（多）室袋输液产品获批上市，部分

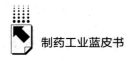

粉液双室袋输液产品还中标国家集采并纳入新版医保目录。

根据新思界产业研究中心发布的《2023～2028 年粉液双室袋行业市场深度调研及投资前景预测分析报告》，2022 年全球粉液双室袋市场规模已达 19.8 亿美元，同比增长 16.7%。粉液双室袋生产难度较大，技术壁垒较高，目前全球市场主要集中在美国、日本、中国三国药企手中，且产品多以抗生素类为主。目前，我国双（多）室袋输液产品年产规模还处在亿袋级"个位数"的初期阶段，尽管离规模化生产还有很长的路要走，但发展空间巨大、潜力无限。

四 创新型药企的示范作用助力产业迈上高端

随着我国经济发展和医疗卫生水平提高，临床对静脉输液治疗的要求也在不断提升，国内一些注射剂药企高度重视创新驱动的引领作用，因势利导，开发和布局双（多）室袋输液，抢占产业发展制高点，以更好地适应今后多用途场景的发展需要，积极为未来产业赢得战略主动，示范作用突出，基本代表了我国双（多）室袋输液发展的水平。

（一）锐业制药

北京锐业制药有限公司是国内较早布局和开发粉液双室袋输液产品的药企。自 2005 年开始，一直致力于粉液双室袋的研究，研发经验丰富。2014 年，国家药品审评中心（CDE）发布《粉液双室袋产品技术审评要点（征求意见稿）》，锐业制药提出 18 项建议，有 17 项被纳入审评标准，有力推动《粉液双室袋产品技术审评要点（试行）》出台。2019 年，该企业获得注射用头孢他啶/氯化钠注射液首个粉液双室袋品种注册批件。在粉液双室袋创新上，获得国家发明专利 20 余项，相关专利 50 余项；3 个品种进入 2022 年国家医保目录。截至 2023 年 10 月，已取得 9 个品种 18 个规格的粉液双室袋输液产品注册批件。

锐业制药官网显示，锐业制药粉液双室袋输液产品创新成果获得了国家医保局及药学、临床、药物经济学、医保管理等方面专家的认可，2022年以独家产品模式，通过国谈进入国家医保目录。2023年11月，又有四个品种8个品规产品成功纳入国家医保目录，实现了产品"当年获批、当年进入国谈"。

锐业制药在不断加快产品研创的同时，积极推动创新成果产业化落地。2023年9月，其全资子公司北京锐业制药（潜山）有限公司粉液双室袋输液二期年产7000万袋项目开工建设，预计2024年投产，届时锐业制药将实现粉液双室袋输液产品年产规模达1亿袋，成为国内粉液双室袋输液产品最大的生产企业，规模化发展迈出重要一步。

（二）科伦药业

科伦药业作为大输液行业的龙头企业，以丰富的产品线和卓越的管理保持着国内输液领域的领先地位，并构建起以大输液制剂为战略后方、医药全产业链融合发展的强大经营格局。

凭借对产业发展敏锐的洞察力和前瞻性商业思维，从2008年起，科伦药业开启了对双（多）室袋输液产品的技术特点及临床价值的探索之路。2015年，注射用乳糖酸阿奇霉素/氯化钠注射液获批为院内制剂，填补了国内产品空白，成为国内首家实现粉液双室袋输液产品商业化的企业。

作为科伦药业集团子公司的湖南科伦制药肩负着粉液双室袋项目研发和生产重任，相继承担了科技部"2012年国家科技支撑计划项目"及湖南省科技重大专项（2014年）。经过艰难的自主攻关，解决了粉液双室袋输液产品"膜材技术、生产设备、生产工艺"三大关键核心技术"卡脖子"难题。2021年，注射用头孢他啶/5%葡萄糖注射液获得国家药监局批件，成为科伦药业首个通过CDE审评的粉液双室袋输液产品。截至2023年7月，科伦药业已取得注射用头孢他啶/5%葡萄糖注射液、注射用头孢曲松钠/氯化钠注射液、注射用头孢西丁钠/葡萄糖注射液，注射用头孢美唑钠/氯化钠注射液4个粉液双室袋输液产品生产批件。

格隆汇信息显示，2023年科伦药业粉液双室袋供不应求，2024年1月开始新增产线，以扩大规模性销售。同时，还计划每年逐步增加三室袋肠外

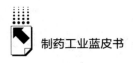

营养制剂系列产品的产销规模。

此外，石家庄四药、辰欣药业、齐都药业等国内输液制剂龙头和骨干企业，近年来持续发力新赛道，构筑新优势，加快双（多）室袋输液产品的开发，推动输液传统优势产品的优化升级。2024 年 8 月，石家庄四药研发的首个三室袋输液品种脂肪乳（10%）/氨基酸（15）/葡萄糖（20%）注射液获批，填补了河北省内空白。

五　双（多）室袋输液前景与展望

瞄准世界科技前沿，抓住发展大势，下好"先手棋"，借助政策支持，加大应用基础研究力度，促进创新链和产业链精准对接，把科技成果充分应用到健康中国建设上，既是推动中国医药工业创新高质量发展的内在要求，也是包括注射液在内生产药企向新而行、加快发展的关键所在。

（一）政策助力产业健康发展

随着全球双（多）室袋输液的发展进步，我国相关部门的顶层设计也在不断优化调整，这无疑将对双（多）室袋输液产业的发展进步产生巨大的推动力。尽管我国双（多）室袋输液发展经历保守、接受、有序推进等艰难跋涉的历程，但坚持"人民至上，生命至上"的理念始终贯穿其中，保证药品安全始终是药品监督部门和药企必须共同守牢的红线。随着对双（多）室袋输液研究的不断加深，相关审评政策、质量标准、产业政策及医保政策陆续出台和完善，为产业健康发展带来了新机遇、提供了新动能。相信随着国家对双（多）室袋输液制剂属性和临床价值等政策更加清晰明确，必将进一步激发创新主体对双（多）室袋输液创新创造的热情，促进我国输液产业高质量发展。

（二）创新助力产业转型升级

科技创新是产业和企业发展的第一动力。因地制宜发展新质生产力，输液行业要抢抓新一轮科技和产业变革的历史机遇，运用新理念、新技术、新产品、新装备、新手段，向新突围，大力改造提升传统产业，积极抢占新领域新赛道，加快发展方式转型创新。当前，我国双（多）室袋输液产业还处于起步"跟跑"阶段，创新发展的空间巨大。面对新形势、新机遇，将促使更多注射剂药企聚焦主责主业，结合资源禀赋和人才、资金、渠道等发展优势，依托国家战略发展和国内大市场需求，不断强化基础研究、注重原始创新，着力提升质量标准、突出产品特色，努力丰富双（多）室袋输液产品链和供给能力，推动产业从"有没有"向"好不好"加快转变，助力输液产业和药企转型升级，实现新跨越。

（三）智能制造助力提质增效

双（多）室袋输液产品生产难度高，弱焊、灭菌、灌装方式复杂，对相应的生产设备要求更高。双（多）室袋输液作为高风险的特殊制剂产品，把握生产过程的风险控制是保证药品质量安全的重中之重。腔室间弱焊隔离控制是双（多）室袋输液产品生产的核心技术之一，控制的好坏不仅直接影响产品质量，也直接关系药企产品产业化、规模化发展的水平。近年来，在制药装备企业与药企共同努力下，我国粉液双室袋输液产品生产技术和装备水平取得长足进展，与国外先进装备精细化差距不断缩小。当前，我国数字化转型正在加速推进，智能制造技术与产业发展深度融合，包括双（多）室袋输液产品生产在内的制药装备水平加快提升，为产业提质增效提供了覆盖面更广、成本更低、使用更便捷、扩展性更强、应用效率更好的新技术和新装备支撑，这些都将有力提高生产效率、降低成本，增强产品的市场竞争力。

（四）市场需求助力产业做强做优

在我国输液临床用药步入科学化、规范化轨道的同时，医疗技术进步、人口老龄化、慢性病患病率增加、城市化进程加快等都为输液药企创新发展提供了难得机遇和更多刚性需求。博思数据发布的《2024～2030年中国大

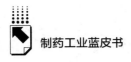

输液市场分析与投资前景研究报告》表明，2015～2022年，中国大输液产业市场规模呈现逐年增长的趋势。从2015年的1780亿元增长到2022年的2800亿元。这一增长主要得益于中国庞大的医疗需求，以及医疗体系的不断完善。预计未来几年，随着医疗改革的深入和老龄化社会的到来，中国大输液市场还将继续保持强劲增长。以市场需求为导向，有针对性地开发适老化、灾害急救等多种应用场景的双（多）室袋输液产品，既为药企加快科技创新和市场开发指明了前进的方向，同时也为注射剂产业和药企做强做优提供了充足动能。可以说，双（多）室袋输液产品发展未来可期。

B.12
2023年中国原料药国际贸易综述

吴惠芳*

摘　要：　2023年全球疫情消退，我国医药进出口贸易回归常态，表现为出口贸易下降，进口贸易上升，并且进口总额大于出口总额。进口医药类商品总额495.79亿美元，比2022年增长18.00%；出口医药类商品总额424.12亿美元，同比下降13.74%。进口医药类商品主要增量表现在西药制剂、生物制品和西药原料药的进口增长；而出口受市场供需影响较大，主要表现在维生素类、解热镇痛药类、肝素、皮质激素类大宗产品价格下降，使出口额纷纷下降。曾经的热门原料药由于产能过剩存在市场供大于求的局面，是困扰原料药行业发展的共性因素。除了供需关系影响以外，贸易保护、地缘政治和"去中国化"的影响也给中国原料药在国际市场的地位带来新的严峻考验。

关键词：　原料药　进出口　供应链　印度PLI计划

　　2023年，我国医药类出口贸易额下降，进口贸易额上升。大宗原料药中代表品类的解热镇痛类、维生素类、肝素及兽药等在经历了疫情期间的供应紧张、价格上涨后迅速回落到历史低位。由于终端需求萎缩，需求不足成为2023年影响市场的主要因素。与此同时国际市场竞争激烈，制造业回归声势高涨。印度推出包括原料药在内的PLI激励计划进

---

* 吴惠芳，北京东方比特科技有限公司（健康网）总经理。

入第四个年头，中印之间价格竞争不仅遍布国际市场也延伸到中国国内市场，影响到全球贸易变化。回望 2023 年原料药行业从年初企业复工复产抢市场的火热情形，到主营原料药价格纷纷下滑，这一变化给行业带来一层阴霾。

一 2023年医药类商品进出口概况

2023 年全球疫情消退，医药进出口贸易回归常态，表现为出口贸易下降，进口贸易上升并且进口总额大于出口总额。进口医药类商品总额495.79 亿美元，比 2022 年增长 18.00%；出口医药类商品总额 424.12 亿美元，同比下降 13.74%（见表 1）。受疫情期间部分大宗产品集中采购时的价格上涨影响，之后的价格迅速回落造成大宗原料药普遍价格低迷，供过于求，成交量急速萎缩。

按商品大类划分的进口类商品中，西成药进口总额 237.52 亿美元，占进口总额 47.91%，位于进口第一大类，同比增长 7.89%；生物制品进口总额 168.78 亿美元，居第二大类，占比 34.04%，同比增长幅度高达 62.20%；西药原料药进口总额 74.48 亿美元，占到进口总额的15.02%，处于第三大进口商品，同比增长 7.76%。生化原料药进口总额3.24 亿美元，所占比重约 0.65%，比 2022 年下降了 79.16%，是下降幅度最大的一类。进口商品中西成药、生物制品和西药原料药都是进口主要拉动者。

出口方面，西药原料药出口总额 302.9 亿美元，占到出口商品总额的71.42%，同比下降 16.9%；西成药出口总额 57.04 亿美元，占比 13.45%，同比下降 4.36%；天然产物提取物出口总额 25.58 亿美元，同比下降5.95%；生化原料药出口总额 11.51 亿美元，同比下降 37%，是降幅最高的一类。受药材价格上涨的影响，中药材类出口总额 15.72 亿美元，同比增长79.83%，是出口类商品中增长幅度最大的一类。

表1　2023年医药类商品进出口额分布

单位：亿美元，%

大类	金额	比重	同比
进口额			
西成药	237.52	47.91	7.89
西药原料药	74.48	15.02	7.76
生化原料药	3.24	0.65	−79.16
天然产物提取物	2.57	0.52	−23.33
生物制品	168.78	34.04	62.20
中成药	4.24	0.86	−0.94
中药材	4.95	1.00	36.76
合计	495.79	100.00	18.00
出口额			
西成药	57.04	13.45	−4.36
西药原料药	302.90	71.42	−16.90
生化原料药	11.51	2.71	−37.00
天然产物提取物	25.58	6.03	−5.95
生物制品	7.98	1.88	−16.25
中成药	3.39	0.80	−10.23
中药材	15.72	3.71	79.83
合计	424.12	100.00	−13.74

资料来源：国家海关统计数据，北京东方比特科技有限公司（健康网）整理。

　　根据中国海关商品分类统计报告的数据，按国际贸易标准分类（Standard International Trade Classification，SITC）第54章"医药类"商品近十年的规模，也同步呈现医药类商品出口下滑、进口上升的走势。

　　2021年医药类商品出口大幅度上升，达到3143.37亿元的历史最高点，在2022年则下降到2315.48亿元，同比降幅26.33%。2023年进一步下降到1565.77亿元，与2020年的出口额1528.30亿元接近，进口则稳步上升，2023年进口总额3613.55亿元，同比增长13.26%（见图1）。

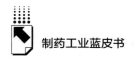

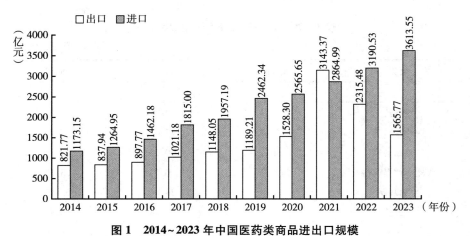

图 1　2014～2023 年中国医药类商品进出口规模

资料来源：国家海关统计月报，北京东方比特科技有限公司（健康网）整理。

二　原料药类商品进出口总体规模变化

对连续十年的进口额跟踪显示，2023 年原料药类商品的进口总额 80.29 亿美元，较上一年下降 8.78%（见图 2）。进口原料药中原研药厂品牌药物的中国生产所需要的原料药，多数是自主供应的专利药，包括

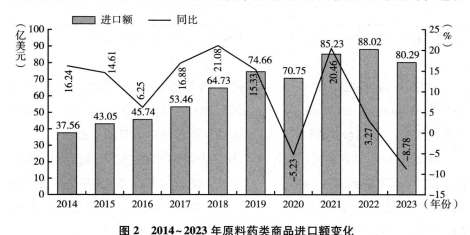

图 2　2014～2023 年原料药类商品进口额变化

资料来源：国家海关统计数据，北京东方比特科技有限公司（健康网）整理。

跨国公司生产的创新药。也有中国制药业需要的原料药和中间体，包括来自仿制药的原料药。在国内全面开展仿制药一致性评价后进口原料药有一定市场。

出口原料药包括西药原料药、生化原料药和天然产物提取物类，其在2023年出口额下降明显。2023年原料药类商品出口总额339.99亿美元，同比下降17.07%，是近十年来最大降幅（见图3）。其共性原因是中国大宗商品进入价格低谷期，受疫情消退后市场需求不旺、渠道库存积压、产能过剩以及国际市场竞争激烈等因素影响。

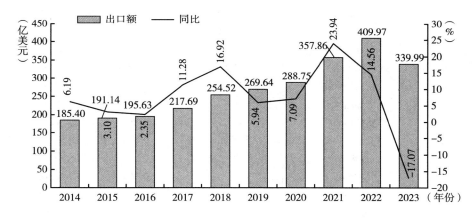

图3 2014~2023年原药料类商品出口额变化

资料来源：国家海关统计数据，北京东方比特科技有限公司（健康网）整理。

三 进出口原料药结构

进口原料药主要增长点是生化类激素药物，以司美格鲁肽、第三代胰岛素为主的生物类似物是重点产品。抗生素主要是原研品牌自用的原料药进口和跨国公司的国内合资企业定向原料药进口。这两类是2023年增量来源，同时也有布洛芬、GCLE这样的大宗仿制药和中间体（见表2）。

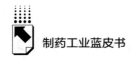
表2　2023年进口原料药重点类别分布

单位：百万美元，%

排序	分类	2023年进口额	占比	同比
1	生化类激素	1800.04	22.42	6.81
2	未分类中间体	1728.11	21.52	−9.23
3	醇类	808.82	10.07	−28.51
4	有机酸类	726.98	9.05	−21.53
5	抗生素类	602.73	7.51	18.50
6	未分类西药原料药	451.17	5.62	12.38
7	氨基酸类	440.93	5.49	−19.27
8	生物碱	413.60	5.15	−1.36
9	磺胺类	371.38	4.63	5.06
10	植物提取物	256.03	3.19	−23.48
11	维生素	231.85	2.89	−9.68
12	生物提取物	143.18	1.78	−50.55
13	糖和甜味剂	28.17	0.35	29.97
14	解热镇痛药	19.29	0.24	101.83
15	食品添加剂	3.17	0.04	−50.61
16	消化系统	2.75	0.03	−9.46
17	抗疟药	0.38	0.00	−72.18
18	中枢神经系统药物	0.28	0.00	81.37
19	血液系统	0.15	0.00	−15.97
20	麻醉药	0.07	0.00	73.16
21	抗病毒	0.01	0.00	−99.63
合计		8029.08	100.00	−8.79

资料来源：国家海关统计数据，北京东方比特科技有限公司（健康网）整理。

原料药主要出口领域为抗生素、维生素、肝素类、皮质激素类和大宗饲料用氨基酸类。2023年部分维生素类商品受此前贸易商过多囤货的影响价格下跌，同比下降了10%~40%。维生素类下降了18.69%，有机酸类下降了36.28%，氨基酸类下降了12.45%，生物提取物下降了37.09%。以往大宗原料药领域的产品大多受到价格下跌的困扰，与产能过剩、渠道库存积压、下游需求不旺有直接关系（见表3）。

表3 2023年出口原料药重点类别分布

单位：百万美元，%

排序	分类	2023年出口额	占比	同比
1	未分类中间体	9956.35	29.28	−21.40
2	抗生素类	4739.86	13.94	5.84
3	氨基酸类	3791.00	11.15	−12.45
4	有机酸类	3072.21	9.04	−36.28
5	维生素	3057.99	8.99	−18.69
6	植物提取物	2539.35	7.47	−6.64
7	激素	1264.01	3.72	5.70
8	生物提取物	1139.88	3.35	−37.09
9	醇类	927.82	2.73	4.35
10	磺胺类	869.81	2.56	−18.49
11	解热镇痛药	675.52	1.99	−23.26
12	未分类西药原料药	493.95	1.45	−3.84
13	生物碱	335.13	0.99	−22.41
14	食品添加剂	311.03	0.91	−48.49
15	糖和甜味剂	297.84	0.88	−2.23
16	消化系统	247.25	0.73	−0.89
17	抗疟药	125.51	0.37	3.54
18	抗病毒	76.28	0.22	−7.07
19	血液系统	57.87	0.17	43.91
20	中枢神经系统药物	16.19	0.05	−38.53
21	麻醉药	3.82	0.01	175.19
	总计	33998.66	100.00	−17.07

资料来源：国家海关统计数据，北京东方比特科技有限公司（健康网）整理。

四 原料药进出口贸易国分布结构

中国原料药类商品进口主要有原研药物的原料药进口、仿制原料药进口和小量核心中间体进口，主要来自欧美以原研药为主的跨国公司，2023年前20个国家/地区的进口额达到约73亿美元，占全部进口额的91%。其中丹麦、美国、德国三者最高。糖尿病药物胰岛素、司美格鲁肽原料药就来自主要厂家丹麦的诺和诺德公司，并且向中国出口的原料药类商品也呈现正增长。进口自印度、印度尼西亚、马来西亚、美国的原料药类商品金额明显下降（见表4）。

表4　2023年原料药类商品进口来源国最高的20个国家/地区

单位：亿美元，%

排序	国家/地区	金额	占比	同比
1	丹麦	15.37	19.15	7.98
2	美国	8.52	10.61	-12.88
3	德国	7.46	9.29	-4.43
4	印度	5.32	6.62	-22.82
5	日本	4.59	5.72	-7.01
6	法国	4.31	5.37	18.94
7	印度尼西亚	3.77	4.70	-30.96
8	瑞士	3.62	4.51	2.92
9	意大利	3.18	3.96	22.32
10	新加坡	2.86	3.57	-3.81
11	马来西亚	2.76	3.44	-39.93
12	爱尔兰	1.90	2.37	39.20
13	芬兰	1.65	2.05	-22.70
14	韩国	1.49	1.85	-14.85
15	瑞典	1.23	1.53	10.68
16	英国	1.22	1.52	-8.00
17	荷兰	1.03	1.29	-27.27
18	泰国	1.02	1.27	24.37
19	中国香港	0.99	1.23	92.05
20	匈牙利	0.84	1.05	20.83

资料来源：国家海关统计数据，北京东方比特科技有限公司（健康网）整理。

中国原料药类商品出口目的国领先的国家依然是印度，总额49.62亿美元（占比14.59%）；美国列第二位，总额40.49亿美元（占比11.91%）；巴西第三位，总额17.66亿美元（占比5.19%）。前20个国家的总额为258.7亿美元，占比76.1%。受大宗原料药价格下跌影响，中国原料药类商品出口各国都有不同程度的下降。其中向印度出口额减少3.72%，美国减少22.02%，巴西减少31.3%（见表5）。

表5　2023年原料药类商品出口目的国最高的20个国家/地区

单位：亿美元，%

排序	国家/地区	金额	占比	同比
1	印度	49.62	14.59	-3.72
2	美国	40.49	11.91	-22.02
3	巴西	17.66	5.19	-31.30
4	日本	17.22	5.07	-6.69
5	德国	14.47	4.26	-9.69
6	荷兰	13.88	4.08	-16.24
7	韩国	11.07	3.26	-18.56
8	中国香港	10.88	3.20	-8.83
9	俄罗斯	9.89	2.91	-26.42
10	越南	9.12	2.68	-12.13
11	西班牙	8.34	2.45	-12.03
12	印度尼西亚	7.88	2.32	-11.56
13	意大利	7.84	2.31	-17.76
14	泰国	7.82	2.30	-8.43
15	墨西哥	7.53	2.21	-29.43
16	土耳其	5.75	1.69	-8.52
17	比利时	5.70	1.68	-22.28
18	巴基斯坦	4.79	1.41	-10.35
19	法国	4.41	1.30	-27.50
20	新加坡	4.34	1.28	-23.13

资料来源：国家海关统计数据，北京东方比特科技有限公司（健康网）整理。

五　2023年出口原料药大宗品种

2023年医药供应链大批商品有"去库存"操作，将近两年过度采购和生产供大于求的商品、价格曾经暴涨的产品处于被抛售的状态，造成普遍的价格下滑、成交不旺，或有价无市。受影响最大的是维生素类、解热镇痛类、甾体激素类，以及与疫情相关的医药商品。包括维生素C、维生素E、扑热息痛、美罗培南、泼尼松龙。可见大宗商品既是疫情的受益方，也是受害方。产能产量过大的商品在国际市场上供求关系就显得十分密切。增长的品种主要是抗生素类，包括青霉素工业盐、6-APA、阿奇霉素、克拉维酸钾、克拉霉素等。2023年治疗呼吸道感染类药物大环内酯类、青霉素类需求增加，包括印度从中国采购的大环内酯类和青霉素类中间体数量激增，使青霉素类原料药出口额增长（见表6）。

表6 2023年重点大品种原料药品种分布

单位：百万美元，%

排序	品种名称	类别	出口额	同比
1	肝素钠	生化原料药	897.45	-42.00
2	维生素E	维生素	869.42	-6.69
3	L-苏氨酸	氨基酸类	698.83	-12.57
4	阿莫西林	抗生素	541.78	30.95
5	维生素C	维生素	536.30	-33.10
6	6-APA	抗生素中间体	484.97	24.40
7	阿奇霉素	抗生素	286.96	47.58
8	青霉素工业盐	抗生素中间体	282.65	45.41
9	扑热息痛	解热镇痛	261.09	-55.78
10	泛酸	维生素	257.31	1.02
11	咖啡因	食品添加剂	244.01	-33.36
12	头孢曲松	抗生素	231.86	-5.59
13	辅酶Q10	维生素	204.67	-22.74
14	多西环素	抗生素	203.38	-16.80
15	克拉维酸钾微晶纤维素	抗生素	195.38	31.51
16	硫酸软骨素	骨骼肌肉系统	164.97	-18.48
17	维生素B1	维生素	154.37	-16.75
18	克拉霉素	抗生素	150.12	25.36
19	维生素B12	维生素	148.56	-33.73
20	对氨基苯酚	解热镇痛	148.53	-31.02
21	维生素B6	维生素	148.49	-18.89

排序	品种名称	类别	出口额	同比
22	扑热息痛颗粒	解热镇痛	129.16	-27.74
23	维生素 A	维生素	117.07	-33.78
24	安乃近	解热镇痛	112.77	-11.07
25	左旋肉碱	食品添加剂	109.82	-31.83
26	美罗培南碳酸钠	抗生素	105.50	-28.91
27	美罗培南	抗生素	104.43	-19.62
28	金霉素	抗生素	102.67	-11.97
29	烟酸	维生素	98.09	-28.18
30	泼尼松龙	甾体激素	90.61	-4.49

资料来源：国家海关统计数据，北京东方比特科技有限公司（健康网）整理。

六 2023年中国原料药在欧、美法规认证和备案量

近年来中国厂商在国际药政组织的准入资质获得上有显著提高，包括在欧洲药管局（EDQM）的"欧洲药典适用性认证"（CEP），美国 FDA 的药物主文档（DMF 文件）、世卫组织的药品预认证（PQ 认证）等，获得认证也标志着原料药产品拥有了合法的"通行证"。相比印度制药企业，中国在国际药政资质的获取上还落后于印度，无论是在欧洲还是在美国都在印度之后，处于第二位。

截至 2023 年 12 月底，欧洲药管局发布的有效的"欧洲药典适用性认证"证书 3125 件，其中印度 1565 件、中国 536 件、意大利 205 件，是领先的证书持有者。在持有者数量上，印度有 155 家，中国有 158 家，意大利有 32 家。说明在欧洲地区中国企业拥有的原料药产品许可数量并不落后，但是在平均持有证书量上印度、意大利要多于中国厂家（见图4）。

截至 2023 年底，在美国 FDA 发布的 DMF 备案文件有效的原料药类，印度持有者 183 家，文件数量高达 4773 件；中国持有者 335 家，文件数量 1469 件，创下历史新高；意大利有 54 家，文件数量 797 件（见图5）。

截至 2023 年底 WHO 确认有效的原料药 PQ 认证分布如表 7 所示。

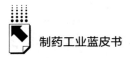

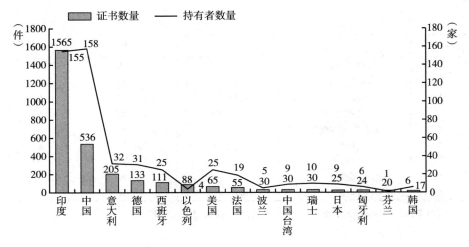

图4 截至2023年底在欧洲获得CEP证书的主要国家/地区分布

资料来源：欧洲药品管理委员会官网，健康网整理。

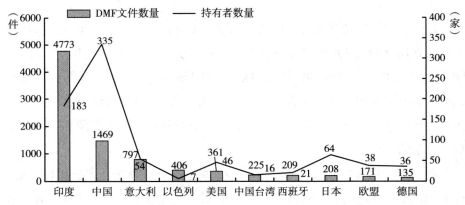

图5 截至2023年底在美国FDA登记的原料药类产品主要国家/地区分布

资料来源：美国FDA官网，健康网整理。

表7 截至2023年底WHO确认有效的原料药PQ认证分布

来源国家/地区	有效证书数(件)	申请者数(家)	通用名数量(去重,个)
印度	98	23	42
中国	59	30	35

续表

来源国家/地区	有效证书数(件)	申请者数(家)	通用名数量(去重,个)
意大利	5	3	4
中国香港	3	1	3
韩国	2	1	2
英国	1	1	1
德国	1	1	1
总计	169	60	57

资料来源:世界卫生组织官方网站数据库。

七　中国原料药面临"摆脱中国依赖"的挑战

随着全球制造业基地转移,自20世纪80年代开始医药制造业逐渐从欧美发达国家转向中国和印度。形成了以中国大宗原料药、中间体(API)医药商品贸易模式为主的国际化。中国API类产品成为中国医药走向世界的名片。具有"世界药房"之称的印度制药界在API与中国的贸易交往也成为两国医药贸易的重要领域。然而在不断热炒的"去中国化"声势下印度打出摆脱中国API依赖、保护供应链安全的口号,出台系列加强本土原料药、中间体的产业政策,意在发挥其"世界药房"的优势和扩大全球市场占有率。其中2020年3月出台的"生产关联激励计划"(Production Linked Incentive,PLI)是最有代表性的鼓励政策。

2023年至2024年6月印度制药巨头Aurobindo Pharma(阿拉宾度制药有限公司)在位于安得拉邦的Kakinada投资240亿卢比建设年产1.5万吨青霉素G钾盐(Pen G)的工厂,预计在2024年4~6月开始商业生产。无独有偶,2024年3月美国发布了《国防部药品供应链风险报告》(*Report on the Department of Defense Pharmaceutical Supply Chain Risks*)[①],提到美国

_____

① BiG生物创新社:《美国防部信件大公开:欲切断中国原料药供应依赖》,药时代公众号,2024年3月21日。

国防后勤局（DLA）在 2022 财年购买的 FDA 基本药物清单和其他药物中，所有 46 种药物的活性药物成分来自中国。来自中国的药物被评级为最高的风险度。其中有 8 种（20 种国家药品验证号药物）原料药完全来自中国，这些药物主要包括抗生素、抗病毒药物、人粒细胞集落刺激因子和胰岛素制剂。

两则消息：前者是四年前即 2020 年印度联邦政府实施的国产化激励政策即"生产关联激励计划"①，旨在促进关键原材料（KSMs）、药物中间体（DIs）和活性药物成分即原料药（APIs）等 53 种产品的国内自主生产，青霉素 G 钾盐是其中关键药物中间体之一。后者是以国家供应链安全为由发出的风险预警，其针对中国的原料药抵制声势一直没有停止过。

时隔四年印度 PLI 计划实施后在与中国原料药上的贸易到底有多大变化？是否达到了预想的"去中国化"的目的？从结果看并没有预想的那样逐年减少从中国的进口，相反从统计数据看还有增加。2023 年从印度海关的数据上看，以 53 种原料药、中间体为主的原料药从中国进口贸易额为 22.88 亿美元，比 2022 年的 17.91 亿美元增长了 27.75%（见图 6）。前十一大进口产品中 6 个品种进口同比减少：7-氨基头孢烷酸（7-ACA）、美罗培南、双氰胺、克拉维酸钾、对氨基苯酚、3-去乙酰基-7-氨基-头孢烯酸（D-7-ACA）。而青霉素工业盐、6-氨基青霉烷酸（6-APA）、阿奇霉素、头孢曲松钠、硫氰酸红霉素的进口量增加，其中 6-APA 的进口增长了约 51%（见图 7）。

这个结果既在意料之中，也让人费解。几年过去了无论是印度还是美国，与中国原料药相关贸易有增无减。即使在国家的鼓励政策之下也没有产生实质性改变，原因何在？说到底还是实力起决定作用。众所周知，生物发酵、半合成、酶工艺等技术改进，以及直通工艺的开发是近十年来中国 API

---

① India's National Investment Facilitation Agency, "Production Linked Incentive, PLI", https://www.investindia.gov.in/schemes-for-pharmaceuticals-manufacturing.

得以快速发展的直接原因。不仅提高了生产率、减少了污染、降低了成本，也争取到了国际市场的定价权。

国家发改委《产业结构调整指导目录》2024 版仍将青霉素工业盐、6-氨基青霉烷酸（6-APA）、7-氨基头孢烷酸（7-ACA）、7-氨基-3-去乙酰氧基头孢烷酸（7-ADCA）、头孢菌素 C 等抗生素及其中间体列为限制类产品，也说明这些产品在中国具有过度开发现象，应该给予引导，从而使产业健康平衡发展。

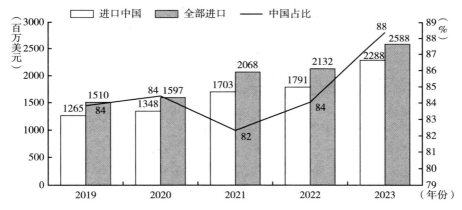

图 6　2019~2023 年印度 PLI 计划的 53 种原料药、中间体进口规模

资料来源：印度海关，健康网整理。

同样印度的 API 领域也有强于中国的优势领域，如 GCLE、布洛芬、青霉素 V 钾、头孢克洛、乙胺丁醇都是印度在原料药方面的强势产品，在近三年对中国出口是有增无减。特别是在疫情中大放异彩的布洛芬，三年前中国出口到印度年均出口量在 1500 吨左右，进口量不到百吨。而疫情之后，2021 年起中国进口印度布洛芬原料药的数量逐年增加，2022 年356.23 吨，2023 年增加到 960.44 吨（见表 8）。而布洛芬出口相反，2022年减少到 1000 吨，2023 年下降到 742 吨。出口到印度的比例从 19.04%减少到 11.51%（见表 9）。

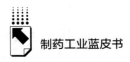
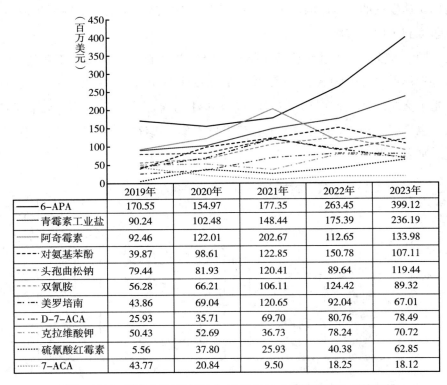

	2019年	2020年	2021年	2022年	2023年
—— 6-APA	170.55	154.97	177.35	263.45	399.12
—— 青霉素工业盐	90.24	102.48	148.44	175.39	236.19
—— 阿奇霉素	92.46	122.01	202.67	112.65	133.98
- - - 对氨基苯酚	39.87	98.61	122.85	150.78	107.11
- - - 头孢曲松钠	79.44	81.93	120.41	89.64	119.44
- - - 双氰胺	56.28	66.21	106.11	124.42	89.32
- · - 美罗培南	43.86	69.04	120.65	92.04	67.01
- · - D-7-ACA	25.93	35.71	69.70	80.76	78.49
- · - 克拉维酸钾	50.43	52.69	36.73	78.24	70.72
······ 硫氰酸红霉素	5.56	37.80	25.93	40.38	62.85
······ 7-ACA	43.77	20.84	9.50	18.25	18.12

图7 2019~2023年印度PLI中11种进口中国原料药中间体规模

资料来源:印度海关,健康网整理。

表8 2019~2023年印度布洛芬原料药出口到中国的规模和价格

年份	数量(吨)	平均价格(美元/千克)	出口到中国占比(%)
2019	72.04	17.03	0.89
2020	57.85	14.20	0.77
2021	36.00	12.31	0.65
2022	356.23	11.35	5.13
2023	960.44	13.67	10.57

资料来源:印度海关,健康网整理。

表 9　2019~2023 年中国布洛芬原料药出口到印度规模和价格

年份	数量（吨）	平均价格（美元/千克）	出口到印度占比（%）
2019	1506	18. 75	17. 00
2020	1633	15. 61	19. 35
2021	1544	11. 84	19. 04
2022	1000	11. 04	13. 96
2023	742	9. 61	11. 51

资料来源：中国海关，健康网整理。

虽然布洛芬不是印度 PLI 计划直接鼓励的品种，但是这种现象与印度鼓励原料药国产化政策的倾向有必然联系。

中印两国在仿制药原料药国际市场的贸易互动一直都存在，并且是在动态的价格竞争中此消彼长。类似这样的品种往往发生在中国和印度实力相当，有价格博弈的品种中。

美国对原料药的安全防范是过于敏感的。从美国《国防部药品供应链风险报告》列出的 8 种完全来自中国药物上看，其对美国并不能构成实质性威胁和影响。它们是：赖脯胰岛素、鱼精蛋白、注射用头孢唑林钠、妥布霉素雾化吸入剂、盐酸多西环素缓释片、帕拉米韦、注射用头孢他啶、聚乙二醇醚。这些品种并不是中国独有，也不是稀缺的。

美国对全球医药资源掌握是全方位的，包括顶级的跨国公司把全世界当成自己的来源，又都当成对手。从其原料药主文档（DMF 文件）登记就不难看出全世界优质供应商将自己的产品按 cGMP 要求管理，并进行 FDA 登记。来自美国官方对中国原料药的抵制往往是雷声大雨点小。此次列出的产品并不是中国的优势品种，只是为弥补美国某些缺口。只要不是 FDA 发出的警告，其他政治机关的风险报告最后都没有实际落地意义。在美国同样有短缺药物，通过 FDA 发布的短缺药物报告并向中国等国家药厂发出采购需求函的情况时有发生，其实并不存在中国供应商控制供应链的情况。

中国原料药产业的挑战从价格延伸到产业生态链。表面上看原料药市场最前端的竞争是在价格上，是成本和利润，但是竞争的真正动力还是在产业

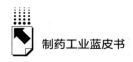

链的实力上。价格不可能一直降下去，还是要有综合竞争力，包括上游化工产品、中间体、原料药、制剂、商业渠道等产业链的延伸贯通优势，说到底还是全产业链竞争。

在产业链优势上，中国在全球市场的仿制药市场的全产业链与其他国家相比还有较大差距。印度药企直接出口原料药的规模远少于制剂，并且有较大部分是为自己在他国的制药厂合作方或合资企业定向供应原料药，所以它的风险就比较低，受价格因素影响较小。而中国药企在全球化业态下竞争环境就显得十分严峻，这是未来中国企业所面临的挑战。

八　结语

综观 2024 年，中国原料药国际市场形势并不乐观，某些大宗原料药经过一年多的消化和调整，市场过热的品种回归正常，肝素类、维生素类也到达历年用量的低谷。

市场竞争环境有利的方面：①企业转型或退出某些过度竞争领域是明智的选择，会使市场价格波动趋于平稳；②中国厂商对国际规则的实践越来越有经验，并且参与的企业数量增加；③东南亚市场对中国企业更有吸引力；④增量品种将在有成熟的市场基础且具有独家优势的范围中出现。

不确定和更加严峻的竞争因素主要是：①印度在原料药中间体以及仿制药领域是最直接的挑战，会对中国出口带来新一轮的价格战；②制剂集采后"原料药—制剂一体化"对原料药既有机遇也有风险，一体化后的市场稳定某一家规模增大，但总规模并不会同步增大，原料药企业成本在上涨，利润并不乐观；③开发高活性的原料药，多肽类原料药是原料药的高水平增长点，同时也是未来新的竞争点。

未来中国原料药在国际市场将面临更多的挑战和严峻的竞争环境，因此在选品种、上项目、投资方面存在更多风险，应予重视和防范。

B.13
抗生素吸入制剂的研究进展

宁保明　朱　俐　李芯瑶*

摘　要： 本文介绍了常用的抗生素吸入制剂装置及研究应用现状，与口服给药相比，其可直接将药物递送到吸收或作用部位，具有起效快、避免肝脏首过效应、生物利用度高的优点；与注射给药相比，其可随身携带，不需住院治疗，显著提高患者的生活质量。因此，抗生素药物的吸入递送越来越受到药物研发者的关注。吸入给药也存在口咽刺激和咳嗽等不良反应，抗生素吸入给药可能带来的耐药问题也是业内关注的焦点，因此，需要开展更多的研究，证明抗生素吸入给药的安全性和有效性。最后，本文结合文献探讨了新型雾化装置、微纳米制剂等新型药物制剂在抗生素吸入递送系统的未来发展方向。

关键词： 抗生素　吸入制剂　安全性

　　抗生素是一种能够杀灭或抑制病原体的化学物质，其自19世纪以来在临床上广泛使用。传统的抗生素给药方式如口服或静脉注射，由于药物的理化性质和宿主解剖学特点，感染部位往往达不到有效的抗菌浓度，难以实现理想的治疗效果。为弥补传统给药方式的不足，有必要研发抗生素的其他给药方式，吸入给药便是其中的一种。经过抗生素吸入制剂治疗肺部感染后，药物能够直接到达病灶，起效更快，同时减少了药物的首过效应。这种治疗

---

* 宁保明，博士，中国食品药品检定研究院化学药品检定所抗生素室主任，研究员；朱俐，博士，中国食品药品检定研究院化学药品检定所抗生素室研究员；李芯瑶，中国食品药品检定研究院化学药品检定所在读研究生。

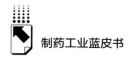

方式所需药物剂量较低，在肺部的药物浓度却高于静脉给药，可有效减少全身性的不良反应。[1]

早在20世纪40年代，在囊性纤维化（Cystic Fibrosis，CF）和其他伴有慢性和/或反复支气管感染的病变患者中，就开始通过气管直接滴注或雾化使用抗生素的方式进行治疗。20世纪80年代初，抗生素的雾化给药开始在CF患者中普及，首次试验的公开结果显示，抗生素在感染区域的浓度很高，从而增强了抗生素的效果，长期给药能够战胜耐药性最强的感染，同时将可能出现的不良反应降至最低。当前，抗生素吸入制剂的使用范围已扩大到非CF支气管扩张症或慢性阻塞性肺疾病（Chronic Obstructive Pulmonary Disease，COPD）患者，这些患者表现为慢性支气管感染（Chronic Bronchial Infection，CBI），还可能携带有潜在致病性微生物（Potentially Pathogenic Microorganism，PPM）。[2]

当前临床上使用较多的抗生素吸入制剂包括妥布霉素吸入剂、多黏菌素E甲磺酸钠干粉吸入剂。此外，庆大霉素、阿米卡星、万古霉素、克拉霉素、两性霉素B、环丙沙星和阿奇霉素等抗生素吸入制剂目前仍处于研发阶段。

一　抗生素吸入制剂常用装置

抗生素吸入制剂常用装置主要有两种，雾化器和干粉吸入器（DPI）。

（一）雾化器

吸入液体制剂包括吸入用的溶液、混悬液或乳液和吸入用粉末，采用雾化器产生连续的吸入用气溶胶。在雾化器中，药物为悬浮液或水溶液，喷洒为小

---

① 郭俊彦、吴闻哲、王健：《吸入制剂用于肺部感染性疾病的研究进展》，《中国医药工业杂志》2023年第7期。

② De la Rosa Carrillo D., Martínez-García MÁ., Barreiro E., Tabernero Huguet E., Costa Sola R., García-Clemente MM., Celorrio Jiménez N., Rodríguez Pons L., "Effectiveness and Safet of Inhaled Antibiotics in Patients With Chronic Obstructive Pulmonary Disease: A Multicentre Observational Study", *Arch Bronconeumol* 58（1），2022：11-21.

液滴，可通过不同方法吸入。[①] 雾化器由雾化室和能量源组成。它们有三种类型：超声波雾化器、喷射雾化器和网状雾化器。超声波雾化器是一种通过压电晶体的高频振动起作用，压电晶体在液体中产生振荡，产生雾化。振动越大，粒子就越小。这些装置不适用于抗生素或其他混悬药物的雾化，因为振动产生的部分波会以热量的形式消散，从而影响药物的稳定性。[②] 在喷射雾化器中，气溶胶是通过与雾化器室中的气体射流碰撞而产生的：随着流体速度的增加，其压力降低，由此产生的负压导致液体上升并撞击敲击系统，将其碎裂成许多小液滴。较大的液滴返回储液器，而较小的液滴可以被吸入。喷射雾化器可以使用机械空气或氧气压缩机作为能量来源。流量越大，产生的颗粒尺寸越小，从而增加肺沉积并减少雾化时间。应使用高流量来获得可透气的颗粒（6~9 L/min），一般建议使用具有高流量压缩机（≥8 L/min）和在尽可能短的时间内（10~15 分钟）产生大部分可吸入颗粒的雾化器，因为它们比传统压缩机更高效、更快速。[③] 在网状雾化器中，气溶胶通过将要雾化的液体通过网眼中的孔而产生。网状雾化器主要有两种类型：静态雾化器和振动网雾化器。在前者中，气溶胶是通过对液体施加压力使其通过网格中的孔而产生的；在后者中，则是通过网格中的振动，使液体振动并通过小孔喷出，从而形成气溶胶。网状雾化器比喷射雾化器更有效，并且它们会产生更大的肺沉积。此外，网状雾化器比喷射雾化器更小更轻，更安静也更快，从而提高了患者的依从性。且网状雾化器使用后，抗生素的残留量更少，可以有效减少使用时的药物浪费。[④]

---

① Martin AR., Finlay WH., "Nebulizers for Drug Delivery to the Lungs", *Expert Opin Drug Deliv* 12 (6), 2015：889-900.

② De Pablo E., Fernández-García R., Ballesteros MP., Torrado JJ., Serrano DR., "Nebulised Antibiotherapy：Conventional Versus Nanotechnology-based Approaches, is Targeting at a Nano Scale a Difficult Subject?", *Ann Transl Med* 5 (22), 2017：448.

③ De la Rosa-Carrillo D., Suárez-Cuartín G., Sibila O., Golpe R., Girón RM., Martínez-García MÁ., "Efficacy and Safety of Dry Powder Antibiotics：A Narrative Review", *J Clin Med* 12 (10), 2023：3577.

④ Coates AL., Green M., Leung K., Chan J., Ribeiro N., Louca E., Ratjen F., Charron M., Tservistas M., Keller M., "Rapid Pulmonary Delivery of Inhaled Tobramycin for PSEUDOMONAS Infection in Cystic Fibrosis：A Pilot Project", *Pediatr Pulmonol* 43 (8), 2008：753-759.

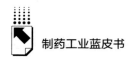

（二）干粉吸入器

抗生素吸入制剂最早使用最广泛的方法是湿式雾化，有些药物的溶液不稳定或雾化装置携带不方便，因此应用吸入粉雾剂，所用的雾化装置即为干粉吸入器，与湿式雾化器相比，具有如下几个优点：给药时间更短，可以提高患者的依从性；使用干粉吸入器时，不需要耗时的药物制备或复杂的日常维护，其体积小且便于携带。此外，干粉配方通常比溶液更稳定，无须冷链储存和运输。由于吸入器是呼吸激活的，因此药物在使用时的损失极小。[1] 湿式雾化器如果不按照要求进行清洁，可能会被污染，但干粉吸入器不需要在两次使用之间进行特殊清洁或消毒，只需在给药前用干布擦拭吹嘴就可以。[2] 但干粉吸入器目前仍存在一些缺陷，如某些抗生素仅可用于雾化，并且干粉吸入器通常需要适当的吸入技术，因此不适合所有年龄段的患者。与湿雾化使用的潮气呼吸相比，干粉吸入器药物递送所需的强制吸入通常被认为与口咽部的药物沉积更多有关。[3] 然而，口咽沉积取决于许多因素，它不仅与患者的吸气流量有关，还与上呼吸道解剖结构、药物配方和器械耐药性等有关。抗生素通过 DPI 装置给药时，口咽带来影响很大，因此患者肺沉积物变化很大。

① Akkerman-Nijland AM., Grasmeijer F., Kerstjens HAM., Frijlink HW., van der Vaart H., Vonk JM., Hagedoorn P., Rottier BL., Koppelman GH., Akkerman OW., "Colistin Dry Powder Inhalation with the Twincer™: An Effective and More Patient Friendly Alternative to Nebulization", *PLoS One* 15 (9), 2020.

② Geller DE., Weers J., Heuerding S., "Development of an Inhaled Dry-powder Formulation of Tobramycin Using PulmoSphere™ Technology", *J Aerosol Med Pulm Drug Deliv* 24 (4), 2011: 175-182.

③ Conole D., Keating GM., "Colistimethate Sodium Dry Powder for Inhalation: A Review of Its Use in the Treatment of Chronic Pseudomonas Aeruginosa Infection in Patients with Cystic Fibrosis", *Drugs* 74 (3), 2014: 377-387.

二　抗生素吸入制剂的研究现状

（一）已上市抗生素吸入制剂

目前国外已有妥布霉素、多黏菌素 E、氨曲南等多种抗感染吸入制剂获批上市，适应证集中在铜绿假单胞菌囊性纤维化和鸟分枝杆菌复合物（MAC）肺部疾病。国内目前仅有妥布霉素吸入溶液获批上市，其适用于成人伴肺部铜绿假单胞菌感染的支气管扩张症、控制感染和改善症状。国外获批上市的代表性抗生素吸入制剂如表 1 所示。

表 1　国外已上市的代表性抗生素吸入制剂

序号	商品名	药物名/分类	剂型	适应证	公司	上市
1	Tobi	妥布霉素/氨基糖苷类	吸入溶液	铜绿假单胞菌囊性纤维化	mylan speciality lp	美国；欧盟
2	Tobi podhaler	妥布霉素/氨基糖苷类	吸入粉雾剂	铜绿假单胞菌囊性纤维化	mylan speciality lp	美国
3	Arikayce	阿米卡星/氨基糖苷类	脂质体吸入悬浮液	鸟分枝杆菌复合物（MAC）肺部疾病	Insmed	美国
4	Colobreathe	多黏菌素 E 甲磺酸钠/多肽类	吸入用粉末	铜绿假单胞菌囊性纤维化呼吸道感染	Teva B. V.	英国
5	Quinsair	左氧氟沙星/喹诺酮类	吸入溶液	铜绿假单胞菌囊性纤维化呼吸道感染	Chiesi 意大利凯西	欧盟
6	Cayston	氨曲南/β-内酰胺类	吸入溶液	绿脓杆菌引起的囊性纤维化的儿童长期肺部感染	Gilead sciences Ireland UC	欧盟；美国

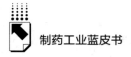

1. 妥布霉素吸入制剂

妥布霉素吸入制剂是美国食品药品管理局（FDA）于 1997 年第一个批准的通过吸入途径给药的氨基糖苷类抗生素，临床上用于囊性纤维化患者铜绿假单胞菌感染的治疗。妥布霉素通过不可逆地与 30S 核糖体亚基结合来抑制蛋白质合成，并且还会对细菌外膜造成损害。[1] 根据 SENTRY 抗菌监测计划，铜绿假单胞菌临床分离株中氨基糖苷类药物对妥布霉素耐药的发生率在欧洲为 31.6%，在美国为 7.8%。[2] 总体而言，氨基糖苷类抗生素具有良好的化学稳定性、较低的耐药性水平以及持续时间较长的抗生素后效应，且就其味道而言，大部分患者尚可接受。因此，吸入妥布霉素在 20 世纪 80 年代首次被用于治疗囊性纤维化合并慢性假单胞菌感染。目前妥布霉素的吸入制剂有雾化吸入溶液和粉雾剂两种。双盲、随机、安慰剂对照临床研究均表明，吸入妥布霉素可显著改善铜绿假单胞菌慢性感染 CF 患者的肺功能，并降低患者急性加重和住院的风险。[3] 妥布霉素雾化吸入溶液分别于 1997 年（TOBI，300 mg/5 ml）和 2012 年（Bramitob，300 mg/4 ml）获 FDA 批准上市。TOBI 溶液一般存放在安瓿瓶中，可与 PARILC PLUS 可重复使用的雾化器和 DeVilbiss Pulmo-Aide 空气压缩机一起使用。成人和 6 岁以上儿童的推荐剂量为 300mg，每日两次，持续 28 天，停药 28 天，然后重复循环。雾化过程通常需要 10~15 分钟。

Bramitob 是妥布霉素吸入溶液的另一款产品，为 300mg/4ml 制剂。使用时需要带有合适压缩机的 PARI LC PLUS 或 PARILC SPRINT 雾化器吸入 15 分钟以上。治疗方案和周期与 TOBI 相同，即 300mg，每天两次，持续 28 天，停药 28 天。[4] 两款妥布霉素吸入溶液的安全性均较高，研究期间无耳毒性和肾毒性

[1] Yang L., Ye XS., "Development of Aminoglycoside Antibiotics Effective Against Resistant baCterial Strains", *Curr Top Med Chem* 10 (18), 2010: 1898-1926.

[2] Poole K., "Aminoglycoside Resistance in Pseudomonas Aeruginosa", *Antimicrobial Agents and Chemotherapy* 49 (2), 2005: 479-487.

[3] Narasimhan M., Cohen R.. "New and Investigational Treatments in Cystic Fibrosis", *Ther Adv Respir Dis* 5 (4), 2011: 275-282.

[4] Velkov T., Abdul Rahim N., Zhou QT., Chan HK., Li J., "Inhaled Anti-infective Chemotherapy for Respiratory Tract Infections: Successes, Challenges and the Road Ahead", *Adv Drug Deliv Rev* 85, 2015: 65-82.

风险，不良事件发生率与安慰剂组无差异，并未增加耐药风险。值得一提的是诺华公司研发的妥布霉素干粉吸入剂，利用其独特的喷雾干燥技术平台 PulmoSphere 制备而成，并成功获得了 FDA 的批准，用于治疗合并铜绿假单胞菌感染的囊性纤维化。相关研究显示，这种吸入剂的单次给药剂量仅为 112 mg，每日需服用两次，相较于传统的雾化吸入给药方式，其剂量明显减少。而且，给药后肺部药物的沉积量受外部环境和患者吸气的影响相对较小。此外，有研究表明，与雾化吸入制剂相比，使用妥布霉素干粉吸入剂治疗 CF 的患者，其痰液中铜绿假单胞菌的密度降低更为显著，同时痰液中测定的药物浓度也更高。[①]

2. 氨曲南吸入制剂

氨曲南是一种合成的单环 β-内酰胺类抗生素，可抑制细菌细胞壁中粘肽的合成。静脉注射氨曲南含有精氨酸，长期吸入后可引起肺部炎症。[②] 但吸入产物含有赖氨酸，耐受性良好。2010 年，FDA 批准了 Gilead 公司一款氨曲南吸入产品 Cayston，用于改善肺有绿脓杆菌定植的囊性纤维化患者的呼吸道症状，该产品也已获准在欧洲使用。与氨基糖苷类药物不同之处在于氨曲南的抗菌活性在 CF 患者中没有被痰液显著拮抗。施用 Cayston 时，由于雾化治疗可能引发支气管痉挛等不良反应，因此推荐患者预先使用支气管扩张剂。研究发现，接受 Cayston 治疗的患者中，有 3% 的患者在使用支气管扩张剂预处理后，FEV1 水平出现降低，而在给药后观察到 FEV1 降低 15% 或更多的患者比例达 15%。[③] 对于成人及 6 岁以上儿童，推荐剂量是将一瓶一次性小瓶（75mg）与一安瓿盐水混合使用，吸入过程持续 2~3 分

① Waters V., Smyth A., "Cystic Fibrosis Microbiology: Advances in Antimicrobial Therapy", *J Cyst Fibros* 14 (5), 2015: 551-560.

② Daddario MK., Hagerman JK., Klepser ME., "Clinical Perspective on Aztreonam Lysine for Inhalation in Patients with Cystic Fibrosis", *Infect Drug Resist* 3, 2010: 123-132.

③ Keating CL., Zuckerman JB., Singh PK., McKevitt M., Gurtovaya O., Bresnik M., Marshall BC., Saiman L., "*Pseudomonas Aeruginosa* Susceptibility Patterns and Associated Clinical Outcomes in People with Cystic Fibrosis Following Approval of Aztreonam Lysine for Inhalation", *Antimicrob Agents Chemother* 65 (3), 2021.

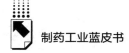
钟。推荐的用药方案是每天 3 次，通过 Altera 雾化器系统进行，持续 28 天，随后暂停 28 天，再重复这一周期。值得注意的是，Cayston 在使用过程中可能存在一些不良反应，包括头痛、胸部不适、支气管痉挛、喉咙不适、鼻塞、咳嗽和发烧等。其中，咳嗽和发烧在儿童患者中更为常见。[①] 因此，在使用过程中需密切关注患者反应，并根据患者需要及时调整治疗方案。

3. 多黏菌素 E 甲磺酸钠干粉吸入剂

多黏菌素 E，为一种多肽抗生素，用于治疗耐多药革兰氏阴性病原体引起的感染。多黏菌素 E 甲磺酸钠干粉吸入剂由森林制药开发，获得 EMEA 批准，用于治疗合并铜绿假单胞菌感染的囊性纤维化，目前仅在欧洲上市。多黏菌素 E 甲磺酸钠干粉吸入剂被证实对 6 岁以上患有铜绿假单胞菌感染的囊性纤维化患者具有显著疗效。[②] 多黏菌素 E 甲磺酸钠干粉吸入剂能够直接作用于肺部，减少肾毒性并降低耐药性的发生。该干粉吸入剂便于携带和使用，患者依从性高，治疗时间短且雾化效率高。[③] 多黏菌素 E 甲磺酸钠干粉吸入剂为胶囊型，患者每次使用一粒，剂量为 125mg。通过 Turbospin® 干粉吸入装置给药后，其在肺部的沉积量与含有 160mg 妥布霉素的喷雾剂相当。患者在使用过程中需多次吸入以确保胶囊内的粉末完全吸入，但此过程可能导致咳嗽、胸闷等症状。一项非盲Ⅲ期临床试验表明，在 380 名预先接受妥布霉素喷雾剂治疗 56 天的受试者中，后续分为多黏菌素 E 甲磺酸钠干粉吸入剂组和妥布霉素喷雾剂组继续治疗 24 周。结果显示，两组在改善患者 FEV1 方面效果相当，且治疗相关的不良反应发生率也相似。尽管干粉吸

① Plosker GL.，"Aztreonam Lysine for Inhalation Solution: in Cystic Fibrosis"，*Drugs* 70（14），2010：1843–1855.

② Conole D.，Keating GM.，"Colistimethate Sodium Dry Powder for Inhalation: A Review of Its Use in the Treatment of Chronic Pseudomonas Aeruginosa Infection in Patients with Cystic Fibrosis"，*Drugs* 74（3），2014：377–387.

③ Geller DE.，Konstan MW.，Smith J.，Noonberg SB.，Conrad C.，"Novel Tobramycin Inhalation Powder in Cystic Fibrosis Subjects: Pharmacokinetics and Safety"，*Pediatr Pulmonol* 42（4），2007：307–313.

入剂使用过程中患者咳嗽的发生率较高，并可能出现口腔异味，但大部分不良反应在用药 28 天后会逐渐消失，患者总体耐受性良好。[①]

（二）正在开发的抗生素吸入制剂

1. 环丙沙星的雾化脂质体制剂

Aradigm 开发了一种环丙沙星的雾化脂质体制剂（Lipoquin™）并完成了 CF 患者慢性呼吸道感染的 Ⅱ a 期临床试验。临床数据显示，细菌定植显著减少，肺功能改善，耐受性令人满意。[②] 一项包括 25 名 CF 患者的 Ⅰ 期随机剂量递增研究将环丙沙星 DPI 与安慰剂进行了比较。结果显示药物的吸收迅速，治疗中没有出现严重的不良反应。此外，观察到最小的全身暴露，环丙沙星的痰浓度是铜绿假单胞菌 MIC 的 100 倍以上，远高于口服后的常规测量值。[③] 在一项 Ⅱ 期研究中，124 例患有阳性支气管扩张症患者被随机分配接受环丙沙星的 DPI 制剂或安慰剂治疗 28 天。治疗组的受试者在研究结束时其痰液细菌负荷显著减少，但在随访期间又回升。此外，35% 的治疗患者实现了病原体根除，而安慰剂组只有 8%。据患者描述治疗中常出现的不良事件是味觉障碍，支气管痉挛和咳嗽的发生率较低。[④]

2. 盐酸万古霉素吸入粉雾剂

耐甲氧西林金黄色葡萄球菌（MRSA）是慢性气道疾病患者的重要病原体。静脉注射万古霉素作为经典治疗方法其疗效毋庸置疑，但其对肺分泌物

① Schuster A., Haliburn C., Döring G., Goldman MH., "Safety, Efficacy and Convenience of Colistimethate Sodium Dry Powder for Inhalation (Colobreathe DPI) in Patients with Cystic Fibrosis: A Randomised Study", *Thorax* 68 (4), 2013: 344-350.

② Bruinenberg P., Blanchard JD., Cipolla DC., et al., "Inhaled Liposomal Ciprofloxacin: Once a Day Management of Respiratory Infections ", *Respiratory Drug Delivery*, 2010: 73-82.

③ Stass H., Weimann B., Nagelschmitz J., Rolinck-Werninghaus C., Staab D., "Tolerability and Pharmacokinetic Properties of Ciprofloxacin Dry Powder for Inhalation in Patients with Cystic Fibrosis: A Phase I, Randomized, Dose-Escalation Study", *Clin Ther* 35 (10), 2013: 1571-1581.

④ Uttley L., Harnan S., Cantrell A., Taylor C., Walshaw M., Brownlee K., Tappenden P., "Systematic Review of the Dry Powder Inhalers Colistimethate Sodium and Tobramycin in Cystic Fibrosis", *Eur Respir Rev* 22 (130), 2013: 476-486.

的渗透性很差，并且还会引起显著的肾毒性，从而需要限制剂量并使其在呼吸环境中的效果降低。在万古霉素吸入给药将克服这些限制的前提下，Savara 制药开发了盐酸万古霉素吸入粉雾剂。1 期研究旨在证明制剂的安全性和耐受性，研究对象是健康受试者和 CF 患者，他们单次服用不同剂量的 CF 药物，没有严重的副作用，且万古霉素血浆浓度与给药剂量成正比，平均痰液万古霉素浓度保持在通常的 MRSA MIC 值以上长达 24 小时。[①] 凭借这些结果，在 87 例 CF 和 CBI 患者中启动了 2 期研究。他们接受了两种不同剂量的盐酸万古霉素吸入粉雾剂或安慰剂，每天两次，持续 28 天。与安慰剂治疗的受试者相比，不良反应的发生频率没有观察到差异，并且与安慰剂治疗的受试者相比，盐酸万古霉素吸入粉雾剂治疗的患者痰液 MRSA 密度有统计学意义的降低。据 Sarava 制药描述，次要疗效指标同样展现出了积极且鼓舞人心的结果，包括肺功能的改善、恶化的时间和呼吸道症状的减轻。这些结果促使其于 2017 年启动了 3 期试验（AVAIL 试验），该试验纳入了 188 例 CF 患者。与安慰剂相比，他们在治疗期间每天两次接受盐酸万古霉素吸入粉雾剂 30 mg，分三个给药周期，每个周期治疗 28 天，然后观察 28 天。随后，所有患者以相同的剂量和相同的给药频率进入开放标签期。然而，该试验未能显示肺功能有任何统计学上的显著改善或恶化的任何减少，因此该公司决定在 2020 年 12 月停止开发该药物。[②]

三 抗生素吸入制剂的安全性和不良反应

对于抗生素吸入制剂，大多数批准的制剂和正在进行临床试验的制剂具

---

① Waterer G., Lord J., Hofmann T., Jouhikainen T. Phase I., "Dose-Escalating Study of the Safety and Pharmacokinetics of Inhaled Dry-Powder Vancomycin (AeroVanc) in Volunteers and Patients with Cystic Fibrosis: A New Approach to Therapy for Methicillin - Resistant Staphylococcus Aureus", *Antimicrob Agents Chemother* 64 (3), 2020.

② De la Rosa-Carrillo D., Suárez-Cuartín G., Sibila O., Golpe R., Girón RM., Martínez-García MÁ., "Efficacy and Safety of Dry Powder Antibiotics: A Narrative Review", *J Clin Med* 12 (10), 2023: 3577.

有可接受的安全性。然而，口咽刺激和咳嗽是水溶液（或悬浮液）输送系统和 DPI 的常见不良事件。口咽刺激取决于特定的化学性质和沉积在口咽上的药物质量，可以通过粒子工程和设计更有效的装置来减少药物的口咽沉积来缓解。[1] 其他减少刺激的策略包括将药物封装在脂质体等非刺激性材料中。

吸入高剂量粉末引发的咳嗽可能是由药物本身或吸入的大量粉末而引起。快速吸入高浓度溶液或干粉可能会改变气道中的渗透环境，从而引起刺激。由于药物的化学性质、不同的受试者条件（健康患者或患有 CF 的患者）、药物剂量和评估方法，咳嗽事件的发生率在不同的临床试验中差异很大。在所有因素中，药物的化学性质影响力较大。[2] 例如，CF 患者吸入400mg 甘露醇粉后咳嗽发生率较低（25.4%，对照组为 20.3%，n = 117），而该患者吸入多黏菌素 E 甲磺酸钠干粉后咳嗽发生率显著较高（CF 患者为75.4%，n = 186）。[3] 此外，两项研究检查了不同的吸入器，用于甘露醇的 Osmohaler™ 和用于多黏菌素 E 甲磺酸钠干粉的 Turbospin®，并表明吸入器设计对结果的影响不大。因此，比较吸入抗生素后咳嗽和口咽刺激的常见不良反应的信息仍然很少，需要进一步的研究。

四　抗生素吸入制剂未来的展望

目前上市和在研发中的相关制剂主要集中于口服吸收不佳和口服给药后

[1] Zhou QT., Leung SS., Tang P., Parumasivam T., Loh ZH., Chan HK., "Inhaled Formulations and Pulmonary Drug Delivery Systems for Respiratory Infections", *Adv Drug Deliv Rev* 85, 2015：83-99.

[2] Phillips G., Redfern A., Crapper J., et al., "An Open-label Trial to Investigate the Dose Delivery and Tolerability of Inhaled Dry Powder Mannitol (IDPM) Using Low Output and High Output Orbital™ Inhalers Across Defined Flow Rates in Healthy Volunteers", *European Respiratory Journal* 40, 2012：2146.

[3] Brannan JD., Anderson SD., Perry CP., Freed-Martens R., Lassig AR., Charlton B., "The Safety and Efficacy of Inhaleddry Powder Mannitol as a Bronchial Provocationtest for Airway Hyperresponsiveness：A Phase 3 Comparison Study with Hypertonic (4.5%) Saline", *Respir Res* 6 (1), 2005：144.

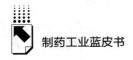
不良反应明显的抗生素，随着技术的发展，抗生素吸入制剂的临床应用将进一步扩大，某些口服给药吸收较好的抗生素也可制备成吸入剂供患者使用。当前吸入抗生素的研发正在如火如荼地进行中，未来抗生素吸入制剂的研发可能会向以下几个方向发展。

（一）高性能吸入装置的开发

已有研究在幼猪模型中尝试了通过气管内给药的方式评估开发高性能设备以增强肺部沉积的效果。尽管这种方法可以实现阿米卡星的高速输送和减少肺外沉积，但在幼猪体内和不同幼猪之间，肺组织中药物浓度仍存在较大的变异性。这一概念验证研究具有很大吸引力。[1] 迄今为止，抗生素给药时间少于 5 分钟，而传统的网状雾化给药时间超过 1 小时。如果能够克服沉积变异性，这种装置将为机械通气患者输送抗生素到肺部提供主要优势。Niedermann 等人在吸气试验中使用了一种创新装置。他们的高性能网状雾化器设计与患者的吸气同步，可减少呼气过程中的药物损失，这在雾化昂贵的药物中非常重要。[2]

（二）新的吸入药物剂型的开发

当前随着呼吸道中耐多药病原体的流行率增加，迫切需要开发新的吸入药物剂型以达到更高的浓度。可考虑的吸入制剂剂型包括脂质体与聚合物纳米颗粒。脂质体具有生物相容性和生物降解性，安全性更佳。脂质体使药物能够靶向感染的特定部位，并渗透到细菌产生的生物膜中，包括铜绿假单胞菌的生物膜。然后，它们通过吞噬作用沉积在肺泡巨噬细胞中，这使它们对

① GuillonA., Darrouzain F., Heuzé-Vourc'h N., Petitcollin A., Barc C., Vecellio L., Cormier B., Lanotte P., Sarradin P., Dequin PF., Paintaud G., Ehrmann S., "INTRA-tracheal Amikacin Spraydelivery in Healthy Mechanically Ventilated Piglets", *Pulm Pharmacol Ther* 57, 2019.

② Niederman MS., Alder J., Bassetti M., Boateng F., Cao B., Corkery K., Dhand R., Kaye KS., Lawatscheck R., McLeroth P., Nicolau DP., Wang C., Wood GC., Wunderink RG., Chastre J., "Inhaled Amikacin Adjunctive to Intravenous Standard-of-care Antibiotics in Mechanically Ventilated Patients with Gram-negative Pneumonia (INHALE): A Double-blind, Randomised, Placebo-controlled, Phase 3, Superiority Trial", *Lancet Infect Dis* 20 (3), 2020: 330-340.

细胞内感染有效。脂质体缓慢释放抗生素，从而降低给药频率，维持肺内较高的药物浓度。脂质体还能降低毒性，从而提高耐受性和依从性。[①] 而聚合物纳米颗粒有两种类型：天然的与合成的。这些配方更容易合成，但成本较高。最广泛使用的聚合物是聚乳酸-羟基乙酸（PLGA），其中治疗剂被封装在纳米颗粒基质中。这样，全身吸收被延迟，持续释放到作用部位。通过延长药物与微生物的接触，抗菌效果得以提高。聚合物纳米颗粒改善药代动力学和药效学，防止细菌耐药。聚乙二醇化（在纳米颗粒中加入聚乙二醇）提高了纳米颗粒在痰液中的迁移率。在 CF 患者中，聚乙二醇化纳米颗粒更好地在多佛氏伯克氏菌、洋葱伯克氏菌和铜绿假单胞菌的生物膜中传播。这种优势也可能是一种限制，因为聚乙二醇化可能会减少药物向生物膜的递送。干粉配方中的纳米颗粒是首选的递送方法。[②]

（三）替代性吸入生物抗菌剂

虽然吸入抗生素是有效的，但细菌耐药性的增加要求开发替代性的吸入抗生素。目前的研究重点是生物抗菌药物的设计，包括抗菌肽和噬菌体。这些药物对不同的治疗靶点（细菌细胞膜、特定病原体等）具有选择性活性。抗菌肽（AMPs）是先天免疫反应产生的天然蛋白质。阳离子 AMPs 优先结合带负电荷的细菌膜，最终破坏生物膜的稳定性。然后，AMPs 干扰细胞过程并消除细菌。AMPs 还具有促进细菌根除的免疫调节功能。与抗菌肽相关的抗菌药物 CR-163 对 CF 中的铜绿假单胞菌和金黄色葡萄球菌具有良好的抗菌活性。尽管有大量的临床前研究，但吸入性抗菌肽仍处于早期开发阶段。[③] 而噬菌体是一种专门感染细菌并导致细菌裂解的病毒，但对肺部的天

① Bassetti M., Vena A., Russo A., Peghin M., "Inhaled Liposomal Antimicrobial Delivery in Lung Infections", *Drugs* 80 (13), 2020: 1309-1318.

② Cheow W. S., Chang M. W., Hadinoto K., "The Roles of Lipid in Anti-biofilm Efficacy of Lipid-polymer Hybrid Nanoparticles Encapsulating Antibiotics", *Colloids and Surfaces A: Physicochemical and Engineering Aspects* 389, 2011: 158-165.

③ Riveiro V., Casal A., Abelleira R., Valdés L., "Advances in Inhaled Antibiotics for Management of Respiratory Tract Infections", *Curr Opin Pulm Med* 29 (3), 2023: 160-167.

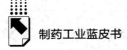

然细菌菌群没有影响，这避免了诸如生态失调或继发性肺部感染等并发症。噬菌体也适应并作用于它们所感染的细菌的新突变株。噬菌体的组成解释了它们对人类的低毒性，因为它们产生低免疫原性。使用适当的雾化器输送噬菌体至关重要，否则，它们会影响噬菌体的结构，导致药效丧失，但截至目前还没有临床试验评估吸入噬菌体的使用。①

① Chang RYK., Wallin M., Lin Y., Leung SSY., Wang H., Morales S., Chan HK., "Phage Therapy for Respiratory Infections", *Adv Drug Deliv Rev* 133, 2018：76-86.

科技创新篇

B.14

浙江省制药产业创新发展的
新技术与未来趋势[*]

陆遥 董作军 金灿 王亚军[**]

摘　要：　浙江省是我国医药产业的重要基地之一，化学原料药产量和出口居全国第 3 位。受竞争和环保压力驱动，发展新制药技术推动产业的可持续发展和创新升级是必然选择。本文概述了浙江省医药产业发展状况，介绍了浙江制药企业在开展手性制药技术、生物催化技术、光（催化）反应技术、连续流反应技术、AI 技术等新技术创新与应用方面的最新进展。展望浙江省医药产业未来发展，需抓住发展新质生产力的历史性机遇，持续加强技术创新，积极探索新的合作模式和商业模式，推动产业持续发展

---

[*]　本文全国医药制造业数据来源于《2023 中国高技术产业统计年鉴》，浙江省医药制造业数据来源于《2023 浙江科技统计年鉴》。

[**]　陆遥，浙江工业大学药学院绿色制药协同创新中心党委书记，助理研究员，主要研究方向为高等教育管理、药事管理；董作军，浙江工业大学药学院讲师，主要研究方向药事管理；金灿，浙江工业大学制药工程系教授、博士生导师，主要研究方向为绿色制药技术与药物合成新工艺开发；王亚军，博士、教授，浙江工业大学药学院院长，绿色制药协同创新中心执行主任。

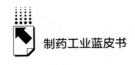

和创新升级。

关键词： 医药产业　化学药　手性药物　生物催化　连续流反应技术

一　浙江省制药产业发展概况

浙江省是我国医药产业的重要基地之一，得益于产业技术进步和新产品开发，近年来浙江省医药产业在工业总产值、营业收入、利润总额以及出口等方面均取得了显著成绩，展现出强大的发展潜力和市场竞争力。以 2022 年为例，全年浙江实现医药工业总产值 2351.35 亿元，位居全国第三，同比增长 9.36%，其中新产品产值总计 1097.52 亿元，同比增长 3.09%。全年医药产业主营业务收入 2158.8 亿元，同比增长 8.43%，利润总额 446.3 亿元，同比增长 0.41%，营业收入和利润总额双增长。受经济因素如汇率波动、原材料价格上涨、物流成本增加，以及疫情带来的市场需求变化和国际商务交流困难等因素影响，2022 年出口市场略有收缩，全年医药出口交货值达 578.5 亿元，同比下降 3.32%。

作为浙江省医药产业的重要组成部分，浙江省化学药领域稳步发展。2022 年浙江省化学原料药产量 93777 吨，占全国总产量的 6.35%，化学原料药出口 37011 吨，在全国各省区市中排第 3 位。化学原料药制造和化学药品制剂制造产值分别为 692.5316 亿元和 658.2421 亿元，销售产值分别为 633.0975 亿元和 622.9958 亿元，在销售产值方面处于领先地位。浙江省化学药企业注重技术创新和产品升级，通过引进新技术、优化生产流程、提高产品质量等方式，增强了市场竞争力。同时，企业还加大了对国内外市场的拓展力度，提高了产品的知名度和美誉度。这些举措为浙江省化学药领域的稳步发展提供了有力保障。

二 浙江省制药产业技术创新

受竞争和环保压力驱动，制药产业新技术创新与发展越发加快，包括手性制药技术、生物催化、光（催化）反应、连续流反应、AI 技术等新技术的发展及应用，快速推动了制药产业的持续发展和创新升级。

（一）手性制药技术

据统计，全球 3500 余种上市药物中，手性药物就占 60% 以上。2022年，全球手性药物销售额超过 4000 亿美元，仅中国手性原料药及中间体市场规模就超过 2500 亿元。其中，度洛西汀、西他列汀、氟苯尼考、金都尔、赛洛多辛、布瓦西坦、阿托伐他汀等手性药物年销售额多数突破 10 亿美元大关。然而，多数手性药物的制备工艺需要使用手性拆分工序，耗时耗力，不符合当前低碳生产的目标。浙江省作为制药大省，多数企业正在布局不对称催化技术产业化应用研究，如不对称催化氢化①、不对称氢转移、不对称还原胺化、不对称亨利等，个别技术已经实现产业化。

不对称催化氢化反应可以催化羰基、烯胺、亚胺、双键等不饱和键的不对称加氢，以此制备手性醇、手性胺、手性碳等关键手性中间体。布瓦西坦是比利时 UCB 公司开发的第三代抗癫痫药物，亲和力较左乙拉西坦强 15~30 倍。诚达药业股份有限公司发展了系列手性二茂铁双膦配体，实现了抗癫痫药物布瓦西坦关键的不对称合成，TON 值达 5000，ee 值达 99% 以上，成本下降 50%，三废排放减少 40%。

---

① Nian S. F., Ling F., Chen J. C., Wang Z., Shen H. W., Yi X., Yang Y. F., She Y. B., Zhong W., "Highly Enantioselective Hydrogenation of Non-ortho-Substituted 2-Pyridyl Aryl Ketones Via Iridium-f-diaphos Catalysis", *Org. Lett.* 21（14），2019：5392-5396；Ling F., Hou H. C., Chen J. C., Nian S. F., Yi X., Wang Z., Song D. G., Zhong W. H., "Highly Enantioselective Synthesis of Chiral Benzhydrols Via Manganese Catalyzed Asymmetric Hydrogenation of Unsymmetrical Benzophenones Using an Imidazole-based Chiral PNN Tridentate Ligand", *Org. Lett.* 21（11），2019：3937-3941.

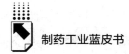

不对称还原胺化反应可用于羰基一步转化为手性胺类化合物,是制备手性胺类药物的较佳路径。西他列汀是全球第一个上市的口服 DPP-4 抑制剂,用于治疗 2 型糖尿病,2021 年全球销售额 31 亿美元。浙江华海药业利用金属铑和 DM-Segphos 催化羰基不对称还原胺化反应合成西他列汀关键中间体(R)-3-叔丁氧羰基氨基-4-(2,4,5-三氟苯基)丙酸甲酯,TON 值达 10000,ee 值达 99% 以上。赛洛多辛是日本橘生制药公司开发的治疗良性前列腺增生症的药物,2017 年销售额达 6.5 亿美元。浙江天宇药业股份有限公司利用依催化芳基丙酮的不对称还原胺化反应制备得到赛洛多辛关键中间体 5-[(2R)-2-氨基丙基]-2,3-二氢-1-[3-(苯甲酰氧基)丙基]-1H-吲哚-7-腈,TON 值达 3000,结晶后 ee 值超过 99.5%,成本较原研工艺下降 40%。

不对称亨利反应可以用于构建连续两个手性中心的化合物。氟苯尼考是国家二类新兽药,全球年需求量 6500 吨左右,市场规模接近 70 亿元。浙江海翔药业利用廉价金属铜与手性配体催化对砜基苯甲醛与硝基乙醇的不对称亨利反应,实现了手性醇羟基和氨基的不对称构建,通过负载催化剂,实现连续化生产,ee 值达 99%,dr 达 98:2,将氟苯尼考的成本控制在极低范围。

(二)生物催化技术

生物催化在药物绿色合成中的应用日益扩大,目前,浙江制药企业已开发了一系列工业酶创制及催化合成技术,包括脂肪酶、腈水解酶、转氨酶、羰基还原酶、醛酮还原酶等。

脂肪酶。脂肪酶可以催化水解、氨解、醇解、酯化、转酯及其逆反应。浙江华海药业股份有限公司开发酯水解酶拆分 2 卤代丁酸酯制备(S)2 卤代丁酸工艺技术,随后经过两步化学反应合成左乙拉西坦。华海药业还开发了利用脂肪酶和差向异构酶双酶合成抗癫痫药普瑞巴林的工艺。[①] 普洛药业

---

① 杨昌明、郭攀、王毅峰等:《一种制备普瑞巴林的方法》,中国专利 CN112368266B。

研发了黑曲霉脂肪酶选择性水解合成布瓦西坦的工艺路线。① 浙江昌明药业开发了固定化脂肪酶 B（Novozym 435）合成左乙拉西坦中间体（R）-2-卤代丁酸甲酯的工艺。②

腈水解酶。腈水解酶可催化腈类化合物生成羧酸和氨，常被用于生产高附加值的羧酸和酰胺。浙江兄弟科技股份有限公司构建了含腈水解酶突变体基因的大肠杆菌重组工程菌 *E. coli* PST2NL，其可以高效催化 3-氰基吡啶生产烟酰胺，随后通过干燥脱氨得到防治糙皮病等皮肤病的药物烟酸。③ 浙江荣凯科技发展股份有限公司使用腈水解酶催化 2-氯烟腈水解合成了医药中间体 2-氯烟酸。④

转氨酶。转氨酶可用于多种脂肪酮和芳香酮的立体选择性转氨反应，生成光学纯手性胺。枸橼酸托法替布是一种新型的口服蛋白酪氨酸激酶抑制剂，浙江乐普药业股份有限公司以 4-甲基-1-（苯基甲基）-3-哌啶酮为原料，首先通过转氨酶构建手性，随后经过甲基化反应得到枸橼酸托法替布的手性中间体（3*R*，4*R*）-1-苄基-N，4-二甲基哌啶-3-胺二盐酸盐⑤。转酮酶可将酮醇供体的二碳单位转移到醛受体中，形成手性的二羟酮类化合物。普洛药业公开了一种利用酶级联反应合成（1*R*，2*R*）-2-氨基-1-（4-（甲磺酰）苯基）丙烷-1，3-二醇（（1*R*，2*R*）-AMPP）的方法，该方法以商业易获取的对甲磺砜苯甲醛为起始原料，经过转酮（转酮酶 *Ec*TK1_YYH）和转氨（转氨酶 ATA117_ACHH）反应合成了氟苯尼考的中间体（1*R*，2*R*）-AMPP（*de* 值>90%）。⑥

---

① 孟金鹏、张其峰、周婷等：《一种布瓦西坦及其中间体的制备方法》，中国专利 CN115851866A。

② 季友卫、陈斌、潜飞等：《一种左乙拉西坦的制备方法》，中国专利 CN105063120B。

③ 潘炎烽、张海峰、戴柳玲等：《一种腈水解酶、其构建的工程菌及其在烟酸绿色合成中的应用》，中国专利 CN114317506A。

④ 王京荣、陈东升、孙鑫等：《基于腈基水解酶的合成 2-氯烟酸生产工艺》，中国专利 CN115976131A。

⑤ 成碟、林义、杨成钰等：《一种酶法合成手性枸橼酸托法替布中间体的方法》，中国专利 CN113930404B。

⑥ 林双君、刘琦、邓子新等：《一种利用酶级联反应合成（1R，2R）-AMPP 的方法》，中国专利 CN116964212A。

羰基还原酶。羰基还原酶是一类重要的工业酶制剂，能高效催化前手性酮选择性还原制备手性醇。上虞京信药业以来源于 *Leifsonia poae* 的酮还原酶突变体 KRED-S154Y/L194I/L146A/F206A 为催化剂，在不添加昂贵辅酶的情况下，完全催化 500 g/L 2-氯-1-（3，4-二氟苯基）乙酮合成了抗血小板聚集药物替格瑞洛的手性中间体（1*S*）-2-氯-1-（3，4-二氟苯基）乙醇且 *ee* 值大于 99%。[①] 浙江工业大学与浙江乐普药业合作重塑了酸菜促生乳酸杆菌羰基还原酶 *Ls*CR 工业属性，构建的 *Ls*CR 四突变体对 2-氯-1-（3，4-二氟苯基）乙酮具有超高活性，对异丙醇具有极强的溶剂耐受性，并发展了纯底物体系中生物催化合成（1*S*）-2-氯-1-（3，4-二氟苯基）乙醇技术。

除了以上提到的酶制剂，还有许多其他类型的生物催化剂被用于药物及药物中间体的开发。浙江海正药业股份有限公司构建了表达脱氧核糖核酸激酶和乙酸激酶的重组大肠杆菌，并应用于合成治疗慢性淋巴细胞白血病药物磷酸氟达拉滨。[②] 普洛药业公开了一种青霉素 G 酰化酶突变体，可用于合成头孢类抗生素如头孢丙烯、头孢克洛或头孢羟氨苄。[③] 浙江康恩贝制药股份有限公司于 2024 年公开的一项专利中，使用了一种糖基转移酶突变体合成中药葛根的主要活性成分葛根素。[④]

（三）光（催化）反应技术

光（催化）反应与传统的热化学反应具有本质不同，以诺奖得主 MacMillan 为代表的科学家发展了系统的光（催化）反应方法学。[⑤] 许多在热化

---

① 金圣芳、张敏洁、张敏等：《酮还原酶及其在替格瑞洛中间体合成中的应用》，中国专利 CN111763662B。
② 傅德进、杨勇、严伟等：《一种酶法制备磷酸氟达拉滨的方法》，国际专利 WO2017124315A1。
③ 任红阳、李兰杰、陈振明等：《青霉素 G 酰化酶突变体及其在合成头孢类抗生素中的应用》，中国专利 CN103865911B。
④ 姚建标、徐春玲、孙莲莉等：《一种糖基转移酶突变体及其应用》，中国专利 CN114657160B。
⑤ Wang J. Z., Lyon W. L., MacMillan D. W. C., "Alkene Dialkylation by Triple Radical Sorting", *Nature* 628, 2024：104-109；Welin E. R., Arias-rotondo D. M., Mccusker J. K., MacMillan D. W. C., "Photosensitized, Energy Transfer-mediated Organometallic Catalysis Through Electronically Excited Nickel（II）", *Science* 355, 2017：380-385.

学条件下无法或难以进行的反应可在温和的光照条件下实现，不仅避免了高温、高压等苛刻条件，提升了原料药合成的选择性和收率，降低了生产成本，还极大地减少了安全、环保隐患，并为原料药的制备提供了新策略。浙江制药企业已将光（催化）反应技术应用于如沙坦类、维生素 D3 类、甾体激素类等原料药的生产。

沙坦类药物为血管紧张素 Ⅱ 受体拮抗剂，是目前主要抗高血压药物。浙江华海药业作为龙头企业，其生产的沙坦类药物如缬沙坦、坎地沙坦、厄贝沙坦、氯沙坦等市场份额占比高。华海药业将光化溴代技术用于制备系列沙坦类药物的关键中间体 2-氰基-4'-溴甲基联苯，随后经亲核取代反应等若干步合成沙坦类药物。

维生素 D3 系列产品可促进钙、磷吸收和骨代谢，主要用于治疗骨质疏松、佝偻病等。浙江花园生物为全球最大维生素 D3 生产企业，公司运用连续光化开环反应技术，以 7-去氢胆固醇为原料经光照开环—异构—结晶制备维生素 D3、25-羟基维生素 D3。

地屈孕酮是新一代的高效黄体激素，临床上可用于治疗闭经、子宫内膜异位等病症，省内的生产厂家包括浙江仙琚制药、台州海盛制药及宁波东隆智能科技有限公司等。地屈孕酮 10 位甲基为 α 构型，然而天然甾环 10 位甲基一般为 β 构型，普通的热化学方法无法实现 10 位甲基的构型翻转。企业采用光化逆 D-A 开环/D-A 闭环串联反应，以 5，7-双烯甾体化合物为原料，通过短波开环、长波闭环，实现 10 位甲基的构型翻转，制备得到地屈孕酮关键中间体。

（四）连续流反应技术

目前，化学药合成过程中仍然存在许多极容易导致泄漏、火灾、爆炸、中毒的工艺——"危险化工工艺"，如光气及光气化、氯化、硝化、氟化、加氢、重氮化、氧化、过氧化、胺基化、磺化、烷基化、偶氮化等。连续流反应技术因其独特的优势，是提升制药生产过程本质安全的首选。连续流反应技术是通过泵输送物料并以连续流动模式进行化学反应的一种新兴化学反应创新技术，包括微通道、管式反应技术等。具有反应器体积小危险物质在线量少、传质传热效率高、反应参数控制精确、本质安全、节能环保、过程强化、生产连续化、自动化、智能化等优点，是应急管理部、工信部、生态环境部、国家卫健委、国家药监局等多部委重点推荐的绿色制药技术。

据统计，大约60%的制药反应能受益于连续流反应技术。因此，国际上绝大多数知名制药公司在进行连续流反应技术的研发。2022年，国际人用药品注册技术协调会（ICH）发布了《Q13：原料药与制剂的连续制造》，为药品连续制造生产模式提供了研究指南，是行业绿色转型和生产变革的重要里程碑。

浙江省制药工业的产业结构多集中在原料药、中间体等高风险、高污染性、高耗能的产业链端，迫切需要进行生产技术本质安全化、绿色化、低碳化的转型升级。目前，省内大部分制药企业在进行连续流反应技术研发与产业化实施工作，如最典型的危险化工工艺——"硝化工艺"，已基本全面实现以连续流反应替代釜式反应进行生产，而其他危险化工工艺或非危险化工工艺，也有部分企业实现了连续流生产。

（五）AI技术

人工智能（AI）技术的广泛应用已成为药物研发领域一项重要趋势，为药物研发带来了新的思路和方法。[①] 人工智能技术在小分子药物、药物递送系统开发、蛋白质组学和药物研发软件等领域的应用正取得突破性进展。

小分子药物是一类分子量较小的药物，其研发过程复杂，需要大量的试验。人工智能技术在小分子制药领域的应用可以加速药物设计、筛选和优化的过程，从而提高研发效率和成功率。杭州德睿智药利用自研的AI辅助设计平台成功开发出口服小分子GLP-1受体激动剂MDR-001，该药物针对肥胖症和2型糖尿病获得美国FDA的新药临床批件，肥胖症适应证治疗已成

---

① 刘润哲、宋俊科、刘艾林等：《人工智能在基于配体和受体结构的药物筛选中的应用进展》，《药学学报》2021年第8期。

功进入临床Ⅱ期。杭州剂泰医药也运用人工智能技术开发了小分子中枢神经系统药物 MTS004，目前已处于Ⅰ期临床研究阶段。[①]

药物递送系统的开发是药物新剂型研发、前沿生物制品开发的关键，人工智能在药物递送系统开发中的优势主要体现在配方设计、优化等方面。剂泰医药公司运用 AI 数据驱动算法、机制驱动的量子力学和分子动力学模拟等底层技术，实现了高效、安全的多器官靶向药物递送。其开发的 mRNA 递送技术和 siRNA 递送技术，分别适用于心血管与代谢类疾病的治疗和肺部疾病的治疗。[②]

人工智能技术在药物研发的各个方面都发挥着重要作用，为药物研发带来了新的可能性，加速了药物研发过程，为患者带来了更好的治疗选择。

三　总结与展望

综上所述，浙江省医药产业发展情况呈现稳步上升的趋势，在工业总产值、营业收入、利润总额等方面均取得了显著成绩。化学药绿色高效制造方面展现出良好的发展前景和潜力。首先，在浙江省已有原料药技术基础上进一步强化创新，将手性制药技术、连续流反应技术、生物催化技术、光（催化）反应技术和 AI 技术综合运用到安全生产、绿色生产、工艺改进和新产品研发中，降低生产成本，提高生产效率，提升产品全球竞争力。其次，要顺应制药行业创新发展趋势，进行商业模式创新，加强 CDMO 新药合作研发，开发新的产业增长点。最后，要注重全面深入参与全球医药制造业产业分工，抓住我国发展新质生产力契机，开展多元化创新的强链补链和延链工作，抓住国家创新转型的历史性机遇。

---

① 高东平、南嘉乐、车美龄等：《AI 辅助药物研发进展》，《医学研究杂志》2023 年第 10 期。
② 万宇、郑维恒、蒋阅等：《人工智能在制药行业的应用进展》，《药学进展》2023 年第 10 期。

B.15
标准创新赋能企业高质量发展

黄辉　赵晗　耿金菊　任洪强*

摘　要：　产业发展，标准先行。"标准化"战略赋能企业高质量发展，也为水处理产业升级提供支撑。本文介绍了标准及标准化的定义，剖析了标准化助力企业高质量发展的原理及典型案例，研判了我国水处理领域的标准需求，并介绍了南京大学生态环境领域标准化工作的进展情况。强调要以标准创新引领质量创新，加快标准创新技术成果快速市场化、国际化，以带动企业竞争力提升和产业高质量发展。

关键词：　标准　标准化　水处理产业　高质量发展

　　我国"标准化"战略的提出，为绿色可持续发展赋予了机会和挑战。习近平总书记曾指出："以高标准助力高技术创新、促进高水平开放、引领高质量发展。"在经济全球一体化的今天，国力之争是市场之争，市场之争是企业之争，企业之争是技术之争，技术之争最终归结为标准之争。标准决定质量，技术标准背后隐含的是专利和市场。笔者从标准及标准化的定义出发，分析了企业如何通过标准创新引领技术及产品创新，促进企业高质量发展，梳理了我国水处理领域标准需求，介绍

---

* 黄辉，国家级高层次人才青年学者，南京大学环境学院教授、博士生导师，南京大学宜兴环保研究院副院长，主要研究方向为废水生物处理理论与技术研究；赵晗，南京大学环境学院硕士研究生，主要研究方向为废水深度处理技术；耿金菊，国家级高层次人才，教授、博士生导师，南京大学宜兴环保研究院副院长，主要研究方向为水污染控制技术与标准化研究；任洪强，中国工程院院士，南京大学教授、博士生导师，南京大学环境学院院长，南京大学宜兴环保研究院院长，主要研究方向为废水处理理论与技术研究。

了南京大学生态环境标准团队的工作，为环保企业的高质量发展提供参考和借鉴。

一　标准及标准化的定义

（一）标准的定义

依据 ISO／IEC 指南 2：2004《标准化和相关活动的通用词汇》、GB／T 20000.1-2012《标准化工作指南 第 1 部分：标准化和相关活动的通用词汇》，标准指为在一定范围内获得最佳秩序，经协商一致制定并经一个公认机构的批准，共同使用和重复使用的一种规范性文件。标准宜以科学、技术和经验的综合成果为基础，以促进最佳的共同效益为目的。标准是产业发展的重要技术支撑和依据，也是产业提高核心竞争力的关键要素。

（二）标准化的定义

标准化是指为在一定的范围内获得最佳秩序，对现实问题或潜在问题制定共同使用和重复使用的条款的活动，主要包括编制、发布和实施标准的过程。标准化主要用于根据预期目的改进产品、过程或服务的适用性，防止贸易壁垒，并促进技术合作。

标准化的基本原理通常是指统一原理、简化原理、协调原理和最优化原理。其中统一原理是为了保证事物发展所必需的秩序和效率，对事物的形成、功能或其他特性，确定适合于一定时期和一定条件的一致规范，并使这种一致规范与被取代的对象在功能上达到等效。简化原理是为了经济有效地满足需要，对标准化对象的结构、型式、规格或其他性能进行筛选提炼，剔除其中多余的、低效能的、可替换的环节，精炼并确定出满足全面需要所必要的高效能的环节，保持整体构成精简合理，使之功能效率最高。协调原理是为了使标准的整体功能达到最佳，并产生实际效果，必须通过有效的方式协调好系统内外相关因素之间的关系，确定为建立和保持相互一致，适应或平衡关系所必须具备的条件。最优化原理是按照特定的目标，在一定的限制条件下，对标准系统的构成因素及其相互关系进行选择、设计、调整或评价，使之达到最理想的效果。在国家"双碳"战略背景下，亟须进行标准创新，引领减污降碳协同发展和产业绿色转型，提升企业高质量发展水平。

二 企业如何实现高质量发展

（一）产品质量是企业高质量发展的基石

在市场竞争日益激烈的今天，质量是企业发展的灵魂和竞争的核心，是企业产品占有市场的关键，是企业获得经济效益的基础。产品质量已成为一个企业在市场中立足的根本和发展的保证，要想实现高质量发展，质量创新不可或缺，即通过技术、管理和文化等多种方法，实现固有特性持续不断地改进和提高，从而更好地满足消费者和使用方的需求，最终实现更高的效益。[1] 质量创新需对产品和服务进行规范化和标准化，对质量标准进行严格化，高标准严要求才能铸成好产品，才能走好企业的高质量发展之路。

（二）标准创新是企业高质量发展的动力

建设创新型国家是全面建成现代化国家的核心动力，标准作为创新成果转化为生产能力的桥梁和纽带，是推进创新驱动的必由之路。[2] "技术专利化、专利标准化、标准国际化"正在成为新的创新模式和企业界的共识，也是目前国际市场竞争的新路径，其背后的逻辑就是标准创新。标准创新是指在现有标准的基础上，通过引入新的技术、理念或方法，从而创建更加先进、可持续和符合市场需求的标准。通过加快关键环节、关键领域、关键产

---

[1] 武汉大学质量发展战略研究院中国企业调查数据中心：《以质量创新驱动经济转型升级》，《光明日报》2017 年 8 月 3 日。

[2] 加贺：《江苏徐州全面推进"标准化+"行动》，中国质量新闻网，2022 年 10 月 26 日，https://www.cqn.com.cn/zj/content/2022-10/26/content_ 8873307. htm。

品的技术攻关和标准研制应用，引领产业优化升级，进一步增强产业链供应链稳定性和产业综合竞争力。[①] 当前，我国正全力建设质量强国、制造强国，必须大力推行标准创新。

（三）典型案例

1. 西门子公司

德国西门子公司（简称西门子）是全球电子电气工程领域的领先企业，在全球拥有全面的战略性技术法规和标准化系统，以及覆盖核心业务的专家联络网，以支持业务部门和区域公司了解相关的国际和国家标准，并要求所有企业和子公司必须以战略的眼光和开拓全球市场的角度重视标准化工作。西门子经过150年跨国发展认识到：全球标准化与法规战略是全球业务成功的基本战略之一。为实现标准的可及性，西门子公司建有专门的标准信息管理系统，此系统将企业标准、德国标准、欧洲标准和国际标准有30多万条标准分门别类管理，为子公司人员查询标准提供有力支撑。西门子全球共有1769名标准化专家，在国际、地区或国家标准化组织中拥有5784个席位，[②]为把握专业领域的标准信息动态及未来的产品组合开发和技术创新奠定基础。西门子总部设有10个部门，其中之一的知识产权与运营部具体负责与标准化有关的工作。此外，西门子还注重标准的转化推广，为了促进更多的企业标准成为国际标准，西门子有大量技术人员参与以上标准化组织的工作，在各级标委会中担任关键职务的有300多人，仅标委会主任就占到200多人。西门子要求所有子公司在生产过程中都要采用IEC、ISO和ETSI等国际性标准化组织制定的标准，以提高商品可靠性和企业国际化程度，助力企业走上高质量发展之路。

2. 高通公司

高通是全球无线通信行业龙头，是开辟移动互联时代的创新引领者。无

[①] 工程建设标准化编辑部：《标准促进高水平开放 标准引领高质量发展——标准化工作重要政策文件综述》，《工程建设标准化》2023年第9期。

[②] 苏强：《西门子公司的标准化战略案例研究》，中华保险研究所公众号，2019年11月22日。

论是最初的 CDMA 商用，还是手机从 3G 到 5G 的持续迭代，抑或近年来智能座舱、消费/工业物联网、边缘 AI 等新兴技术，高通公司通过不断进行标准创新，扮演领路人的角色，并不断占领先机。标准的竞争是无线通信产业竞争的制高点，掌握关键技术和标准制定的话语权，是基带厂商建立中长期竞争优势和龙头商业地位的关键。作为重要的标准制定者，高通凭借无线通信专利打造坚固护城河，自 1G 时代至今，高通已深耕无线通信技术 30 余年，参与每代蜂窝标准的制定，公司持有全球 65% 的 CDMA 专利（根据 BCG），持有的认证 5G 专利数则仅次于华为（根据 IPlytics）。① 高通下游定位中高端市场，凭借深厚的标准和技术积累，已形成了强大的芯片品牌实力，其骁龙芯片已成为各领域拳头产品的标配，通过自身的标准创新来带动产品质量的提升，从而引领市场的发展方向。高通能够成为全球无线通信行业的霸主之一，标准创新居功甚伟。

三 我国水处理领域标准需求

（一）水处理科技与产业发展的需求

"双碳"战略提出后，经济社会发展"降碳"属性、水处理行业"治污"属性和产业科技"自主创新"属性交织，孕育着水处理产业未来发展的新趋势和特色发展之路。水处理领域亟须推动低碳技术、材料、装备创新，促进产业朝着技术低碳化、装备原创化、产业标准化、管控智慧化、工程高简化的方向发展，而推动标准创新才能促进水处理领域标准化与科技创新融合，进而赋能科技和产业高质量发展。

（二）水处理领域标准需求

目前我国现有的水处理标准体系由方法、技术、装备、材料、排放、质

---

① 温晗静、彭虎等：《中金看海外丨高通：全球无线通信引领者，移动互联时代先锋》，中金点睛公众号，2023 年 8 月 17 日。

量、管理和工程等方面组成。虽然水处理标准体系涵盖的范围较广，但是体系的不足也很明显。一方面是不同细分领域的标准数量相差过大，水处理装备标准高达 366 条，方法标准有 271 条，技术和材料标准各 100 余条，而水处理工程标准仅有 22 条，排放、质量和管理标准数量都只有个位数。

另一方面，随着"双碳"战略的不断推进，各类标准中缺乏低碳水处理方面的标准这一问题愈发突出。如水处理方法标准以有机化合物、一般无机物和重金属及其化合物为主，缺少碳排放核算、碳指标监测以及毒性监测等标准；排放标准中缺少碳排放限制标准；质量标准中缺少废水、泥多元化回收利用质量分级等标准；装备标准缺少废水/泥处理高效低耗资源化利用设备标准；技术标准缺少捕碳固碳、废水热能回收等低碳技术标准；管理标准中缺少碳评价管理、智慧管理等标准；工程标准缺少废水低碳处理工程设计建设系列标准；材料标准缺少绿色低碳、源分离材料等标准。因此，亟须健全我国水处理领域全链条标准体系，补足"低碳""健康""智慧"标准短板，加快形成水处理领域新质生产力，支撑引领行业高质量发展。

四 南京大学生态环境领域标准化工作进展

（一）全链条平台建设

南京大学生态环境标准团队组建了国家技术标准创新基地（水环境技术与装备）、国际标准化组织工业水回用分技术委员会（ISO/TC282/SC4）、国际标准化组织智慧水务管理工作组（ISO/TC224/WG15）、江苏省环保产业标准化技术委员会（JS/TC50）、中国质量检验协会水环境工程技术与装备专业委员会等国内外技术标准化平台，搭建了水环境领域"国际—国家—行业/地方—团体标准"全链条平台。在南京大学"环境科学与工程"双一流学科与中国宜兴环保科技工业园、国家高新技术产业开发区的紧密合作下，通过全链条平台的建设成功将科技优势和人才优势转化成产学研优势、产业优势和国际化优势，创新"技术专利化—专利标准化—标准国际

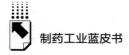

化—产业高质化"成果转化新模式，在推动区域企业快速发展及我国环保产业高质量发展方面做出贡献。

（二）全系列标准研制

南京大学生态环境标准团队构建了亚、欧、美、非71个国家的工业水处理和智慧水务管理技术标准化体系，以及江苏省排水处理、水处理装备、资源再生、绿色低碳等"1+N"多元生态环境标准体系，其中"江苏省水污染防治设备标准体系"列入赵世勇同志"我为群众办实事"项目清单。截至2024年1月1日，已完成65项专有技术标准转化，主导研制水环境领域"技术—装备—材料—修复—管理"全系列标准113项，包括ISO国际标准16项、国家标准10项、行业标准9项、地方标准22项，推动15家央企、41家龙头企业、41家上市公司、25家设计院转型升级，入选国家市场监督管理总局"一带一路"十周年宣传案例，获中国标准创新贡献奖、首届江苏省标准创新贡献奖等，规范引领国际水处理领域资源化、智慧化、低碳化发展，为我国水生态文明建设及行业绿色转型升级发展提供了重要支撑。

（三）社会经济生态效益

上述标准应用于我国29个省份的300余项工程，近三年新增销售额207.4亿元，利润29.8亿元。标准支撑污水资源化利用、工业绿色发展等国家重大规划实施，指导江苏省城镇污水处理厂污染物排放标准等、安徽省"十四五"重点流域水生态环境保护规划等多地生态环境政策以及标准的制定，主导研制的国际标准被英国、以色列、日本等多国采标或引用，应用于全球40多个国家的工业废水处理工程，成功打造了贯通水处理上下游产业、国际和国内开放合作的创新生态圈，辐射国际、国内相关机构800余家，引领社会、经济、生态效益与国际化相统一，有力推动了国内外废水处理工程科技和产业标准化发展，提升了我国工业水处理和智慧水务产业的竞争力和国际影响力。

（四）标准化人才培养

团队将高校院所、协会、学会、标准化机构、政府、企业联合起来，培育国际标准化组织分技术委员会经理、工作组召集人、项目负责人和专家委员等国内外标准化专业专家 65 人次，其中 3 名专家获 ISO 卓越贡献奖；联合行业骨干企事业单位培养生态环境标准化方向工程硕士 35 人，通过"标准化+继续教育"开展标准化基础、标准编审、标准应用方法等专题培训 16 次/年，培训人才约 2000 人次，建立"高端专家引领—专职人才储备—实用人才培育"的"三步走"标准化人才培养模式，助力南京大学环境学院获批"环境标准与装备"二级学科博士硕士学位授权点，为行业标准化工作提供了充分的人才储备。

五　总结和展望

标准创新已成为赋能企业高质量发展的重要支撑，严格质量标准，提升产品质量，才能奠定企业发展的基础；强化标准创新，完善标准体系，才能促进企业发展行稳致远。水处理领域亟须标准创新为其绿色低碳转型保驾护航。应加快实施以标准为纽带的创新技术成果快速市场化、国际化，推动"科技—标准—企业/产业"融合发展，为提升企业核心竞争力和我国产业科技创新能力做出贡献。

B.16
合成生物学在肿瘤治疗中的应用

梅 馨 朱建伟*

摘 要: 合成生物学（Synthetic Biology）是一个集合了生物学、工程学、计算机科学等多学科的研究领域，通过学习、设计、构建和测试来改造甚至创造具有特定功能的生物系统。近十年，合成生物学在肿瘤领域的应用成果颇丰，为肿瘤的治疗打开了全新的思路。合成生物学技术可以改造细菌、细胞、病毒等天然存在的生物系统，拓展和优化这些被改造后的生物系统在肿瘤治疗领域的应用。对细菌的改造可以降低细菌毒性，提升治疗的安全性和有效性，改造细菌作为递送载体，设计引入基因线路增强细菌的可控性等。对于细胞的改造，以增强亲和力、安全性、靶向性和可控性为主要目的，构建特定的新功能和新信号，已有成功的如 CAR-T 疗法。合成生物学技术也被用于改造病毒，如溶瘤病毒，通过提高靶向感染性和增强病毒活性，激活自身免疫反应，获得更好的溶瘤效果。合成生物学还应用于细菌、细胞或病毒类肿瘤疫苗的研发，提高疫苗的安全性，增强抗原的免疫原性，优化和改造疫苗递送系统。这些合成生物学技术为肿瘤免疫治疗、个性化治疗、精准治疗以及联合治疗奠定了基础，创造了更多的选择性和可能性。基于此，合成生物学在肿瘤治疗中的应用值得深入探讨。

关键词: 合成生物学 肿瘤治疗 细菌疗法 细胞疗法 基因编辑

合成生物学的概念由来已久，在 1987 年出版的 *Redesigning Life* 一书中

---

* 梅馨，杰科生物全球商务总监；朱建伟，原上海交通大学药学院院长，细胞工程及抗体药物教育部工程研究中心主任。

已有相关的表述。"合成生物学"最初被用于描述将合成化学应用于生物学，旨在创建具有非自然结构和功能的生物系统，而Ⅱ型限制性核酸内切酶的发现和应用则标志着合成生物学在基因编辑和分子构建领域的开端。合成生物学致力于通过学习、设计、构建和测试来实现对生物系统的精准调控，并实现各种生物学功能和目标（见图1）。目前，合成生物学已广泛应用于基因疗法、遗传工程疫苗、细胞治疗以及生物医学传感器和诊断工具等多个领域，被认为是21世纪最具前景的研究领域之一。合成生物学在生物分子特异性表达、生物系统精准调控、生物元件和基因线路设计等领域的飞速发展，正符合肿瘤治疗向着免疫治疗、精准靶向治疗和基于大数据分析的个性化治疗的发展方向，相信合成生物学在肿瘤治疗中的应用将不断突破。

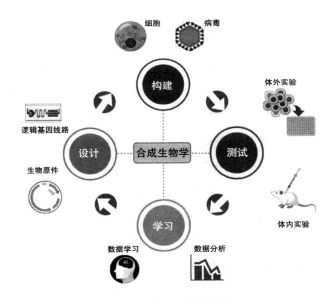

图1　合成生物学应用路径

一　合成生物学改造细菌用于肿瘤的治疗

利用细菌治疗肿瘤的尝试最早可以追溯到19世纪，人们尝试使用链球菌（Streptococcal）治疗无法手术切除的肉瘤患者。[1] 20世纪70年代，又用卡介苗（Bacille Calmette-Guérin，BCG）治疗膀胱灌注非肌层浸润型膀胱癌（Nonmuscle Invasive Bladder Cancer，NMIBC）复发患者，疗效显著。[2] 作为减毒的牛型结核分枝杆菌悬液制成的活菌制剂，卡介苗成为首个获得美国食品药品监督管理局（FDA）批准的活细菌治疗药物，这是具有划时代意义的研究成果。此后，细菌用于肿瘤治疗的探索越来越多。合成生物学的发展正加速推动着细菌在肿瘤治疗中的应用，研究者通过对细菌进行各种基因工程化改造，将细菌作为模块化的工程平台，设计各种巧妙复杂的基因线路，实现不同的功能与目标。含有基因线路的细菌可以用于控制治疗的时程、定位和剂量，并且识别特定的生物标志物，一系列灵活的、可控的、特异性的治疗方法不断涌现，为肿瘤治疗提供了更多、更安全、更有效的策略。

常见的用于肿瘤治疗的细菌有沙门氏菌、大肠杆菌、双歧杆菌、链球菌等。大量的基础研究表明，这些细菌厌氧或兼性厌氧，可以靶向肿瘤的低氧微环境，并在肿瘤中定植；它们具有诱导肿瘤溶解和触发炎症反应的能力；它们还有主动运动能力，能侵袭入肿瘤内部。[3] 基于这些可利用和可改造的特性，细菌是非常有潜力的肿瘤治疗"候选人"（进入临床阶段的肿瘤细菌疗法见表1）。细菌用于肿瘤治疗的机制主要概括为两方面，一是在肿瘤部位聚集直接杀死肿瘤细胞，二是激活宿主免疫间接杀死肿瘤细胞。在直接作用机制上，研究证明细菌能诱导肿瘤细胞凋亡溶解。在间接作用机制上，细菌可以激活宿主自身的抗肿瘤免疫反应。虽然改造后的细菌可以通过多种机制来杀死肿瘤细胞并抑制肿瘤生长，但在临床治疗中仍有不足，安全性和有效性仍需提高，基于合成生物学的细菌的改造主要分三个方向。

---

[1] Alon-Maimon, Tamar, Ofer Mandelboim, and Gilad Bachrach, "Fusobacterium Nucleatum and Cancer", *Periodontology 2000* 89 (1), 2022: 166-180.

[2] Annels, Nicola E., Guy R. Simpson, and Hardev Pandha, "Modifying the Non-muscle Invasive Bladder Cancer Immune Microenvironment for Optimal Therapeutic Response", *Frontiers in Oncology* 10, 2020: 175.

[3] Iida, Noriho, et al., "Commensal Bacteria Control Cancer Response to Therapy by Modulating the Tumor Microenvironment", *Science* 342 (6161), 2013: 967-970.

表 1　处于临床阶段的用于肿瘤治疗的细菌疗法（含细菌类肿瘤疫苗）

细菌	产品名称	受试类型	临床阶段
梭状芽孢杆菌 C. novyi-NT	BVD-550	恶性实体瘤	临床 I 期
李斯特菌 L. monocytogenes	Lm-LLO-E7	晚期浸润性宫颈癌	临床 I 期
	CRS-207	多种恶性实体瘤	临床 I 期
		恶性胸膜间皮瘤	临床 I 期
		转移性胰腺癌	临床 II 期
		转移性胰腺癌	临床 II 期
		转移性胰腺癌	临床 II 期
	ADXS11-001	多类型宫颈癌	临床 I / II 期
		宫颈癌	临床 II I 期
		肛门癌和直肠癌	临床 II 期
		多类型宫颈癌	临床 II 期
	ADXS31-164	HER2 实体瘤	临床 I / II 期
	ADXS31-142	前列腺癌	临床 I / II 期
	ADXS-503	非小细胞肺癌	临床 I / II 期
	ADXS-503	复发性前列腺癌	临床 I 期
沙门氏菌 S. Typhimurium	VNP20009	恶性实体瘤	临床 I 期
		黑色素瘤	临床 I 期
	SGN1	实体瘤	临床 I / II a 期
	Saltikva	转移性胰腺癌	临床 II 期
	VXM01	转移性结直肠癌	临床 I 期
		脑胶质瘤	临床 I / II 期
大肠杆菌 E. coli Nissle Strain, EcN	SYNB1891	淋巴瘤和转移性实体瘤	临床 I 期
牛型结核分歧杆菌 M. tuberculosis	BCG	膀胱癌	获批上市
戈氏梭菌 Clostridium ghonii	戈氏梭菌芽孢冻干粉	晚期软组织肉瘤	临床 II 期

　　一是通过改造细菌的相关基因来减弱细菌毒性，在毒性和疗效中寻求平衡。细菌的减毒改造通常与细菌的靶向性相辅相成，通过敲除细菌中与营养代谢相关的基因，可促使细菌趋向肿瘤，需利用肿瘤特异性营养生长，增加

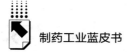
细菌的肿瘤定植能力，降低细菌逃逸并且破坏正常组织的风险。例如，鼠伤寒沙门氏菌（Salmonella Typhimurium）VNP20009，通过敲除 msbB 基因使细菌丧失了将脂质酰化为内毒素的能力，细菌毒性降低，其另一个 purl 基因的突变又使细菌不能合成腺嘌呤，只能依赖于外源性腺嘌呤增殖，降低了细菌逃逸的风险，提升了治疗安全性。[1] VNP20009 作为首个推向肿瘤临床的沙门氏菌，在 I 期临床试验中虽然表现出良好的肿瘤定植能力，但毒性的减弱对疗效也表现出负面的影响，未见肿瘤病灶减小，且在高剂量注射后患者出现了严重的剂量限制毒性，VNP20009 因此止步于临床 I 期。[2] 用梭状芽孢杆菌（Clostridium）抗肿瘤可追溯到 1813 年，外科医生 Vautier 观察到肿瘤患者感染梭状芽孢杆菌后出现了肿瘤消退现象，但由于梭状芽孢杆菌的天然毒性过强，其在肿瘤治疗中的应用非常受限。[3] 减毒株 C. novyi-NT 通过敲除致死性毒素基因，毒性大幅下降，动物实验证明，C. novyi-NT 的孢子仅在小鼠实体瘤的血管匮乏区域，即厌氧区出芽萌发，并可溶解周围的肿瘤细胞。更值得关注的是，C. novyi-NT 在 2019 年完成了 I 期临床试验，24 例过往接受过化疗或放疗等常规疗法且无疗效的晚期实体瘤患者单次瘤内注射 C. novyi-NT 后，有 10 名患者（42%）的瘤内检测到细菌孢子出芽萌发，且肿瘤病灶减小。[4] 目前，基于 C. novyi-NT 的临床研究仍在进行中。

二是将改造细菌作为载体，深入肿瘤内部递送或表达抗肿瘤分子。为了提升临床使用安全性，往往需要牺牲细菌杀死肿瘤细胞的毒性，在肿瘤治疗中表现为疗效不足。为了提高疗效，研究者通过插入不同基因模块将细菌改造成可表达或递送各种抗肿瘤分子的载体。一方面利用细菌的靶向性，富集

① Zheng, Jin Hai, et al. , "Two-step Enhanced Cancer Immunotherapy with Engineered Salmonella Typhimurium Secreting Heterologous Flagellin", *Science Translational Medicine* 9（376），2017.

② Toso, John F. , et al. , "Phase I Study of the Intravenous Administration of Attenuated Salmonella Typhimurium to Patients with Metastatic Melanoma", *Journal of Clinical Oncology* 20（1），2002: 142-152.

③ Kucerova, Petra, and Monika Cervinkova, "Spontaneous Regression of Tumour and the Role of Microbial Infection-possibilities for Cancer Treatment", *Anti-cancer Drugs* 27（4），2016: 269-277.

④ Janku, Filip, et al. , "Intratumoral Injection of Clostridium Novyi-NT Spores in Patients with Treatment-refractory Advanced Solid Tumors", *Clinical Cancer Research* 27（1），2021: 96-106.

到肿瘤部位并渗透到肿瘤内部，另一方面利用细菌在肿瘤组织中的定植能力，持续表达抗肿瘤分子。常见的细菌递送或表达的抗肿瘤分子有细胞因子、细胞毒性药物、前药物转化酶、调节因子、小干扰 RNAs（siRNAs）等。例如，通过改造大肠杆菌表达各种抗肿瘤分子。大肠杆菌（Escherichia coli）作为肠道益生菌具有非常强的可塑性。[1] 多项研究认为，改造后的大肠杆菌可在肿瘤内特异性表达天青蛋白，进而通过引发局部炎症反应有效抑制小鼠肿瘤的生长和转移。[2] 有研究改造大肠杆菌表达血管生成抑制剂 Tum-5，抑制小鼠肿瘤生长和血管生成，在表达 Tum-5 的基础上再加入表达抗癌蛋白 p53 的基因模块，小鼠肿瘤生长被显著抑制且无明显副作用。[3] 目前，大肠杆菌在肿瘤治疗中进展最快的是 SYNB1891，SYNB1891 通过合成生物学改造，在肿瘤内特异性表达 STING 激动剂环二磷酸腺苷，激活抗原呈递细胞，从而激活机体自身的抗肿瘤免疫反应。SYNB1891 的 I 期临床试验显示，对晚期转移性实体瘤和淋巴瘤患者安全性良好，且患者检测出 STING 通路激活，以及相关趋化因子、细胞因子和 T 细胞应答的上调，有 2 名患者接受治疗后，肿瘤得到持续控制。此外，改造沙门氏菌作为载体也是合成生物学的研究热点之一。例如，在沙门氏菌 ST4 上构建维持基因稳定表达的原核真核双表达质粒系统，可开发出能特异性靶向肿瘤的蛋白或核酸递送系统。[4] 有研究利用沙门氏菌向肿瘤组织递送白喉毒素 A 链治疗荷瘤小鼠，其中 26% 的小鼠完全缓解且肿瘤消失。该双表达质粒系统还被验证可以向肿瘤组织特异性地递送细胞周期相关蛋白 PLK1 的 siRNA，从而降低了肿瘤组织中 PLK1 表达。[5] 此外，

① Meng, Fankang, and Tom Ellis, "The Second Decade of Synthetic Biology: 2010-2020", *Nature Communications* 11 (1), 2020: 5174.

② Suardana, I. Wayan, Komang Januartha Putra Pinatih, and Dyah Ayu Widiasih, "Apoptosis and Necrosis on T47D Cells Induced by Shiga-Like Toxin from Local Isolates of Escherichia coli O157: H7", *Preprints*, 2019.

③ He, Lian, et al., "Intestinal Probiotics E. Coli Nissle 1917 as a Targeted Vehicle for Delivery of p53 and Tum-5 to Solid Tumors for Cancer Therapy", *Journal of Biological Engineering* 13, 2019: 1-13.

④ Shi, Lei, et al., "Angiogenic Inhibitors Delivered by the Type III Secretion System of Tumor-targeting Salmonella Typhimurium Safely Shrink Tumors in Mice", *AMB Express* 6, 2016: 1-10.

⑤ Liu, Zhixian, Qingrong Sun, and Xiaosheng Wang, "PLK1, a Potential Target for Cancer Therapy", *Translational Oncology* 10 (1), 2017: 22-32.

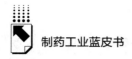
通过改造沙门氏菌 ST8 的一个必需基因 htrA，将 htrA 转移到搭载质粒 pcDNA-infA 上，可以保证细菌在肿瘤内增殖过程中搭载的质粒不丢失。[1] 进一步改造 ST8／pcDNA-infA，利用该质粒递送抑制血管生成的内皮抑素，可以非常有效地抑制肿瘤血管生成。此外，通过改造使沙门杆菌表达细胞因子，调节肿瘤微环境来抑制肿瘤生长，在早期研究中也有发现。[2]

三是提升细菌治疗的可控性，深度优化基因线路。虽然可以通过改造细菌的特定基因来降低细菌的毒性，增强细菌的靶向性和疗效，但由于细菌在患者体内的遗传不稳定性，可能会产生无效的或有害的表型，并且潜在的抗生素耐药性或逆转细菌减毒表型的突变可能对患者健康产生威胁。因此，提升细菌治疗的可控性成为一个重要的研究方向。合成生物学在传统细菌改造的基础上，设计出多种重要的基因线路，如自杀开关（Kill Switch）、群体感应（Quorum Sensing）、遗传振荡器（Genetic Oscillators）、逻辑门控系统（Logic Gates System）等。这些基因线路的应用与组合赋予了细菌在肿瘤治疗中更多的可控性和可能性。自杀开关是在限定条件下诱导细菌表达致死基因的基因线路，将自杀开关引入细菌中，若细菌发生逃逸则启动致死基因表达，致逃逸细菌死亡，提高了治疗的安全性。有研究利用氧气敏感启动子元件设计了一套自杀开关，首先利用厌氧启动子 PpepT 驱动必需基因 asd 转录表达，再用需氧启动子 PsodA 反向驱动 asd 的转录表达，从而实现 PsodA 对 PpepT 启动子表达的抑制作用，当细菌逃逸扩散到正常组织，高氧气的环境会诱导 PsodA 抑制必需基因 asd 的表达，从而使细菌因不能合成细胞壁死亡。这种安全模块的应用相较于营养缺陷型细菌，能更有效地防止细菌逃逸。[3] 另外，改造后的细菌有可能表达过高剂量的细胞因子，造成正常组织

① Stephens, Jonathan C., Michael J. Darsley, and Arthur K. Turner., "Stabilization of a Plasmid Coding for a Heterologous Antigen in Salmonella Enterica Serotype Typhi Vaccine Strain CVD908-htrA by Using Site-specific Recombination", *Infection and Immunity* 74 (7), 2006: 4383-4386.

② Zheng, Jin Hai, and Jung-Joon Min., "Targeted Cancer Therapy Using Engineered Salmonella Typhimurium", *Chonnam Medical Journal* 52 (3), 2016: 173-184.

③ Chan, Clement TY., et al., "'Deadman' and 'Passcode' Microbial Kill Switches for Bacterial Containment", *Nature Chemical Biology* 12 (2), 2016: 82-86.

损伤。合成生物学设计的群体感应和遗传振荡器基因线路可进一步增强细菌治疗的可控性，实现抗肿瘤分子表达的精准控制。例如，利用 LuxI 酶催化酰基高丝氨酸内酯分子（Acyl Homoserine Lactone，AHL）的合成和 AHL 的受体蛋白 LuxR，实现细菌群体感应基因线路，当细菌种群密度低时，LuxR 表达水平较低，与 AHL 的结合少，合成的 AHL 迅速扩散到细胞外，当细菌密度增加时，由于细胞内与外的 AHL 浓度均增高，达到一定阈值时 AHL 分子与 LuxR 结合，LuxR 激活 PluxI 启动子，从而启动靶基因的表达。[1] 逻辑门控系统的构建可以整合两个或两个以上输入信号并产生功能性的特异信号输出。含逻辑门控系统的改造后细菌可以通过使用连接特异性响应肿瘤相关信号的启动子，实现治疗基因的特异性输出表达。首次实现逻辑门控系统的是将大肠杆菌改造成具有肿瘤侵入能力的工程菌，[2] 大肠杆菌基于群体感应系统能够感受到肿瘤内的低氧浓度，也能感知自身群体密度，在两种输入条件都满足要求时，细菌启动表达来自假结核耶尔森菌的侵染素编码基因 inv，使细菌能够侵入 HeLa、HepG2 和 U20S 等系的肿瘤细胞。[3]

虽然已有多种细菌疗法在动物模型中被证明具有抗肿瘤疗效，但是仍处于临床前或临床研究阶段，并没有完成临床试验获得预期结果。从细菌疗法的早期研发到临床前，再到临床研究的成功仍然是一段充满挑战和考验的长路，肿瘤的细菌治疗任重而道远。

二　合成生物学改造细胞用于肿瘤的治疗

利用合成生物学手段，可以构建含有一个或多个控制元件的功能细胞，

① Yu, Zhiliang, et al. , "The LuxI/LuxR-type Quorum Sensing System Regulates Degradation of Polycyclic Aromatic Hydrocarbons Via Two Mechanisms", *International Journal of Molecular Sciences* 21 (15), 2020: 5548.

② Siddall, Alex, et al. , "Unigems: Plasmids and Parts to Facilitate Teaching on Assembly, Gene Expression Control and Logic in E. Coli: This Article is Part of the Pedagogy Collection", *Access Microbiology* 5 (9), 2023.

③ Anderson, J. Christopher, et al. , "Environmentally Controlled Invasion of Cancer Cells by Engineered Bacteria", *Journal of Molecular Biology* 355 (4), 2006: 619-627.

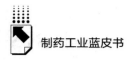

精确调控细胞的行为，获得特定的生物学功能，用于疾病的诊断和治疗。在肿瘤治疗领域，CAR-T疗法的成功是合成生物学与细胞治疗结合的完美范例。截至2023年底，已经有14款免疫细胞用于肿瘤治疗获得批准（见表2），这些产品大多数以T细胞为基础，引入能够识别肿瘤抗原的T Cell Receptor（TCR）或Chimeric Antigen Receptor（CAR）基因序列，构建TCR-T或CAR-T细胞，大量扩增后回输至患者体内，发挥抗肿瘤效果并达到治疗目的。TCR通常来源于经筛选能够特异性识别肿瘤抗原的天然TCR，或经基因修饰后对靶抗原亲和力增强的天然TCR，而CAR是一种合成嵌合受体，由抗体的单链可变片段（single chain fragment variables，scFv）和T细胞信号结构域组成。

表2　已上市的用于肿瘤治疗的免疫细胞疗法（包含细胞类肿瘤疫苗）

细胞类型	药品名称	靶点	获批适应证	获批地区及时间
CAR-T	Kymriah 瑞基奥仑塞注射液	CD19	B细胞急性淋巴细胞白血病；B细胞非霍奇金淋巴瘤	美国（2017）欧盟（2018）中国（2021）
	Yescarta	CD19	B细胞非霍奇金淋巴瘤；弥漫性大B细胞淋巴瘤	美国（2017）欧盟（2018）
	Tecartus	CD19	成人复发性或难治性套细胞淋巴瘤；复发或难治性前体B淋巴细胞白血病	美国（2020）欧盟（2022）
	Breyanzi	CD19	B细胞霍奇金淋巴瘤	美国（2021）
	Abecma	BCMA	复发性或难治性多发性骨髓瘤	美国（2021）欧盟（2024）
	阿基仑赛注射液	CD19	复发性或难治性大B细胞淋巴瘤；复发或难治性滤泡性淋巴瘤	中国（2021）
	Carvykti 西达基奥仑赛注射液	BCMA	复发性或难治性多发性骨髓瘤	美国（2022）欧盟（2022）
	伊基奥仑赛注射液	BCMA	复发或难治性多发性骨髓瘤成人患者	中国（2023）
	纳基奥仑赛注射液	CD19	成人复发或难治性B细胞型急性淋巴细胞白血病	中国（2023）
	泽沃基奥仑赛注射液	BCMA	治疗复发或难治性多发性骨髓瘤	中国（2024）

细胞类型	药品名称	靶点	获批适应证	获批国家及时间
TIL	AMTAGVI	—	用于 PD-1/PD-L1 治疗后进展的晚期黑色素瘤	美国（2024）
DC	CreaVax-RCC	—	转移性肾细胞癌	韩国（2007）
	Provenge	—	激素难治性前列腺癌	美国（2010）
	Apceden	—	前列腺癌、卵巢癌、结直肠癌、非小细胞肺癌	印度（2017）

在现有的研究中，合成生物学主要从以下几个方向优化改造 T 细胞。一是优化 T 细胞的亲和力。TCR-T 细胞的亲和力可以通过修饰 TCR 与同源 peptide-major histocompatibility complex（pMHC）结合的互补决定区（Complementarity Determining Region，CDR）来调节。高亲和力的 TCR 可通过噬菌体、酵母菌、真核细胞等文库筛选或者氨基酸定点突变获得。CAR-T 细胞的胞外抗原结合域由 scFv 组成，使 T 细胞获得 scFv 识别靶抗原的能力，亲和力较高。但高亲和力的 TCR 和 CAR 会导致其对自身抗原的交叉反应增强，对患者产生毒性。因此，改造 T 细胞的亲和力并非越高越好，针对 CAR-T 亲和力优化的主要策略是在保持杀伤力的同时降低非肿瘤靶向性。

二是改造 T 细胞的安全性。除了亲和力优化降低 T 细胞疗法的副作用，合成生物学还提供了其他改造 T 细胞以提升安全性的方案。例如，用于区分肿瘤细胞和正常细胞表面不同抗原密度的 synNotch 系统。[1] synNotch 系统包含一个识别特定初级抗原的受体，比如异质但肿瘤特异性的胶质母细胞瘤新抗原表皮生长因子受体剪切变体Ⅲ（EGFRvⅢ）或中枢神经系统（Central Nervous System，CNS）组织特异性抗原髓鞘细胞胶质细胞糖蛋白（Myelin Oligodendrocyte Glycoprotein，MOG），通过该受体识别特定的肿瘤抗原，到达肿瘤病灶后，激活一个表达较高但非肿瘤特异的次级 CAR 基因表

---

[1] Choe, Joseph H., et al., "SynNotch-CAR T Cells Overcome Challenges of Specificity, Heterogeneity, and Persistence in Treating Glioblastoma", *Science Translational Medicine* 13（591），2021.

达。基于这个"与"逻辑门，CAR-T 细胞只能在两种肿瘤抗原都存在的情况下被触发，从而提高 CAR-T 细胞的特异性。有研究利用 synNotch 系统两步识别机制，首先用部分肿瘤细胞高度特异性表达的 EGFRvⅢ使 T 细胞靶向肿瘤位置，当 T 细胞识别到 EGFRvⅢ抗原时，即启动 HER-2 CAR 的表达，激活 CAR-T 细胞，特异性识别并杀死高表达 HER-2 的肿瘤细胞。此外，也可在 TCR-T 或 CAR-T 中转入控制基因以控制其活化或凋亡，从而提高治疗的安全性。这些控制基因有单纯疱疹病毒胸苷激酶（HSV-TK）自杀基因[①]、诱导型半胱氨酸蛋白酶 9（iCasp9）[②]、细胞消除标签（CET）[③] 等。前期研究表明，通过基因工程将 HSV-TK 转入 T 细胞，在治疗期结束时给予前药更昔洛韦，HSV-TK 能将更昔洛韦转化为有毒性的代谢产物，特异性地促使 T 细胞凋亡，从而限制 T 细胞疗法移植物抗宿主病（GvHD）风险。[④]

三是改造 T 细胞靶向肿瘤微环境。肿瘤微环境（Tumor Micro Environment，TME）即肿瘤细胞的生存环境，其中不仅包括了肿瘤细胞本身，还包括其周围的各种细胞和生物分子。T 细胞用于实体瘤治疗时，在 TME 中需要克服多重挑战，首先是肿瘤间质主要由肿瘤相关细胞组成，这道物理屏障可以有效阻止 T 细胞浸润。其次是 TME 中缺乏 T 细胞特异性归巢因子，导致 T 细胞无法定向迁移，从而无法识别靶细胞。再次是 TME 中缺乏共刺激配体和促免疫细胞因子，这是 T 细胞完全激活并维持功能所必需的，最后是在 TME 中免疫检查点上调并与 T 细胞表面共抑制受体结合，进而抑制 T 细胞的激活。[⑤] 基于微环境在肿瘤治疗中的重要性，调节肿瘤微

① Vassaux, G., and P. Martin-Duque., "Use of Suicide Genes for Cancer Gene Therapy：Study of the Different Approaches", *Expert Opinion on Biological Therapy* 4（4），2004：519-530.

② Jackson, Hollie J., Sarwish Rafiq, and Renier J. Brentjens, "Driving CAR T-cells Forward", *Nature Reviews Clinical Oncology* 13（6），2016：370-383.

③ Di Stasi, Antonio, et al., "Inducible Apoptosis as a Safety Switch for Adoptive Cell Therapy", *New England Journal of Medicine* 365（18），2011：1673-1683.

④ Ciceri, Fabio, et al., "Antitumor Effects of HSV-TK-engineered Donor Lymphocytes After Allogeneic Stem-cell Transplantation", *Blood*, *The Journal of the American Society of Hematology* 109（11），2007：4698-4707.

⑤ Naik, Angha, and Andrew Leask., "Tumor-associated Fibrosis Impairs the Response to Immunotherapy", *Matrix Biology* 119，2023：125-140.

环境也成为 T 细胞改造的热点领域。

一是改造 T 细胞的归巢和肿瘤浸润。例如，黑色素瘤的 TME 中通常高表达 CXCL8/IL-8，通过在 T 细胞表面过表达匹配 CXCL8/IL-8 的趋化因子受体 CXCR2 可以促进 T 细胞浸润。在人黑色素瘤异种移植小鼠模型中，过表达 CXCR2 的 MAGE-A3 TCR-T 细胞表现出更强的肿瘤浸润能力。[1] 此外，在恶性胸膜间皮瘤、霍奇金淋巴瘤和神经母细胞瘤的小鼠模型中，CAR-T 细胞中 CCR2 和 CCR4 的共表达也可促进 CAR-T 细胞对肿瘤部位的归巢。[2] 另外，过表达细胞外基质（Extracellular Matrix，ECM）降解酶也可增强 T 细胞向肿瘤组织的渗透。引入 ECM 降解酶基因的 GD2 CAR-T 细胞，在人神经母细胞瘤移植小鼠中的浸润能力增强。[3]

二是改造 T 细胞表达共刺激分子。CAR 结构中的共刺激结构域为 CAR-T 细胞提供共刺激信号，可以增强 T 细胞的活化、增殖和效应功能，是 CAR-T 细胞的重要组成结构。通过引入结合共刺激受体 CD28 的跨膜区和胞内域以及相连的 CD3 胞内域，具有 CD28 和 CD3 的共刺激信号的 TCR-T 细胞在黑色素瘤小鼠模型中扩增能力和持续性都有所增强。[4] 另一种设计思路是 TCR 与共刺激 CAR（coCAR）结合，但 coCAR 没有 CD3 胞内结构域，对靶细胞无杀伤作用。只有当 TCR 靶向的 pMHC 和 coCAR 靶向的细胞表面抗原同时匹配时，T 细胞才能完全活化，CD19-coCAR 增强了 TCR-T 细胞

① Idorn, Manja, et al., "Chemokine Receptor Engineering of T Cells with CXCR2 Improves Homing Towards Subcutaneous Human Melanomas in Xenograft Mouse Model", *Oncoimmunology* 7 (8), 2018.

② Moon, Edmund K., et al., "Expression of a Functional CCR2 Receptor Enhances Tumor Localization and Tumor Eradication by Retargeted Human T Cells Expressing a Mesothelin-specific Chimeric Antibody Receptor", *Clinical Cancer Research* 17 (14), 2011: 4719-4730.

③ Wang, Jian, and Shumei Chi., "［Retracted］Characterization of the Immune Cell Infiltration Landscape and a New Prognostic Score in Glioblastoma", *Journal of Healthcare Engineering* 2022 (1), 2022.

④ Rohrs, Jennifer A., et al., "ERK Activation in CAR T Cells is Amplified by CD28-mediated Increase in CD3ζ Phosphorylation", *Iscience* 23 (4), 2020.

的靶向性、扩增能力和持久性。[①]

三是改造 T 细胞表达细胞因子信号。增强 TCR-T 细胞产生细胞因子的能力也是调节 TME 的一种重要策略，有利于增强肿瘤治疗中 T 细胞的持久性。研究证明过表达 IL-12 能促进 TCR-T 细胞的持久性，但伴随有毒性增加。[②] 与过表达 IL-12 的 TCR-T 细胞相比，另一项在 TCR-T 细胞过表达 IL-18 的研究显示出更好的持久性和肿瘤控制。[③] 在实体瘤的 TME 中存在许多免疫抑制性细胞因子，抑制性检查点配体以及免疫抑制性细胞。共表达显性负受体（Dominant Negative Receptor，DNR）是既能抑制免疫抑制性细胞信号传导，又能增强 TME 中 T 细胞功能的策略。DNR 来源于缺乏胞内信号结构域的截短免疫抑制受体，能在 T 细胞上捕获抑制分子而不启动负调节信号。将截短的 TGF-β 受体 2（TGFBR2）整合到 TCR-T 细胞中，可以赋予 TCR-T 对 TGF-β 介导的免疫抑制的抗性，在小鼠肿瘤模型中观察到了更强的 TCR-T 细胞增殖和细胞因子产生。[④] 另一种策略是引入嵌合开关受体（Chimeric Switch Receptor，CSR），CSR 都是利用抑制性受体的胞外结构域，并与共刺激性受体的胞内结构域连接，可将 T 细胞抑制信号转化为激活信号。[⑤]

四是提高 T 细胞治疗的可控性。与肿瘤的细菌治疗类似，T 细胞治疗也

① Omer, Bilal, et al., "A Costimulatory CAR Improves TCR-based Cancer Immunotherapy", *Cancer Immunology Research* 10 (4), 2022: 512-524.

② Zhang, Ling, et al., "Enhanced Efficacy and Limited Systemic Cytokine Exposure with Membrane-anchored Interleukin-12 T-cell Therapy in Murine Tumor Models", *Journal for Immunotherapy of Cancer* 8 (1), 2020.

③ Kunert, Andre, et al., "Intra-tumoral Production of IL18, but not IL12, by TCR-engineered T Cells is Non-toxic and Counteracts Immune Evasion of Solid Tumors", *Oncoimmunology* 7 (1), 2018.

④ Boyerinas, Benjamin, et al., "A Novel TGF-β2/Interleukin Receptor Signal Conversion Platform That Protects CAR/TCR T Cells from TGF-β2-mediated Immune Suppression and Induces T Cell Supportive Signaling Networks", *Blood* 130, 2017: 1911.

⑤ Liu, Hui, et al., "CD19-specific CAR T Cells that Express a PD-1/CD28 Chimeric Switch-receptor are Effective in Patients with PD-L1-positive B-cell Lymphoma", *Clinical Cancer Research* 27 (2), 2021: 473-484.

存在许多不可控性。目前，许多 T 细胞改造仍使用病毒载体来递送目的基因，逆转录病毒或慢病毒转导的缺点是目的基因插入的位置和拷贝数是随机的，导致 T 细胞中目的基因表达水平不可控。因此，用非病毒载体的技术手段，利用合成生物学和基因编辑技术对 T 细胞进行精准编辑，引入各种基因线路，可以实现对 T 细胞治疗的可控调节。常用的基因编辑技术包括核酸酶介导的内源性基因敲除、基于 CRISPR/Cas9 的多重基因编辑技术等。在此基础上，设计各种基因线路，利用小分子化合物、生物大分子、光、热、磁等作为开关，调控肿瘤治疗中 T 细胞的激活。[1] 有研究将对紫外光敏感的小分子与肿瘤靶向抗体偶联，作为改造后 CAR-T 细胞的开关，利用紫外线激活小分子信号，进而激活 CAR-T 细胞介导的肿瘤细胞杀伤，这种基因线路可以实现对 CAR-T 细胞治疗的时间和空间的控制。[2]

除了应用于 T 细胞疗法外，合成生物学也被用于其他细胞疗法的研发。2023 年美国癌症研究协会年会（AACR）上展示了多款创新性候选产品。Catamaran Bio 基于其 TAILWIND™ 平台，研发了一种 CAR 结构优化的非病毒开关 CAR-NK，包括靶向 CD70 的 CAT-248 和靶向 HER2 的 CAT-179。除了具有独特的 CAR 结构外，该技术平台还增加了 IL-15 功能，并通过独特的 TME 开关整合了 TGF-β 抑制性信号。其中，CAT-248 展示了更优的扩增能力，较对照组 NK 而言，肿瘤负荷显著减少。[3] 另一款 CAT-179 能够有效地靶向并浸润肿瘤组织，与对照组 NK 相比，CAT-179 在动物模型中显示出持久肿瘤消退和显著的生存获益。[4] Senti Biosciences 具有专有的基因线路

[1] Irving, Melita, et al., "Choosing the Right Tool for Genetic Engineering: Clinical Lessons from Chimeric Antigen Receptor-T Cells", *Human Gene Therapy* 32 (19-20), 2021: 1044-1058.

[2] Huang, Ziliang, et al., "Engineering Light-controllable CAR T Cells for Cancer Immunotherapy", *Science Advances* 6 (8), 2020.

[3] Suri, Vipin, et al., "1001 CAT-248 (Engineered NK Cells Expressing CD70 CAR, IL15, and TGFβ DNR) Demonstrates in Vivo Expansion, Tumor Infiltration, and Durable Regression of Multiple CD70-expressing Xenograft Tumors", *Immune Cell Types and Biology* 11 (1), 2023.

[4] Hamza, Bashar, et al., "CAT-179, an Allogeneic NK Cell Product Expressing HER2-CAR, IL-15 and TGFβ Dominant Negative Receptor, Durably Regresses HER2-expressing Xenograft Tumors in Mice", *Cancer Research* 83 (2904), 2023: 10-1158.

技术，使细胞能够感知环境、执行逻辑并指导细胞产生治疗性蛋白质，该公司结合校准释放技术（crIL-15）开发了一种 GPC3 CAR-NK 疗法 SENTI-301A，其在没有外源性细胞因子支持的情况下表现出显著增加的存活和扩增能力，在小鼠肿瘤模型中显著增加了小鼠的中位生存期。[1] 除了 SENTI-301A 外，Senti Biosciences 还有逻辑门控同种异体 CAR-NK 疗法 SENTI-401和 SENTI-202，SENTI-401 将癌胚抗原（Carcinoembryonic Antigen，CEA）靶向激活 CAR 与抑制性 CAR 配对，能够靶向和杀死表达 CEA 的肿瘤细胞，同时避开表达 CEA 的健康上皮细胞。[2] Arovella Therapeutics 展示了一种可冷冻保存、无须基因编辑的 CD19 CAR-iNKT 细胞疗法，以抗原特异性方式上调来自慢性淋巴细胞白血病和边缘区淋巴瘤患者的活化标志物，可以靶向肿瘤细胞而没有移植物抗宿主病（graft vs. host disease，GvHD）的风险，在临床前试验中已经展示出了强大的抗肿瘤活性和良好的耐药性。[3]

得益于细胞治疗在血液肿瘤上取得的巨大成功，细胞治疗进入了黄金发展时期，合成生物学又为细胞改造提供了大量基因线路与策略，但这只是冰山一角，且改造基因会在细胞、组织乃至机体中产生不可预测影响，更多细胞治疗策略应用于临床仍有许多挑战需要突破，尤其是在实体瘤治疗领域。

三　合成生物学改造病毒用于肿瘤的治疗

溶瘤病毒（Oncolytic Virus，OV）是应用合成生物学技术改造修饰病毒用于肿瘤治疗的成功案例，已获批的溶瘤病毒如表 3 所示。经过基因改造和

---

[1] Ayala, Marcela Guzman, et al., "SENTI-301A, an Off-the-shelf Multi-armed Preclinical CAR-NK Cell Therapy, for the Treatment of GPC3 Expressing Tumors", *Cancer Research* 83.7_Supplement, 2023: 2905-2905.

[2] Junca, Alba Gonzalez, et al., "221 SENTI-401, an Allogeneic Logic-gated and Multi-armed CAR-NK Cell Therapy for the Treatment of CEA-expressing Solid Tumors with Enhanced Selectivity and Efficacy", *Cell Therapies* 10 (2), 2022.

[3] Ribeiro, Emmanuelle Moraes, et al., "PD-1 Checkpoint Inhibition Enhances the Antilymphoma Activity of CD19-CAR-iNKT Cells that Retain Their Ability to Prevent Alloreactivity", *Journal for Immunotherapy of Cancer* 12 (1), 2024.

修饰的溶瘤病毒能选择性、特异性地感染和破坏肿瘤细胞，而不影响正常细胞的功能。溶瘤病毒可与肿瘤细胞表面的各种受体结合，实现对肿瘤细胞的靶向侵染，一般通过直接裂解肿瘤细胞、破坏肿瘤血管系统、改善肿瘤微环境、诱导或增强机体免疫反应等机制发挥抗肿瘤疗效（见表3）。

表3　已获批的用于肿瘤治疗的溶瘤病毒

病毒类型	药品名称	公司	获批适应证	获批国家及时间
单纯疱疹病毒	Teserpaturev（Delytact G47Δ）	第一三共	恶性脑胶质瘤	日本（2021）
	Tailmogene Laherparepvec（T-VEC）	安进	黑色素瘤	美国（2015）
埃可病毒	Rigvir（ECHO-7）	Sia Latima	黑色素瘤	拉脱维亚（2004）已退市
腺病毒	重组人5型腺病毒	三维生物	鼻咽癌、头颈癌	中国（2006）

虽然溶瘤病毒在肿瘤治疗中极具潜力和应用前景，但临床使用中仍有很多局限，例如，单一病毒治疗效果不足；实体肿瘤中存在的物理障碍如内皮细胞、血管网络、细胞外基质等会限制病毒对肿瘤部位的渗透感染；肿瘤处于免疫抑制的肿瘤微环境中，病毒身处其中难以保持活性且易被清除；病毒会破坏正常细胞并刺激肿瘤细胞向其他部位逃逸等。基于此，合成生物学对病毒的改造修饰主要集中在以下三个方向。

一是降低风险、增加安全性。通过敲除或替代毒性基因来增加溶瘤病毒的安全性。安全性是溶瘤病毒在临床使用的首要条件，研究表明抑制其致病基因及在正常细胞中的复制相关基因表达可以极大地降低其致病性，提高安全性。例如，2015年首个获批的基于 I 型单纯疱疹病毒（HSV）改造的 T-VEC，就是通过敲除具有神经毒性的基因 ICP34.5 和 ICP47，使其病毒性减弱，溶瘤效应增强。[1] 敲除了胸苷激酶（Thymidine kinase，TK）的基于牛

---

[1] Baugh, Richard, Hena Khalique, and Leonard W. Seymour., "Convergent Evolution by Cancer and Viruses in Evading the NKG2D Immune Response", *Cancers* 12（12），2020：3827.

痘病毒改造的溶瘤病毒 GL-ONC1 和 JX-594 能在肿瘤细胞中大量复制，而在正常细胞中不复制，安全性大大提升。[1] GL-ONC1 在治疗卵巢癌的Ⅱ期临床试验中表现优异，目前处于Ⅲ期临床试验阶段。[2] JL15003 是将脊髓灰质炎病毒减毒株（Sabin Ⅰ）的内部核糖体进入位点（internal ribosome entry sites，IRES）替换成人类 2 型鼻病毒（HRV2）的 IRES，使其可以选择性地破坏恶性胶质瘤细胞，同时最大限度地保护正常神经细胞，[3] JL15003 的Ⅰ期临床研究显示安全性良好，目前处于Ⅱ期临床研究阶段。

二是提高对肿瘤的靶向感染性。合成生物学赋予了病毒特异识别更多的可能性，改造后的病毒可以克服天然病毒受体亲和力弱、感染效率低以及非特异性感染等问题，能更有效、更安全地靶向感染肿瘤细胞。例如，插入能结合 HER2 的单链抗体的 HSV 能特异识别高表达 HER2 的肿瘤细胞。[4] 此外，上皮细胞黏附分子（EpCAM）、癌胚抗原（CEA）等也是被设计单链抗体识别的备选蛋白。[5] 还有研究根据溶瘤病毒识别受体的结合功能域设计了双特异性蛋白：其中一端包含能结合肿瘤细胞表面的 Nectin 蛋白的 HSV 相互作用功能域，另一端则构建一个可以结合表皮生长因子受体（EGFR），具有高亲和力的单链抗体片段，双特异性的接头有利于病毒靶向肿瘤细胞。[6] 基于

[1] Toulmonde，Maud，et al.，"Randomized Phase 2 Trial of Intravenous Oncolytic Virus JX-594 Combined with Low-dose Cyclophosphamide in Patients with Advanced Soft-tissue Sarcoma"，*Journal of Hematology & Oncology* 15（1），2022：149.

[2] Mori，Kristina M.，et al.，"Pronounced Clinical Response Following the Oncolytic Vaccinia Virus GL-ONC1 and Chemotherapy in a Heavily Pretreated Ovarian Cancer Patient"，*Anti-cancer Drugs* 30（10），2019：1064-1066.

[3] Liu，Xinran，et al.，"Nucleobase but not Sugar Fidelity is Maintained in the Sabin Ⅰ RNA-dependent RNA Polymerase"，*Viruses* 7（10），2015：5571-5586.

[4] Petrovic，Biljana，et al.，"Insertion of a Ligand to HER2 in gB Retargets HSV Tropism and Obviates the Need for Activation of the Other Entry Glycoproteins"，*PLoS Pathogens* 13（4），2017：e1006352.

[5] Yang，Yuqi，et al.，"CEA-regulated Oncolytic Virus Anticancer Therapy：A Promising Strategy for Rare Solid Tumors"，*Current Cancer Drug Targets* 22（2），2022：126-132.

[6] Amagai，Yosuke，et al.，"Oncolytic Activity of a Recombinant Measles Virus，Blind to Signaling Lymphocyte Activation Molecule，Against Colorectal Cancer Cells"，*Scientific Reports* 6（1），2016.

这一双靶向策略设计的双特异性的 T 细胞适配蛋白，不仅能结合 T 细胞表面的 CD3，还能特异结合肿瘤细胞表面抗原，表现出良好的 T 细胞激活和抗肿瘤疗效。这类改造策略为难以感染或感染率低的肿瘤提供了新的研究方向。

三是增强抗肿瘤疗效。从免疫细胞的识别、浸润、活化、增殖以及杀伤等多点入手改造病毒提高其抗肿瘤效应。在前期研究中，一种方式是改造病毒表达活化配体，促进免疫细胞活化。表达 CD40L 和 OX40L 的腺病毒 VALO-D102 能显著抑制黑色素瘤的生长，促进肿瘤特异性的 CD8+T 细胞浸润。[1] 另一种方式是改造病毒表达免疫刺激性细胞因子，促进免疫细胞活化。细胞因子 GM-CSF、INFS、IL-2、IL-12、IL-15 等被广泛用于病毒的改造，第一个获批的溶瘤病毒 T-VEC 就重组了 GM-CSF 基因，能诱导局部或全身的抗原特异性的 T 细胞应答，减少免疫抑制性细胞的产生，获批用于黑色素瘤治疗。与 T-VEC 类似，ONCOS-102 也是一种表达 GM-CSF 的溶瘤病毒，使用 ONCOS-102 对恶性胸膜间皮瘤患者进行局部治疗后，CD8+T 细胞向肿瘤浸润增加，包括在外周血单核细胞（Peripheral Blood Mononuclear Cells，PBMC）中的特异性 T 细胞。[2] 还有一种方式是改造病毒表达趋化因子，招募免疫细胞，促进浸润。趋化因子在免疫细胞的迁移、募集、定位及肿瘤浸润中发挥重要功能，表达 CXCL9、CXCL10 和 IFN-a 的溶瘤腺病毒 NG-641 已进入临床 I 期，用于治疗转移性上皮细胞癌，20 例患者接受 NG-641 治疗，表现出可控的耐受性，未见与转基因相关的全身毒性。[3]

[1] Ylosmaki, Erkko, et al., "Abstract B123: Local Treatment with PeptiCRAd-1, a Novel Cancer Immunotherapy Approach, Mediates a Systemic Antitumour CD8+ T-cell Response and Infiltration of CD8+ and CD4+ T-cells into Distant Untreated Tumors in a Clinically Relevant Humanized Mouse Melanoma Model", *Cancer Immunology Research* 7. 2_ Supplement, 2019.

[2] Kuryk, Lukasz, et al., "Antitumor-Specific T-cell Responses Induced by Oncolytic Adenovirus ONCOS-102 (AdV5/3-D24-GM-CSF) in Peritoneal Mesothelioma Mouse Model", *Journal of Medical Virology* 90 (10), 2018: 1669-1673.

[3] Lillie, Tom, et al., "Abstract CT214: A Multicenter Phase 1a/b Study of NG-641, a Tumor-selective Transgene-expressing Adenoviral Vector, and Nivolumab in Patients with Metastatic or Advanced Epithelial Tumors (NEBULA)", *Cancer Research* 82. 12_ Supplement, 2022.

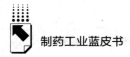
尽管大量研究显示了溶瘤病毒在肿瘤治疗中的巨大潜力，但溶瘤病毒在临床应用中的安全性和有效性仍亟待提高，不同溶瘤病毒各有各的不足与局限性。得益于病毒的多样性和可塑性，以及合成生物学的飞速发展，溶瘤病毒必将为肿瘤治疗提供更多选择。

四　合成生物学用于肿瘤疫苗的改造

合成生物学贯穿于肿瘤疫苗研究的各个环节，是肿瘤疫苗开发的重要工具，可改造细菌、病毒、细胞等作为疫苗，使之更适应肿瘤微环境并在其中富集或增殖，削弱或逆转免疫抑制细胞的功能，增强肿瘤抗原的呈递，诱发多种先天与适应性抗肿瘤免疫反应等。肿瘤疫苗作为一种主动性免疫疗法，其原理是疫苗被抗原呈递细胞识别后，激活免疫系统，进而识别和消灭表达这些抗原的肿瘤细胞。早期的治疗性肿瘤疫苗主要靶向在肿瘤中普遍存在的过度表达的抗原，即肿瘤相关抗原（Tumor-Associated Antigens，TAA）。但TAA存在特异性差、有脱靶风险的严重问题。因此，应用合成生物学推动对肿瘤新抗原的识别与筛选成为新型肿瘤疫苗开发的重要环节。在过去数年研究中，多个新抗原相继被发现，研究证明新抗原疫苗能引发特异性T细胞的产生，杀伤肿瘤细胞。[①] 用于高复发风险的黑色素瘤的术后辅助治疗的个体化肿瘤新抗原疫苗和抗PD-1单抗联用获得了FDA的突破疗法认定。[②] 合成生物学在肿瘤疫苗中的应用主要集中于细菌、细胞或病毒类肿瘤疫苗的研发，应用方向主要包括：提高疫苗安全性，增强抗原免疫原性，优化改造其作为载体递送系统。

对细菌类肿瘤疫苗的改造。卡介苗是最早获批使用的肿瘤疫苗，此后，合成生物学被广泛应用于改造细菌作为肿瘤疫苗的研究，其中，大多数研究

① Hossain, Farzana, et al., "Chemical and Synthetic Biology Approaches for Cancer Vaccine Development", *Molecules* 27 (20), 2022: 6933.

② Gao, Song, et al., "Effective Personalized Neoantigen Vaccine Plus Anti-PD-1 in a PD-1 Blockade-resistant Lung Cancer Patient", *Immunotherapy* 15 (2), 2023: 57-69.

是开发细菌作为疫苗载体。例如，截至 2014 年，多项改造李斯特菌（Listeria monocytogenes）的肿瘤疫苗研究进入了临床阶段。[1] 第一个推向临床试验的是用于治疗晚期宫颈癌的重组减毒活菌疫苗 Lm-LLO-E7，Lm-LLO-E7 是将人乳头瘤病毒 HPV-16 E7 抗原融合到李斯特菌穿孔素蛋白的非溶血片段上，再由李斯特菌分泌表达，以增强肿瘤抗原的免疫原性。[2] 在 I 期临床试验中，对 15 例既往治疗过的转移性、难治性或复发性晚期浸润性宫颈癌患者进行了 Lm-LLO-E7 的安全性评估，有 7 名患者病情稳定，1 名符合部分应答标准，研究表明减毒活疫苗对晚期浸润性宫颈癌有效，但患者接受治疗后均有严重不良反应。ADXS11-001 疫苗是在 Lm-LLO-E7 的基础上进一步敲除了李斯特菌与毒性相关的转录因子 PrfA，以实现对细菌的减毒改造。ADXS11-001 治疗宫颈癌的 II 期临床研究中，有 109 名接受化疗或放疗后复发或难治的宫颈癌患者接受了治疗，结果显示患者对 ADXS11-001 耐受性良好，有约35%的患者平均总生存期达到 12 个月。[3]

对细胞类肿瘤疫苗的改造。DC 疫苗是细胞类肿瘤疫苗的主要一类。除了卡介苗，第二个获批的肿瘤疫苗就是用于治疗晚期已转移前列腺癌的 Provenge（Sipuleucel-T）。Sipuleucel-T 疫苗是由表达前列腺癌抗原前列腺酸性磷酸酶（PAP）的树突状细胞（Dendritic Cell，DC）制成，DC 本身就是抗原递呈细胞的一种，从患者体内提取 DC 进行体外培养后，使用抗原直接刺激，使这些 DC 负载抗原，再将其重新输入患者体内，体内的 T 细胞就可以被有抗原的 DC 直接激活和启动，从而产生抗肿瘤免疫反应。另一项研究用在肿瘤中高表达的黏蛋白 1（MUC1）制作 DC 疫苗，C-型凝集素

[1] Flickinger Jr, John C., et al., "T-cell Responses to Immunodominant Listeria Epitopes Limit Vaccine-directed Responses to the Colorectal Cancer Antigen, Guanylyl Cyclase C", *Frontiers in Immunology* 13, 2022.

[2] Jia, Yanyan, et al., "Construction and Characterization of an Attenuated Recombinant Listeria Monocytogenes Vector Vaccine Delivering HPV16 E7", *Chinese Journal of Biotechnology* 32 (5), 2016: 683-692.

[3] Basu, Partha, et al., "ADXS11-001 Immunotherapy Targeting HPV-E7: Final Results from a Phase 2 Study in Indian Women with Recurrent Cervical Cancer", *Journal of Clinical Oncology* 32 (15), 2014.

MGL 同时作为负载抗原，双抗原刺激能显著增强 T 细胞的免疫反应。[1] 在临床试验中，基于患者自体肿瘤细胞的疫苗往往疗效不足，为了增强疗效，可通过增加肿瘤细胞的免疫原性来实现。例如，在肿瘤细胞中表达能促进 T 细胞存活和记忆 T 细胞形成的白细胞介素-7（IL-7），可以促进肿瘤细胞疫苗诱导的 CD8+T 细胞的抗肿瘤免疫反应。[2]

对病毒类肿瘤疫苗的改造。基于病毒的肿瘤疫苗可以使先天免疫和适应性免疫协同工作，以实现有效且持久的免疫反应。据了解，约 15% 的癌症是由病毒感染引起，其中，疱疹病毒、乙肝病毒、丙型肝炎病毒和人乳头瘤病毒（HPV）是常见的癌症相关病毒，针对这类病毒的疫苗主要是预防性肿瘤疫苗。在肿瘤治疗性病毒疫苗开发中，使用复制缺陷或减毒的病毒作为载体是主要的研究方向，且病毒本身也可以诱导免疫反应并呈递抗原。目前，被广泛研究的病毒载体包括腺病毒、痘苗病毒和疱疹病毒等。痘苗病毒是一种双链 DNA 病毒，可在宿主细胞的细胞质中复制，具有感染细胞范围广、对肿瘤细胞趋向性强、可携带大量外源 DNA 序列等优势。[3] 基于痘苗病毒改造的肿瘤疫苗 MVA-5T4 临床进展最快，可靶向癌胚抗原 TPBG，TPBG 在多种肿瘤中选择性高表达，MVA-5T4 用于转移性结直肠癌的临床研究表明其耐受性良好，没有严重的不良反应。[4] 在研的病毒载体疫苗相对成熟，安全性较高，且无须佐剂就能诱导强烈的 T 细胞免疫反应，在肿瘤治疗方面潜力巨大。

---

① Gabba, Adele, et al., "MUC1 Glycopeptide Vaccine Modified with a GalNAc Glycocluster Targets the Macrophage Galactose C-type Lectin on Dendritic Cells to Elicit an Improved Humoral Response", *Journal of the American Chemical Society* 145 (24), 2023: 13027-13037.

② Zhao, Yue, et al., "IL-7: A Promising Adjuvant Ensuring Effective T Cell Responses and Memory in Combination with Cancer Vaccines?", *Frontiers in Immunology* 13, 2022.

③ Amato, Robert J., and Mika Stepankiw, "Evaluation of MVA-5T4 as a Novel Immunotherapeutic Vaccine in Colorectal, Renal and Prostate Cancer", *Future Oncology* 8 (3), 2012: 231-237.

④ Tuthill, M., et al., "682P Results from ADVANCE: A Phase I/II Open-label Non-randomised Safety and Efficacy Study of the Viral Vectored ChAdOx1-MVA 5T4 (VTP-800) Vaccine in Combination with PD-1 Checkpoint Blockade in Metastatic Prostate Cancer", *Annals of Oncology* 31, 2020: S543.

综上所述，合成生物学为肿瘤疗法的研发提供了一系列工具和技术，设计和工程化各种新型的肿瘤治疗策略。通过将合成生物学原理融入肿瘤治疗中，研究人员可以开发出具有精确控制细胞功能的先进系统，从而创造出效果更佳、副作用更小的肿瘤疗法。

在笔者看来，将合成生物学与细胞免疫疗法相结合是一项非常具有潜力的策略，这种策略的关键在于利用合成生物学技术对免疫细胞进行各种改造优化，使其具有更强更灵敏的肿瘤识别和杀伤能力。免疫细胞可以通过引入合成基因线路来增强其活性，这些基因线路包括但不限于对免疫细胞的激活信号和抗肿瘤功能的调控模块。也可设计出能够识别和结合肿瘤特异性抗原的受体，然后将这些受体引入免疫细胞中，使其具有更强的肿瘤靶向性。合成生物学与细胞免疫疗法相结合为肿瘤治疗带来革命性的变革，不仅为患者提供更多治疗选择，还有望真正实现癌症治愈。

B.17
我国药物新制剂与新技术发展概况

丁 杨　陈艺珊　姚思佳　周建平*

摘　要： 近年来，随着我国医药产业国际地位的不断提升，药物创新制剂与技术的发展受到重点关注。其中药物新制剂的涌现，有助于提高用药的顺应性、高效性和靶向性，能够解决目前存在的临床用药关键需求。此外，连续生产、3D 打印以及人工智能等技术的发展也为制剂创新研发和生产提供了便利。这些创新制剂和技术不断推动药物研发和临床应用的发展。因此，本文综合介绍药物新制剂和新技术的研究概况，以期为我国医药领域的未来发展提供更多剂型设计与创新、药物高效精准制造与生产的新思路与启示。

关键词： 创新制剂　复杂制剂技术　缓控释制剂技术　人工智能

在十四届全国人大二次会议中，"创新药"一词被首次写入政府工作报告①，加快创新药发展，是我国未来医药产业的重要目标。其中制剂的创新是满足临床需求的有效方法之一，有着充足的发展空间。《"十四五"医药工业发展规划》指出，在化学药技术方面应重点开发具有高选择性、长效缓控释等特点的复杂制剂技术，包括微球、脂质体等注射剂，缓控释、多颗粒系统等口服制剂，以及经皮、植入、吸入、口溶膜等给药系统；在生物药

---

* 丁杨，中国药科大学药剂系副主任、教授、博士生导师，主要研究方向为微粒制剂研发与产业化；陈艺珊，中国药科大学硕士研究生；姚思佳，中国药科大学硕士研究生；周建平，中国药科大学药剂系教授、博士生导师，主要研究方向为药物新制剂、新剂型和新技术。

① 《政府工作报告》，中国政府网，2024 年 3 月 12 日，www. gov. cn。

技术方面重点开发新给药方式和新型递送技术等。[①] 目前，我国已经有多种自主研发的创新制剂成功上市，如瑞欣妥®、百拓维®、Anjeso®、多恩达® 等，可见国内创新制剂发展势头强劲，并逐步建立起较为成熟的微球、脂质体、渗透泵，以及连续生产、3D 打印和人工智能等技术平台。为此本文对复杂注射剂、口服创新制剂、经皮给药系统以及黏膜给药系统进行了总结，并简要介绍了连续生产、3D 打印和人工智能技术的应用，旨在为我国创新制剂的未来发展提供更多思路。

一 药物创新制剂的发展现状

（一）复杂注射剂

近年来，注射用微球、脂质体、纳米晶等复杂注射剂有助于克服传统注射剂药效维持时间短、需频繁给药以及患者依从性差等问题，是新制剂研发领域的热点。

微球是由活性药物成分溶解或分散在可生物降解的聚合物基质中构成的微小实心球体，大小在 $1 \sim 250 \mu m$，注射用微球粒径一般在 $20 \mu m$。微球注射剂提高了药物的稳定性，可采用不同的基质材料实现对药物释放度的控制，还能将药物富集于靶组织或靶器官，从而提高疗效，降低毒副作用。[②] 目前常用的微球制备方法有溶剂挥发法、相分离法、喷雾干燥法以及热熔挤出法。近年，微流控和膜乳化技术也在微球制备中得到应用，微流控可在微小芯片中精准控制流体，非常适合复杂微粒的制备，且随着微流控技术向自动

---

① 国家发展和改革委员会等：《关于印发"十四五"医药工业发展规划的通知》，中国政府网，2021 年 12 月 22 日，https：//www.gov.cn/zhengce/zhengceku/2022 - 01/31/content_5671480.htm。

② Abhijeet Pandey, Debjani Singh, Namdev Dhas, Akhilesh Kumar Tewari, Kamla Pathak, Vivekanand Chatap, Kamal Singh Rathore, Srinivas Mutalik, "Chapter 8 - Complex Injectables：Development, Delivery, and Advancement", in Ranjita Shegokar, ed. , *Delivery of Drugs* (The Netherlands：Elsevier, 2020), pp. 191-213.

化、多元化、规模化及功能化方向不断发展，其将对更多药物缓控释系统产生影响。[①] 膜乳化制备法则是借助一定大小的压力，使分散相通过孔径均匀的微孔膜，在膜表面分散为粒径均一的液滴，再于连续相的不断冲刷下脱离，得到微球。该法制备条件温和且重复性好，但目前尚无相关微球产品上市。微球制剂的工艺复杂、技术壁垒高，关键技术又长期被海外企业独占。但注射用利培酮微球（Ⅱ）（瑞欣妥®）的上市打破了这一局面，瑞欣妥®是我国首个自主研发并在美国上市的第二代抗精神疾病长效注射剂。它通过调整药物释放行为，缩短了初始释药延滞期，注射后即可达到有效血药浓度，解决了第一代注射用利培酮微球"首次注射后需21天内补充口服制剂"的临床用药难点。[②] 之后又有全球首个注射用戈舍瑞林微球（百拓维®）获批上市，表明我国正逐步建立起高载药量、低突释的微球产业化制造技术平台，未来将有更多自研产品上市。

脂质体是临床最具开发前景的药物递送载体，当前应用较多的是长循环脂质体和阳离子脂质体。2022年NMPA批准的全球首个米托蒽醌脂质体注射液（多恩达®），就采用脂质体技术改善了米托蒽醌的体内药代动力学特性，依靠其表面的聚乙二醇以及60nm粒径实现米托蒽醌的长循环给药，能有效富集于肿瘤，同时避免了传统脂质体易产生的手足综合征等毒副作用。2023年12月，盐酸伊立替康脂质体注射液（Ⅱ）（越优力®）正式获批，为胰腺癌患者带来了治疗新选择。它采用自主专利技术，实现了药物高包封率、低清除率和适中粒径三大关键突破，一方面降低了游离伊立替康的毒性，防止其过早水解，保持抗癌活性；另一方面，通过PEG修饰延长了体内循环时间，且粒径控制在100nm以下，改善了药物的分布与代谢，由此实现减毒增效的治疗目标。阳离子脂质体还可以作为核酸药物递送载体，是

---

① George M. Whitesides, "The Origins and the Future of Microfluidics", *Nature* 442 (7101), 2006: 368-373.

② "Rykindo® Launched! First Innovative Microsphere Formulation Independently Developed in China Brings Increased Clinical Benefits to Schizophrenia Patients through World-leading Microsphere TechnologyLuye Pharma Group", https://www.luye.cn.

最具临床转化前景的非病毒载体,在新冠 mRNA 疫苗的临床应用中非常成功。阳离子脂质体带正电,通过静电压缩高效负载 mRNA 等核酸药物,且与细胞膜有亲和力,能够促进核酸胞内递送。[①] 但是,带永久正电荷的阳离子脂质体具有细胞毒性,由此逐渐发展出可电离的阳离子脂质体。它通常由可电离脂质、磷脂、胆固醇和聚乙二醇化脂质组成,在生理 pH 条件下呈电中性,最大限度地减少毒性;但内吞体酸性环境使其质子化,并与内吞体磷脂相互作用形成锥形离子对,促进膜融合与破坏,实现内吞体逃逸,将核酸释放入细胞质。[②] 目前已上市的相关产品有 siRNA 药物 Patisiran (Onpattro[®])、COVID-19 mRNA 疫苗 (Comirnaty[®]和 Spikevax[®]),在研产品较多,更多高效的可电离阳离子脂质体有望被开发应用。

在制剂开发过程中,常会面临药物溶解性差的问题。纳米晶技术可以凭借简单制备工艺获得纯药物纳米胶态分散体系,是提高难溶性药物溶解度和生物利用度的可行方案。原料药经微粉化处理即可获得纳米晶药物。它无须任何载体,仅需少量稳定剂来减少晶体聚集,且微粉化后药物比表面积增大,改善了难溶性药物的溶解性和溶出速率。[③] 近年来有多种注射用纳米晶混悬剂上市。美洛昔康注射液 (Anjeso[®]) 是首个也是唯一获批的每日一次静脉注射止痛剂,通过纳米晶技术降低美洛昔康原料药粒径,实现难溶性药物的快速溶出,与采取肌肉注射的美洛昔康注射液 Mobic[®]相比,可达到急性止痛疗效。抗精神分裂症药物棕榈酸帕利哌酮,溶解性较差,其纳米晶注射混悬剂表现出长效缓释特性,目前已有 Invega Sustenna[®]、Invega Trinza[®]以及 Invega Hafyera[®]三种产品上市,给药频率分别为一个月一次、三个月一

---

① Da Sun, Zheng Rong Lu, "Structure and Function of Cationic and Ionizable Lipids for Nucleic Acid Delivery", *Pharmaceutical Research* 40 (1), 2023: 27-46.

② Xuexiang Han, Hanwen Zhang, Kamila Butowska, Kelsey L. Swingle, Mohamad-Gabriel Alameh, Drew Weissman, Michael J. Mitchell, "An Ionizable Lipid Toolbox for RNA Delivery", *Nature Communications* 12 (1), 2021: 7233.

③ Mohammed Asadullah Jahangir, Syed Sarim Imam, Abdul Muheem, Ananda Chettupalli, Fahad A. Al-Abbasi, Muhammad Shahid Nadeem, Imran Kazmi, Muhammad Afzal, Sultan Alshehri, "Nanocrystals: Characterization Overview, Applications in Drug Delivery, and Their Toxicity Concerns", *Journal of Pharmaceutical Innovation* 17, 2022: 237-248.

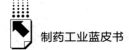

次和六个月一次，其中 Invega Hafyera®一年只需给药两次，显著提高患者用药依从性。同样用于治疗精神分裂症的月桂酰阿立哌唑长效注射剂（Aristada Initio®）也采用了纳米晶技术，与微米晶 Aristada®相比，Aristada Initio®注射剂药物粒径更小，溶出速度加快，弥补了 Aristada®首次注射后不能及时达成有效血药浓度的治疗缺陷。随着纳米晶注射剂的广泛普及和应用，制剂安全性问题也值得关注，对相应技术和设备的要求随之提高。

（二）口服创新制剂

在制剂创新领域，药物缓控释技术是口服制剂研发重点，已有多种方法用于实现药物的定时、定速及定位释放。首先是渗透泵技术，渗透泵控释制剂依据渗透原理释药，释放与吸收速度和程度与食物、胃肠道 pH 值、胃肠道运动等生理因素几乎无关，药物按照预设方式释放。[1] 盐酸哌甲酯缓释片（Concerta®）是典型的渗透泵改良制剂，患者服药后迅速释放一部分药物，血药浓度短时间内达到治疗范围，剩余药物零级释放维持稳定血药浓度，实现双时相控制释药行为。其次，多单元给药系统，如多单元微丸（Multi-Unit Pellet System，MUPS）也可用于缓控释制剂设计，通过调整片剂或胶囊剂中不同释药特性的颗粒改善药物释放行为，可分割且不会影响单元药物的释放特性，表现出更好的药物吸收和更高的生物利用度。[2] 琥珀酸美托洛尔缓释片（Betaloc ZOK®）便是为数不多采用多单元微粒系统的缓控释制剂，各微粒作为独立的恒速释放单元，可沿刻线掰开服用。

针对药物的不同理化性质以及临床用药需求，更多口服制剂新技术得到快速发展并逐步迈向成熟。胃滞留、结肠靶向等定位给药技术也有临床开发品种，2023 年 4 月获批的盐酸二甲双胍缓释片（Ⅳ）（唐柏浮®）是我国首

① Ghanshyam M. Umaretiya, Jayant R. Chavada, Patel Jayvadan, " Fabrication and Characterization of Single layer Osmotic Pump（Scop）by Solubility Modulation Approach for Fluvoxamine Maleate", *Research Journal of Pharmacy and Technology* 13（8），2020：3817-3824.

② Tongkai Chen, Jian Li, Ting Chen, Changquan Calvin Sun, Ying Zheng, "Tablets of Multi-unit Pellet System for Controlled Drug Delivery", *Journal of Controlled Release* 262, 2017：222-231.

个应用胃漂浮技术的二甲双胍定位给药产品，胃部滞留时间可达 10 小时，解决了二甲双胍吸收窗窄的问题，临床价值更大。此外，纳米晶技术也被用于口服创新制剂研发，2023 年 12 月获批的醋酸阿比特龙片（Ⅱ）（艾瑞吉®）利用纳米晶工艺提高药物溶解度和溶出速率，同时添加新型辅料 8-（2-羟基苯甲酰胺基）辛酸钠，增强药物对胃肠道渗透活性和吸收能力。相较于醋酸阿比特龙普通片的 4 片/次给药方案，艾瑞吉® 的口服剂量降至 30%，且片剂尺寸更小、设计刻痕，更适合因肝功能不全等需要半片服用的特殊群体，患者依从性得到显著提高。

（三）经皮给药系统

经皮给药是一种无痛给药方式，适合小孩、老人以及不宜口服给药的患者。在经皮给药系统中，微针贴片是一种很有前景的剂型，其几十到几百微米大小的针头只穿透皮肤浅层而不会到达神经末梢，可有效增强药物皮肤渗透，同时避免给药疼痛。[1] 已上市的药用微针产品不多，且多数为不载药的类型。用于成人 2 型糖尿病患者的一次性小型胰岛素注射装置 V-Go® 就是一款空心微针，将其贴在皮肤上，可在一天内任意时间进行推注，并且支持预先设定胰岛素注射的基础速率，病人需求量大时可在此基础上调整，实现胰岛素的按需注射。此外，微针在疫苗领域也有良好的发展前景：相较于传统疫苗，微针疫苗施用于皮肤，而皮肤中有丰富的抗原提呈细胞，因此仅需微量疫苗抗原即可引起机体的免疫应答；并且微针疫苗具有热稳定性，没有冷链运输的严格要求，可节约成本。[2] 近年来在该领域的研究日益增多，包括麻疹—风疹微针贴片疫苗、流感微针贴片疫苗、新冠微针贴片疫苗和乙肝微针贴片疫苗等，且部分已进入临床研究阶段，有望未来上市。

---

[1] Zihan Zhao, Youdong Chen, Yuling Shi, "Microneedles: A Potential Strategy in Transdermal Delivery and Application in the Management of Psoriasis", *RSC Advances* 10 (24), 2020: 14040-14049.

[2] Ipshita Menon, Priyal Bagwe, Keegan Braz Gomes, Lotika Bajaj, Rikhav Gala, Mohammad N. Uddin, Martin J. D'Souza, Susu M Zughaier, "Microneedles: A New Generation Vaccine Delivery System", *Micromachines (Basel)* 12 (4), 2021: 435.

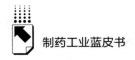
（四）黏膜给药系统

黏膜给药系统是将药物借助适宜的载体材料施用于腔道黏膜表面，发挥局部或全身作用的一类制剂。这类制剂的开发需要考虑如何克服黏液屏障，还要解决黏膜自洁功能对药物的清除问题。在上市产品中，口腔黏膜给药的居多，如丁丙诺啡和纳洛酮舌下薄膜 Suboxone®，该产品基于 PharmFilm® 技术开发而成，使药物和辅料均匀分布于薄膜中，能最大化实现跨细胞转运使药物快速起效。阿昔洛韦黏膜黏附口腔片剂 Sitavig®，利用 Lauriad® 技术将一种来源于牛奶浓缩蛋白的新型天然可生物降解聚合物与羟丙甲纤维素结合，用于药物高量装载，实现生物黏附以及药物较长时间的黏膜定位释放。目前，黏膜递药理论仍在不断完善，相关技术也在发展中，相信未来会有更多产品逐步实现临床转化，以满足不同患者的需求。

二　新型技术的应用情况

（一）连续生产技术

连续生产不同于批量生产，其强调的是生产过程的连续性，输入材料连续进料并在过程中转化，加工后的输出材料连续从系统中获得，其中"系统"被定义为由两个或多个单元操作组成的集成过程。[①] 连续生产具有以下优势：工艺高度集成、自动化程度高，降低人工成本，实现经济安全生产；可以实时监控质量，及时发现问题中间产品，控制产品质量，减少浪费；无须隔离场所和专属组件，设备规模减小，降低投入和运作费用；提高介质利用率，降低使用量和生产成本；规模可灵活调节，适应市场需求变化。这些优势能够更好地加速药物商业化并降低产品批准风险。连续生产制药不仅是

---

① Christopher L. Burcham, Alastair J. Florence, Martin D. Johnson, "Continuous Manufacturing in Pharmaceutical Process Development and Manufacturing", *Annual Review of Chemical and Biomolecular Engineering* 9, 2018: 253-281.

一种制药技术，更是一种制药理念，2015年连续生产技术制备的药品首次获得监管部门批准。自此，FDA开始鼓励药品连续生产技术产业化应用，因为其符合药品研发的质量源于设计（QbD）原则。2016年，一款抗艾滋病毒药物从批量生产转变为连续生产，成为首个被FDA批准的批量生产转向连续制造的生产工艺变更。

在药物制剂领域，微流控技术、吹灌封一体技术和3D药物打印技术等就是连续化生产的应用延展。如吹灌封技术，即吹瓶（Blow）—灌装（Fill）—封口（Seal），简称BFS。BFS技术是通过在一台设备连续运行的工艺中，完成对塑料安瓿的成型、液体的灌装，将灌装好的塑料安瓿瓶进行封口，所有这些工序都是在无菌条件下一次性完成的。整个过程自动化程度高，环境暴露时间短，设备自带A级风淋装置及CIP/SIP系统，最大限度减少了人为干扰。虽然连续生产技术发展近十年，但在制药行业中应用的速度仍然较慢。尽管ICH和FDA分别酝酿和发布了相关技术指南，但监管指南在质控关键点上仍不明确，包括如何鉴定新型在线分析仪，验证监督工厂控制系统，确定一致性运行的持续时间等。因此，连续生产技术目前在制药工业中应用较为有限。总之，连续生产技术是未来药品制造的发展方向，对提高生产灵活性和敏捷性具有重要意义。随着科学技术发展，连续制药将会得到广泛应用。同时，制药企业也需要具备更高水平的工艺掌握和技术实力，并得到相关技术审批和监管制度以及管理实施方面的支持。

（二）3D打印技术

3D打印技术，也称为增材制造，是基于计算机构建的数字模型，通过"分层打印，逐层叠加"的方式生产制造三维实体。[①]凭借数字化和个性化的制造方式，近年来3D打印技术在医药领域的应用备受关注。自2015年美国开始实施精准医疗计划以来，人们越来越关注医疗个性化的服务。个体

---

① C. Lee Ventola, "Medical Applications for 3D Printing: Current and Projected Uses", *P&T: A Peer-reviewed Journal for Formulary Management* 39（10），2014：704-711.

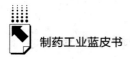
之间存在多种差异，导致即使同一种疾病，不同患者对药物治疗需求也不同。目前市场上只能批量生产规格相同的药物，而同一药物对部分患者疗效显著，但对其他患者可能疗效不佳，显然，传统工艺技术尚不具备生产或定制个性化药物。而 3D 药物打印技术能够制备不同形状、大小或主药含量的固体制剂，且可通过精确的微单元控制能力，获得具有不同释药行为的药物制剂。

2015 年，全球首个 3D 打印药物左乙拉西坦速溶片 Spritam® 上市，采用"ZipDose" 3D 打印技术平台生产具有多孔的片剂结构。当患者服药时，只需要少量水就能使 Spritam® 快速分散，更适于儿童、残疾或者存在吞吐困难的患者服用。相比于传统工艺，3D 药物打印技术因其灵活性，在复杂制剂及定制化药品研发中具有更省时和经济的优势。3D 打印技术可以分区控制处方组分和微观结构，在个性化制剂的生产制造方面具有独特优势与良好应用前景。我国研发的三款 3D 打印药物 T19、T20 和 T21，相继获批 FDA 临床试验申请，通过脉冲给药治疗哮喘、高血压、类风湿性关节炎等周期发作疾病，成为全球 3D 打印药物领域的先驱者。

虽然 3D 打印技术可实现快速高质量药品制造，但仍需要关注安全用药、专利保护和伦理规避，同时还需克服技术和监管挑战，如设备喷头设计的一致性和产品外观的表面缺陷、3D 打印药用辅料关键物料属性，以及监管缺乏明确政策法规等。

（三）人工智能技术

传统的药物研发过程需要经过严格的实验室测试和临床试验，这个过程通常需要花费较长的时间，并且成本非常高昂。据了解，一种新型授权药物的标准研发周期在 10~17 年，[1] 总成本需要 10 亿~25 亿美元，[2] 因此新药研

---

[1] Ted T. Ashburn, Karl B. Thor, "Drug Repositioning: Identifying and Developing New Uses for Existing Drugs", *Nature Reviews Drug Discovery* 3 (8), 2004: 673-683.

[2] Joseph A. DiMasi, Henry G. Grabowski, Ronald W. Hansen, "Innovation in the Pharmaceutical Industry: New Estimates of R&D Costs", *Journal of Health Economics* 47, 2016: 20-33.

发处于一个长周期、高投入的瓶颈阶段。人工智能技术凭借强大的自适应特征和学习能力，能够将算法、推演等核心技术应用到新药研发的各个环节，大幅降低药品研发成本、提高研发效率，使新药创新走上快速高效的发展道路。

在药物制剂领域，基于人工智能的模型已成功应用于预测药物释放和吸收行为。人工智能算法可以通过关注药物的理化性质、处方特性以及递送系统的释药机制等因素，预判药物随时间释放的速率和程度。人工智能模型还可以预测不同药物递送系统（如口服片剂、经皮贴片和吸入剂）中药物的释放动力学，通过参考药物溶解度和渗透性等因素，推测药物的生物利用度和吸收速率，优化药物疗效、提高用药安全性，并指导药物制剂设计。此外，人工智能算法结合计算机视觉技术对片剂图像进行分析，可以自动高效检测片剂缺陷。通过训练系统对不同类型缺陷的识别，提升质检速度、准确性，减少人工依赖，最大限度降低错误和主观判断，同时确保及时发现和干预，避免缺陷产品流入市场。

尽管基于人工智能的模型具有一定优势，但也存在一些局限性，比如需要大量数据库、潜在偏见以及缺乏可解释性。因此，应当将基于人工智能的模型与试验操作相结合，以确保药物的安全性和有效性。

三　总结与展望

近年来，创新制剂的不断涌现为治疗疾病提供了更多选择，同时制剂新技术的应用使药物设计更加个性化，药物生产更加高效精准。这股蓬勃的发展势头为医药领域注入了新的活力，为未来的医疗事业发展奠定了重要基础。虽然连续生产技术、3D 打印技术和人工智能技术目前都存在一定的应用局限，但可以看到整体上呈现良好的发展态势。相信在制药企业科技创新和不懈努力下，我国制药工业领域必将持续发展，为人类健康事业做出更大贡献。

B.18
抗生素全过程绿色制造关键技术开发与产业化应用

刘庆芬*

摘　要：　本文针对抗生素原料药生产过程"三废"排放量大、治污难等问题，从行业绿色发展需求出发，提出了抗生素全过程绿色制造技术路线。以工艺源头减排为抓手，突破绿色生产关键技术。以技术可达、成本最低为原则，开发废弃物资源化利用和无害化处理关键技术。形成了全过程绿色制造技术集成，并给出了成功应用案例，为抗生素全过程绿色制造提供了典型示范，为行业可持续绿色发展提供了借鉴经验。

关键词：　抗生素绿色制造　发酵减排　酶法合成　绿色分离　废物资源化　污染物脱毒

　　我国是全球最大的抗生素生产国，在国际市场占有重要地位，青霉素、头孢类抗生素产量分别占全球总量 90% 和 80% 以上。抗生素是我国临床第一大类用药，对挽救生命、保障国家战略安全至关重要。近年来，随着抗生素原料药产量提高，生产过程高消耗、高污染、高毒性等问题日益突出，"三废"对环境的污染不容小觑。2015 年国务院颁布了《水污染防治行动计划》，将抗生素原料药制造业列为专项整治的十个重点行业之一，"三废"污染成为制约行业发展"卡脖子"问题，抗生素行业面临高污染的严峻挑战，耐药菌及其对生命健康的威胁是国际上关注的焦点问题，抗生素污染、

---

* 刘庆芬，中国科学院过程工程研究所研究员。

耐药菌产生、传播与控制成为全球研究热点。根据世界卫生组织（WHO）预计，到2050年耐药菌感染将超过癌症成为首位致死病因。我国2023版《重点管控新污染物清单》将抗生素列为新型污染物，包括生产环节在内的抗生素残留控制与治理刻不容缓。长期的实践证明，仅靠末端治理难以从根本上解决抗生素行业高污染问题，原料药产业绿色转型任重道远。因此，我们要从保障生命健康和行业发展需求出发，转变传统的控污与治污理念，以技术突破为抓手，全面推行和运用减量化、低碳化、循环化、无害化及全过程一体化等绿色制造理念，积极履行企业社会责任，在制药全过程践行绿色低碳，实现可持续绿色发展，为美丽中国建设贡献力量。

一　抗生素制造绿色发展思考

抗生素是由微生物、植物、动物等各类生物体在其生命活动过程中产生的一类有机化合物，具有能在低浓度下选择性地抑制或杀灭其他微生物和生物细胞的作用，被广泛用作治疗疾病的药物。临床常用的抗生素有从微生物培养液中提取的活性物及其合成衍生物（半合成抗生素）。图1为抗生素原料药典型的生产过程，发酵代谢产物为活性组分的抗生素其生产过程包括菌种培养、发酵、提取、精制、干燥等关键步骤；半合成抗生素则是以发酵代谢产物为起始原料，经过化学合成、酶催化合成等步骤转化为目标产物。生产过程排放的"三废"，经过无害化处理后达标排放。

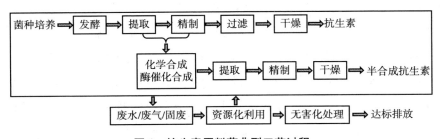

图1　抗生素原料药典型工艺过程

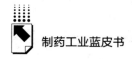

目前，制约抗生素行业绿色发展的主要问题归纳如下：①污染物排放特征与迁移规律不明晰，使污染控制与治理措施缺乏针对性；②传统的以末端治理为核心的治污理念与当前绿色低碳发展需求不适应，末端治理力不从心；③缺乏高效、经济适用的绿色低碳生产技术及"三废"资源化利用技术，"三废"排放量大，治污成本高；④缺乏资源节约型的全过程统筹设计绿色流程；⑤缺乏对特征污染物和新型污染物产出及无害化处理系统研究等。随着科学技术的发展，新理念、新材料、新方法为抗生素绿色制造提供了更多的机会，使污染控制从传统的末端治理转变为工艺源头减量成为可能。

工业菌株是抗生素生产的"芯片"，随着国际贸易争端的持续升级，原料药工业生产菌株知识产权纠纷问题日益激烈，开发具有完全自主知识产权的工业生产菌株对主动遏制国外对我国原料药生产"卡脖子"技术至关重要。基因编辑技术和分子生物学的发展，为构建低消耗、高产出的抗生素生产菌株开辟了新局面，有望以新菌种构建为突破口，从菌株源头解决目前生产过程高污染问题。

在抗生素生产过程中，发酵高污染、抗生素合成与分离高污染、废液和废水高毒性是目前抗生素制造高污染的主要来源。抗生素发酵普遍存在原材料利用率低、过程难调控、废水高 COD 和高氨氮、污染严重等问题。传统的发酵采用廉价、低利用率的玉米等农产品加工废料为有机复合培养基，大量组分非菌体生长代谢所必需，而成为废水高污染的重要来源。另外，指导发酵过程调控的参数普遍采用离线检测，调控滞后及不当调控使菌体凋亡、细胞破裂释放出大量污染物。再者，目前仍缺乏发酵关键营养成分供给、利用与菌体生产代谢调控关联模型，使营养成分有效供给和发酵过程调控严重缺乏针对性依据，这也是发酵高污染的关键原因。因此，突破发酵控制理念，以工艺源头减排为目标，开发高利用率的合成培养基以及菌体生长代谢过程精准调控发酵工艺，使综合成本最小化，才是发酵减排控污的关键。

抗生素合成普遍采用化学法，使用大量有毒有害原材料，工艺复杂、条件苛刻、效率低、有机溶剂耗量大，排放大量高 COD、高毒性制药废水。

酶法催化合成是一项低污染绿色合成技术，工艺路线短，全程不使用有机溶剂，彻底消除了有机溶剂污染。酶法催化合成替代高污染化学合成是绿色制药发展的重要方向，但该技术长期被国外垄断，我国技术研发起步较晚，实际应用中存在副反应多、产率低、分离难、酶耗高、质量不稳定等问题，致使该技术难以实现产业化，突破抗生素酶法合成、高效分离产业化技术，实现工艺源头减排，是降低抗生素原料药制造污染及治污费用的关键。

制药废水中残留抗生素是一类新型特征污染物，毒性高、难处理，其主要来源是含高浓度抗生素的结晶母液及大量成分复杂的难降解废水。废水中的抗生素一方面抑制活性污泥中菌体的生长而降低废水污染物的去除效率，另一方面含抗生素的废水一旦排放到环境，极大地增加了产生耐药菌的风险，制药废液、废水中残留抗生素，是诱发产生耐药菌的一个重要途径。国际社会对抗生素等新型污染物控制与治理研究非常火热，但目前仍缺乏降低抗生素残留的控制手段及经济、有效的处理技术。因此，亟待研发高浓废液中抗生素低成本、绿色回收技术，从生产工艺源头实现残留抗生素排放减量；同时开发制药废水高效脱毒技术，最大限度降低生产废水对环境的影响，实现制药废水低成本、稳定达标排放。

抗生素原料药全过程绿色制造技术路线示意见图2。以工艺源头减量为抓手，才能从根本上解决"三废"排放量大、高毒性等问题。通过践行生产全过程及全生命周期物尽其用，设计绿色制药技术路线，为低成本治污创造条件，最大限度减少抗生素制造的环境污染。

二 抗生素绿色制造技术进展及产业化应用案例

在深入分析抗生素生产过程污染排放主要来源的基础上，国内各优势单位联合攻关，重点突破了发酵减排、抗生素酶法合成与分离耦合减排、废液中抗生素绿色资源化利用，以及废水中抗生素等污染物高效脱毒等关键技术，实现了工艺源头减排，支撑了抗生素全过程绿色制造。

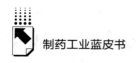
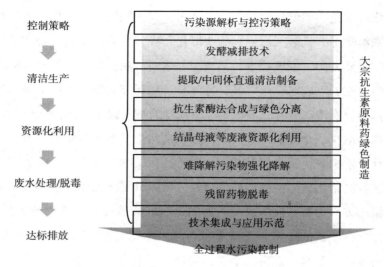

图 2　抗生素原料药全过程绿色制造技术路线

（一）发酵减排关键技术

针对传统发酵有机复合培养基利用率低、废水高 COD、高氨氮等问题，开发了基于生物过程先进仪器的发酵关键参数在线采集与分析系统，解决了发酵过程精准调控的业界难题。突破了基于氮、硫元素利用精准调控技术，创新发展了基于合成培养基的青霉素发酵清洁生产关键技术，重构了培养基，建立了无机氮源替代传统玉米浆等复合氮源以及电导率反馈的硫酸根离子控制模型与工艺，攻克了基于全合成培养基营养包替代传统有机复合培养基的青霉素发酵减排新技术，解决了原料利用率低和过程控制不当导致的高污染问题。新技术在某药厂抗生素大规模生产中成功实现稳定运行，平均发酵单位提高 15.0%，废水 COD 和氨氮分别降低 32% 和 37% 以上。

（二）抗生素酶法合成与分离耦合减排关键技术

头孢类抗生素是临床用量最大的抗生素，为解决传统化学合成法高污染问题，开发了绿色酶法替代技术，突破了抗生素酶法合成与分离耦合减排关键技术。在反应动力学研究的基础上，开发了头孢氨苄沉淀析出驱动的悬浮液体系中酶催化合成新工艺；基于催化速度控制，形成了反应与分离耦合，实现头孢氨苄颗粒与固定化酶尺度差异；研制了产品颗粒—固定化酶—反应液三相快速筛分设备，提高了生产效率，打破了国外技术垄断，解决了酶法产率低、分离难、酶耗高，质量不稳定等产业化难题，实现技术升级与更新换代。

新技术在某药厂建成全球最大的头孢氨苄酶法制造生产线，效率提高5.8倍，酶耗降为原来的1/10。与原化学法相比，废水和 COD 分别减少35%和74%以上，全过程彻底消除了有机溶剂，主要技术指标达到或超过国内外最高水平。

（三）废液中抗生素绿色资源化利用技术

头孢氨苄结晶母液中含有高浓度抗生素，传统工艺回收率低，使用高毒性二氯甲烷。为解决废液中头孢氨苄回收遇到的问题，以资源化利用技术开发为抓手，攻克了废液中抗生素绿色资源化利用关键技术。突破了结晶母液中头孢氨苄绿色资源化利用关键技术，率先研发了不产生 VOC、低消耗、高收率的头孢氨苄络合—解络合绿色回收新工艺，以高沸点的解络合剂替代传统工艺中高挥发性的二氯甲烷，并实现了解络合剂化学法低能耗回收及循环利用，彻底消除工艺过程中大量高毒性二氯甲烷污染及含氯 VOC 和难处理的含氯废水排放。与传统的二氯甲烷解络合工艺相比，头孢氨苄回收率提高 5 个百分点以上，解络合剂用量降低 92%，深度降低了废液中抗生素排放量。

（四）废水中抗生素等污染物高效脱毒关键技术

针对废水中抗生素残留污染问题，研发了制药废水中残留抗生素及难降解污染物催化氧化高效脱毒关键技术。研制了高催化活性的铁锰氧化物/氮掺杂碳基复合催化剂，以碳基材料为载体，通过负载金属氧化物和掺杂氮元素，构建出更多的催化活性位点；同时在掺杂氮的过程中对金属氧化物进行

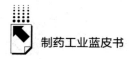

部分还原，形成氧缺位，使复合催化剂具有更高的催化活性和稳定性，从而高效地催化臭氧氧化，提高催化臭氧分解产羟基自由基的效率。开发了臭氧微气泡化和臭氧气体增浓技术，臭氧浓度提高 25% 以上，提高了臭氧在水中的溶解传质速率。以上强化手段提高了废水残留抗生素及难降解污染物的脱除效果，废水中头孢唑林等多种抗生素去除率达到 99% 以上，COD 去除率为 40%~60%，远高于常规臭氧氧化工艺 COD 去除率。该技术在某药厂千吨级废水处理中成功应用，实现稳定运行。

三　结语

抗生素是人类历史长河中最伟大的发现之一，自从 1942 年规模化生产以来，对挽救生命发挥了至关重要的作用。抗生素从价比黄金，到今天临床普遍应用，产业发展喜忧参半。摆脱制造过程高污染困局，消除药厂前门治病救人、后门排污致病的尴尬局面，时不我待。在新形势下，以新质生产力和科技进步为引擎，以源头减排及物尽其用为原则，不断践行绿色制药理念，发展和应用绿色制药技术，将过程优化与精细化管理贯穿始终，保持做好药、治病救人的初心。通过"政、产、学、研、用"通力合作，支持制药行业绿色可持续发展，为保障人民健康、建设美丽中国奋力前行、贡献力量。

B.19
连续反应技术在原料药及中间体
合成中的应用和发展

陶建 李洪健 王鑫*

摘 要： 本文旨在探讨医药原料药及中间体合成领域中连续反应技术的应用和发展。首先，介绍连续反应技术在药物合成中的重要性和应用背景，分析不同类型反应器（包括平推流反应器、微通道反应器、连续搅拌釜式反应器、连续固定床反应器）的优势和应用案例。其次，阐述连续工艺开发的关键步骤，从反应路线选择到工业化生产的实现，系统性地梳理了连续工艺开发流程。最后，展望连续反应技术在医药原料药及中间体合成中的未来发展方向，包括技术创新、设备改进和工艺优化等方面的探索，希望可以为相关的研究者和从业者提供参考。

关键词： 连续反应技术 原料药合成 连续反应设备 工艺开发

在当今制药领域，研发生产周期的缩短、技术的不断进步和政策环境的积极支持为新药研发与生产提供了广阔的机遇和更多的挑战。在当前产业快速升级发展的背景下，连续反应技术作为一种创新型的合成方法，正受到越来越多的关注和应用。与传统的批次合成技术相比，连续反应技术以其生产效率高、产品质量稳定、可拓展性强以及可快速放大生产等优

---

* 陶建，凯莱英医药集团副总裁，高级工程师，注册化工工程师；李洪健，天津凯莱英医药科技发展有限公司工艺主管；王鑫，北京大学医学部博士，凯莱英医药集团副总经理，正高级工程师，北京市朝阳区政协委员，中国化学制药工业协会政策法规专委会秘书长，农工党中央生物技术与药学委员会委员。

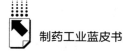

势，逐渐成为制药领域特别是医药原料药及中间体合成中的研究热点和技术趋势。近年来，《Q13：原料药和制剂的连续制造》、《化药口服固体制剂连续制造技术指导原则（试行）》及《原料药及中间体连续制造指导原则》等相关法规与导则的颁布，推动了连续反应技术在制药领域中的应用和规范化。

制药领域普遍面临工艺路线长、所涉反应类型繁多且常需复杂后处理操作的共同难点，因此目前大部分制药企业仍以传统的反应釜批次生产方式为主。部分企业已在尝试通过转移其他行业使用的技术或采购连续反应通用设备，特别是微通道反应设备，进行连续技术研发与生产。但一直以来，医药原料药及中间体合成由于其传统批次生产方式的单一性，其对于化工工程的本质缺少深入的探究，在连续反应技术的开发中忽略"三传一反"的重要性，忽视不同反应的本质区别与传热传质特性，一味地相信某种"标准化"设备，造成投入与产出不符，没有得到预期的回报。我们认为应基于连续反应技术的本质，结合反应动力学和反应器的基本原理，通过合理选择并设计反应设备，结合工程设计与工艺计算，实现传热传质能力的强化，实现工业化生产更安全、更经济和更环保。

本文旨在通过对连续反应技术在原料药及中间体合成领域中的发展历程和应用趋势进行综述，探讨其在不同设备选用、反应类型和相态方面的应用情况，以及未来的发展趋势。通过对这些内容的梳理和总结，希望能够为该领域的研究者和从业者提供一份全面的参考，促进连续反应技术在该领域的进一步应用和发展。

一 连续反应技术的应用

本部分将依据主反应器类型划分，重点介绍连续反应技术的优势以及相关的应用案例，以便更好地理解连续反应技术在实际生产中的价值，更好地选用连续反应设备适配不同的反应类型。

（一）平推流反应器

平推流反应器（PFR）是最常用的反应器类型之一，被广泛应用于替代批次反应设备。在理想条件下，批处理反应时间等效于在 PFR 中的停留时间，简化 PFR 的实施。平推流反应器在传热和传质方面的性能提升是对最初设想的完美回应，使快速和对温度敏感的化学反应成为可能。PFR 具有多功能性，在高流速和高雷诺数下运行时，它们非常有效地向反应体系中增加或移除热量，这得益于其高传热系数和比表面积。无论是在层流还是湍流状态下，PFR 都能快速而均匀地混合可混合的流体，而且对于黏度相似或差异很大的流体也同样适用。为了最大化 PFR 的性能，平推流反应器通常会集成静态混合器而一同使用，目前有多种类型的混合结构的静态混合器可供选择，具有高混合能力到低混合能力的不同选项。这些混合结构可以添加在反应器壳体和流体介质侧，通过增加沿壁的速度来最小化内外膜对整体传热的影响。静态混合器不仅利于改善传热，还可提高平推流反应器的传质性能，通过使用压降较大的混合结构，实现快速的微观混合时间。此外，静态混合器还可优化反应器内的停留时间分布（RTD），保证反应的稳定性与产品的一致性。

以药物鲁非那胺（Rufinamid）的连续化合成为例[①]（见图 1），该药物是一种具有 1，2，3-三唑官能团的小分子原料药，在获取三唑官能团时通常需要制备和分离有机叠氮化物中间体。在传统的批次合成过程中，有机叠氮化合物中间体的蓄积或分解而导致的安全性问题是影响工艺放大的关键因素。在平推流反应器中，叠氮化合物的生成和消耗是平衡的，因此安全隐患显著降低。另外昂贵且不稳定的丙酰胺也是在线制备的，可在不考虑聚合或储存的情况下使用，直接得到最终产品鲁非那胺。从原料开始到最终产品，整个制备流程总停留时间仅为 11 分钟，并可达到 92% 的摩尔收率。

---

① Zhang P. , Russell MG. , Jamison TF. , "Continuous Flow Total Synthesis of Rufinamide", *Organic Process Research & Development* 18（11），2014：1567-1570.

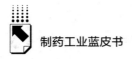

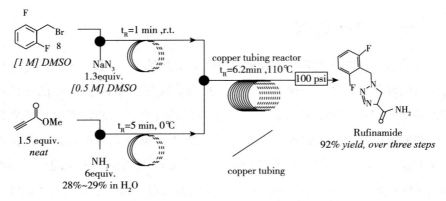

图1 鲁非那胺（Rufinamid）的连续化合成流程示意

Suzuki-Miyaura 偶联反应是一种在钯催化剂催化下，有机硼化合物与有机卤素化合物进行的偶联反应，是医药研发中一类常用且高效合成 C-C 键化合物的方法。一般来说，Suzuki-Miyaura 偶联反应的反应体系为三相混合物，除不溶的催化剂相外，其余两相为液液非均相。对于三相不相溶反应体系而言，若想达到较优的反应结果，需要优异的传热速率和传质速率，而这两大需求在绝大部分批次反应条件下是难以实现的。对于传热效率较高的管式反应器而言，配备静态混合器可同时实现对于传质速率的提升。基于上述优势，Pfizer 在 2022 年使用配备静态混合器的 PFR 作为反应装置，进行 Suzuki-Miyaura 偶联反应的工艺开发，反应总保留时间不超过 2 分钟，并且仅需使用 240mL 的 PFR 即可实现公斤级产品的生产[①]（见图 2）。

光催化马来酸酐和乙烯进行［2+2］环加成制备环丁烷-1，2-二甲酸酐被证实是一种高效、低成本的生产方式。由于光在传统批次反应釜中存在衰减问题，即使采用强光源照射仍难以保证在大规模批次生产中获得稳定的光催化效果。2020 年，凯莱英公布了一种连续光化学生产案例，采用光透过性较好的 FEP 材质制作平推流反应器，配合 365nm LED 光源，仅需 20 余

① Li B., Barnhart RW., Fung P., Hayward C., Heid R., Houck T., et al., "Process Development of a Triphasic Continuous Flow Suzuki-Miyaura Coupling Reaction in a Plug Flow Reactor", *Organic Process Research & Development* 26（12），2022：3283-3289.

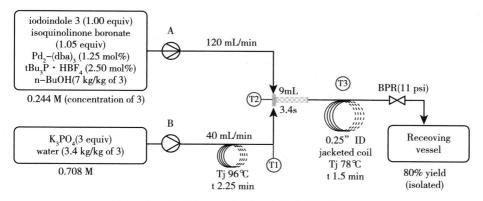

图 2　Suzuki-Miyaura 偶联反应的连续化放大设计

升有效保留体积的 PFR 即可实现百公斤级的产品生产①（见图 3）。该套光
化学 PFR 反应装置高效、稳定的生产能力媲美 10 余台 500L 批次光化学反应
釜，并以此获得美国化学协会全球首届 ACS GCI "CMO 绿色化学卓越奖"。

（二）微通道反应器

与标准批处理反应装置相比，平推流反应器可以提供更高的传热系数和
更优异的传质效果。除了标准 PFR 之外，对管路进行进一步设计可大幅度
改善传热传质效果，加工得到微通道反应器。微通道反应器的比表面积可以
提高两个数量级以上，实现热传递系数 U>3000W/m² · K 的实例。微通道反
应器较小的内径通过实现高流速，最大化了微观混合的效率。

布洛芬作为著名的非甾体抗炎药物，被国内外诸多厂家生产，具有良好
的镇痛、消炎和解热功效。2009 年，Andrew R. Bogdan 等使用微通道反应
器，通过 Friedel-Crafts acylation、1,2-芳基重排和水解三步反应，实现了
布洛芬原料药的连续化制备。② 微通道反应器更为出色的换热效率使整个连

① Beaver MG., Zhang E-x, Liu Z-q, Zheng S-y, Wang B., Lu J-p, et al., "Development and
Execution of a Production-Scale Continuous ［2+2］ Photocycloaddition", *Organic Process Research
& Development* 24（10），2020：2139-2146.

② Bogdan AR., Poe SL., Kubis DC., Broadwater SJ., McQuade DT., "The Continuous-Flow
Synthesis of Ibuprofen", *Angewandte Chemie International Edition* 48（45），2009：8547-8550.

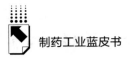

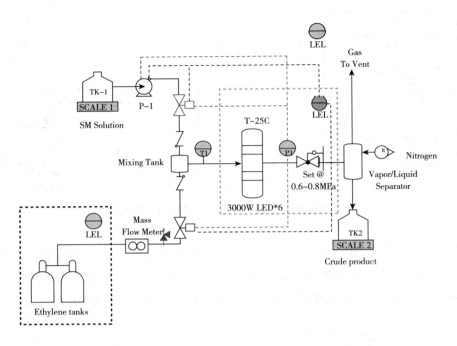

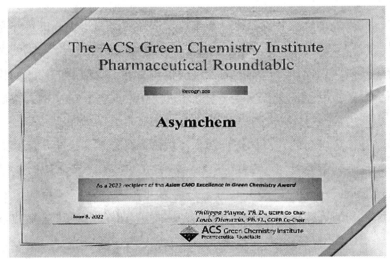

图 3 连续光化学［2＋2］环加成制备环丁烷-1，2-二甲酸酐工艺流程
与首届 ACS GCI "CMO 绿色化学卓越奖"

续流程得以在 150℃、50℃、65℃ 三个不同温度的反应间平滑进行而无须中断。

2016 年，麻省理工学院公布了在紧凑、可重构的制造平台中连续化合成和配制活性药物成分①（见图 4）。在冰箱大小（1.0m×0.7m×1.8m）的系统中，进行全连续合成，每天产生的中间体数量可以提供数百至数千剂符合美国药典标准的口服或局部液体剂量的盐酸苯海拉明、盐酸利多卡因、地西泮和盐酸氟西汀。

图 4　用于连续生产和配制原料药的集成系统

微通道反应器在处理强放热、高风险的液相或液液非均相快速反应方面有着突出的优势，然而微通道反应器的独特通道设计对它们的使用提出了一

① Adamo A., Beingessner RL., Behnam M., Chen J., Jamison TF., Jensen KF., et al., "On-demand Continuous-flow Production of Pharmaceuticals in a Compact, Reconfigurable System", *Science* 352（6281），2016：61-67.

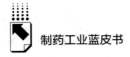

些限制。由于极小通道横截面，在低流速下，压降也会达到较高的值，因此很难通过一味地延长管路长度实现产能的提升，降低了其潜在的生产效率。这也意味着为实现相同通量和处理能力，微通道反应器与 PFR 相比，需要付出更高的设备成本来配置更多的辅助输送设备与控制仪表阀门，如进料泵、流量计和调节阀等。总体来说，它们处理含固或含气反应体系的能力相对有限，对于含固反应体系，微通道反应器容易受到污染甚至是堵塞；对于含气反应体系，在相同条件下 1mol 气体体积通常是 1mol 液体体积的 200 倍以上，且参与反应的气体通常难以被有效压缩，使所需保留体积过大而难以应用于实际生产。

（三）连续搅拌釜式反应器

连续搅拌釜式反应器（CSTR）的应用效果在制药行业中往往被低估，但 CSTR 的简单性和多功能性使它们在连续操作中极具吸引力。它们的设计与标准的批处理反应器类似，具有约为 1 的高径比（L/D），并带有椭圆形底部。CSTR 内对于反应物料的混合由机械搅拌提供，热传递通过标准的外壁夹套或内盘管提供。CSTR 的热传递系数很少超过 $300 \sim 400 \mathrm{W/m^2 \cdot K}$，其宏观混合时间通常（根据大小和设计而异）比高流速 PFR 中混合流体的混合时间至少低一个数量级。尽管存在这些明显的限制，但 CSTR 提供了一些特定的优势。首先，由于混合与流速解耦，即使在低流速下也可以实现良好的混合效率。这种混合效率可以通过增加挡板系统、调整搅拌器类型或通过外循环喷射混合来进一步提高。与大多数连续化反应不同，CSTR 具有处理固体的能力，可处理固含量达 $10 \sim 15 \mathrm{wt\%}$ 质量分数的固液混合体系。制药行业中的化学转化通常包含固体试剂或沉淀物（产品或副产物），CSTR 提供了一种替代方案，使在其他技术无法应用的情况下实现连续操作。

Negishi 反应有着反应选择性好、催化效率高、反应条件温和及反应原料来源丰富等优点，是在钯催化下的不饱和有机锌试剂和芳基或乙基卤化物等进行的偶联反应。Lily 公司于近期公布了一条包含 Negishi 偶联反应的 API

连续合成路线①（见图5），整个路线包含从格氏试剂制备开始，经由金属转移制备得到不饱和有机锌试剂，进而进行 Negishi 偶联反应，经析晶处理后得到 API 粗品。整个过程涉及不可避免的固液反应体系以及连续结晶过程，通过使用 CSTR 作为反应器，克服了固液非均相反应难以使用 PFR 和微通道反应器的缺点，实现了对于格氏试剂稳定性差和安全问题的管理，并获得国际制药工程学会 2019 年度创新设施奖。

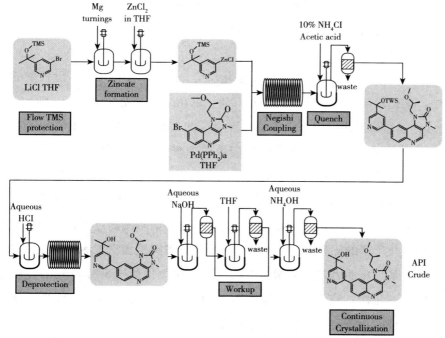

图 5 用于格氏试剂/锌酸盐合成和 Negishi 偶联反应的连续 GMP 生产工艺

（四）连续固定床反应器

连续固定床反应器长期以来一直是大宗化学品和石化行业的专长。在

---

① Calvin JR., Boyse R., Braden TM., Brewer AC., Changi S., Harrold D., et al., "Continuous GMP Manufacturing for Grignard Reagent/Zincate Synthesis and Negishi Coupling Reaction", *Organic Process Research & Development* 28（5），2024：1734-1751.

上述行业中，采用这种技术旨在提高工艺效率，大幅降低工艺生产成本。目前，基于制药产品的分析显示，高达 20% 的药物合成转化至药物原料的化学反应包含催化转化。因此，制药公司现在正在大力推动将传统的批次催化反应转化为连续催化工艺，固定床反应器正是实现这一转变的关键技术。值得注意的是，医药合成领域中繁多的反应种类，往往不能适配石油化工等大型化工成熟催化剂，在应用固定床进行催化反应的同时，也必须增加针对目标反应的催化剂的开发能力。通过对于反应的本质的识别，针对性地设计反应器及开发专用催化剂才能更好地完成非均相催化反应连续化工艺的开发。

催化加氢是典型的气液固三相催化反应，在整个制药工业不胜枚举的反应中，催化加氢可占总反应数的近 20%。以葛兰素史克（GSK）为例[①]（见图 6），非均相氢化催化反应占总气液反应的 77%，其中硝化反应和脱保护反应更是占据着非均相氢化催化反应数的 50%，仅硝基加氢成胺这一代表性催化加氢反应，在 Agenerase 1（GSK）、Branebrutinib 2（Bristol - Myers Squibb）和 Viagra 3（Pfizer）等多款典型药物的合成过程中承担着关键的步骤。百时美施贵宝、礼来、葛兰素史克和辉瑞等诸多制药巨头，均曾多次强调连续氢化生产的优势，利用连续气液反应设备突破批次气液反应设备安全性低、设备承压能力差（通常，批次气液反应设备承压 5~10bar）、设备温度上限低（批次气液反应设备温度 70~100℃）等限制，在更高温度、压力条件下实现催化反应的高效、稳定且安全地进行。

除了在更严苛的条件下实现气液固催化反应的高效进行外，固定床反应器在应用于液固催化反应时，也表现出传统批次反应设备难以比拟的优势。以 EP（MAP）的 cGMP 生产为例，作为美罗培南等青霉素药物的母核中间体，在 Rh 催化剂催化作用下的 N-H Carbene 插入反应是其高效、快速合成

① Fernandez-Puertas E., Robinson AJ., Robinson H., Sathiyalingam S., Stubbs H., Edwards LJ., "Evaluation and Screening of Spherical Pd/C for Use as a Catalyst in Pharmaceutical - Scale Continuous Hydrogenations", *Organic Process Research & Development* 24（10），2020：2147 - 2156.

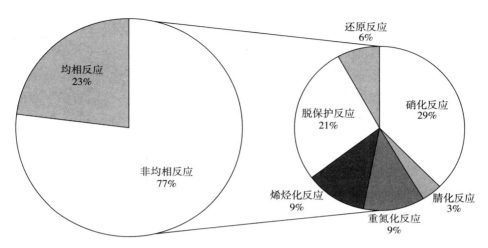

图 6　GKS 产品组成中气液反应类型分析

的工业化生产手段。在传统的批次合成时，通常使用均相 Rh 催化剂催化反应进行。在凯莱英多年以来的吨级生产过程中，最初也使用批次方案进行，超高价格的均相 Rh 贵金属催化剂的使用与回收始终是限制生产成本与生产效率的关键因素，即使通过大批量蒸发有机溶剂，Rh 的回收率也难以超过70%。以此为背景，我们开发了固定化 Rh 催化剂，选用固定床反应器作为 N–H Carbene 插入反应的反应器。因固定化催化剂的使用，整个反应体系无须进行额外的分离操作，紧接着进入后续酯化 PFR 完成酯化反应，得到合格的产品体系①（见图 7）。整个 cGMP 连续反应系统可实现 EP（MAP）的120 mt/a 产能的商业化生产，在保证各项质量参数均合格的情况下，固定床反应器与固定化催化剂的使用实现 Rh 回收率提升到95%以上，在提升生产效率的同时，大幅度降低生产成本。

---

① Gage JR., Chen F., Dong C., Gonzalez MA., Jiang Y., Luo Y., et al., "Semicontinuous Process for GMP Manufacture of a Carbapenem Intermediate via Carbene Insertion Using an Immobilized Rhodium Catalyst", *Organic Process Research & Development* 24（10），2020：2025–2033.

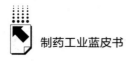

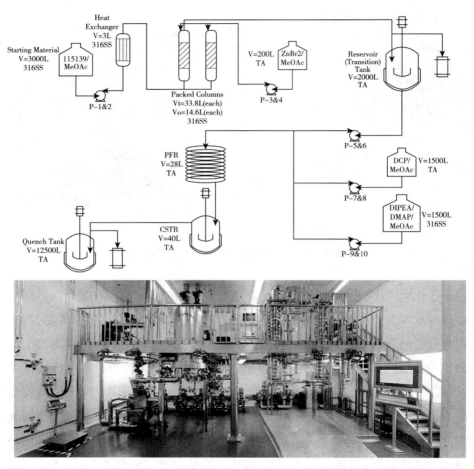

图7　EP（MAP）的 cGMP 连续化生产流程与连续生产车间

（五）全连续工艺是目标

基于上述案例的回顾与分析不难看出，基于不同反应类型和反应状态合理选择主反应器形式是实现连续化生产的必要因素。为进一步提升医药合成生产效率、降低生产成本，不仅需要单一反应过程的连续化，同时也需对多步反应及后处理操作进行合理开发与设计，实现反应"端到端"的全连续生产。

2023 年凯莱英设计、开发并放大了一种用于各种药物成分制剂的重要肽偶联试剂 2-羟基吡啶-N-氧化物（HOPO）的全连续合成工艺[①]（见图8）。该工艺涉及使用过氧化氢催化氧化 2-羟基吡啶，然后淬灭和水解以在水溶液中获得 HOPO。设计了以 3D 打印静态混合器为特征的混合固定床反应器，以实现原料的完全转化，并开发了结晶的连续后处理工艺，以获得高质量的固体 HOPO 产品。全连续工艺包括连续反应过程和连续后处理过程，分离产率大于 90%，无须额外的分离和纯化步骤，实现了 HOPO 的工业化生产。

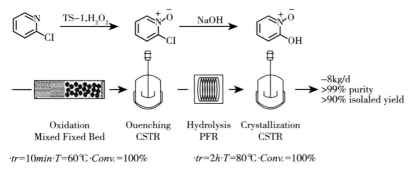

图 8　HOPO 的全连续工艺流程

二　医药合成中连续工艺开发流程

连续工艺的研发和规模化生产并非易事，连续反应技术是为了解决质量控制和安全考虑以及化学转化过程中高度要求的质量和热传递。因此，连续反应技术的应用需要更为深刻的工艺理解与工程知识，以确保适当的操作条件、设备设计和工艺控制。医药合成中的连续工艺开发流程是一个复杂而细致的过程，涉及多个关键步骤和专业领域的知识。通过系统的方法和跨学科

① Tao J., Li H., Zuo J., Li Y., Chen F., Kang Y., "Development and Scale-Up of a Fully Continuous Flow Synthesis of 2-Hydroxypyridine-N-oxide", *Organic Process Research & Development* 28 (5) 2024：1640-1647.

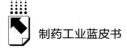

的合作，可以实现高效的连续工艺开发，并为医药制药领域的新药研发和生产提供支持（见图9）。

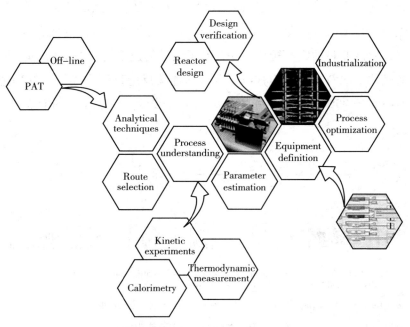

图9　连续反应技术的开发流程

凯莱英自2009年成立连续化学团队以来，长期致力于连续反应技术的工艺开发、设备设计加工、商业化生产与应用，在千余个non-GMP项目和160余个cGMP项目的研发与生产中积累了丰富的实践经验。组建了由化学合成、化学工程、化学工艺、分析化学、机械工程、机械与自动化、设备加工等20余个专业，300余位工程师与研究员构成的专业连续技术团队，对于不同医药产品的连续反应技术的开发始终执行统一的标准流程，保障每一种产品、每一步反应的有序执行。连续反应技术开发的标准流程如下。

（1）反应路线选择。在连续工艺开发的起始阶段，需要对可能的反应路线进行广泛的研究和评估。这包括考虑到所需的起始原料、反应条件、中间体的稳定性和产物纯度等因素。选择合适的反应路线至关重要，因为它直接影响到后续工艺开发的方向和成功率。

（2）反应过程解读。反应过程解读是连续工艺开发中的关键环节，包括动力学和热力学研究。动力学研究涉及确定反应速率常数、活化能等参数，以及反应机理的理解。而热力学研究则涉及热平衡、热效应以及在连续化条件下的热传递和热控制。

（3）分析技术选择与方法开发。在连续工艺中，精确的分析技术和方法对于实时监测反应进程和产品质量控制至关重要。因此，需要选择合适的分析技术，并开发相应的方法来确保产品的质量和一致性。

（4）参数估计。参数估计涉及从实验数据中推导出反应动力学和热力学参数。这包括使用实验数据进行模型拟合，以确定适当的反应速率方程、能量平衡和其他关键参数。

（5）设备选用。在连续工艺开发中，选择合适的设备对于实现预期的反应条件和控制至关重要。这可能涉及设计和选择连续化反应器、混合器、加热器、冷却器等设备，并确保它们能够满足反应的需要。

（6）工艺优化。工艺优化是一个迭代的过程，通过调整反应条件、改进设备设计和优化操作参数等方式来提高工艺的效率和产物质量。这需要综合考虑动力学、热力学和工艺工程的知识。

（7）放大设计与工业化。一旦连续工艺的开发和优化完成，就可以进行工业化生产的实现。这包括工艺设计、规模放大、工艺转移、生产线建设和监管审批等步骤，以确保连续工艺能够在工业生产中稳定运行并满足法规要求。

三　连续反应技术在医药合成中的发展与展望

连续反应技术在原料药及中间体合成领域的技术创新将是未来的重要发展方向之一。随着科学技术的不断进步，新材料、新催化剂以及新反应条件的引入将进一步推动连续反应技术的发展。例如，微反应器的设计与制造技术的改进将为医药合成提供更多选择，使更复杂的反应可以在微型设备中进

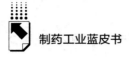

行，从而实现更高效、更安全的合成过程。此外，机器学习和人工智能等先进技术的应用也将为连续技术的优化和控制提供新的思路和方法。

未来连续反应设备的改进将主要集中在智能化和模块化方面。智能化设备将具备更高的自动化程度，能够实时监测反应过程并进行智能调控，从而提高生产效率和产品质量。模块化设计将使连续化系统更加灵活和可扩展，能够根据具体反应需求进行快速组装和定制，从而适应不同的合成工艺和生产规模。

随着对连续反应技术的深入研究和应用，工艺优化将成为未来的重点。通过实验和模拟仿真的结合，优化反应条件、设备设计和操作参数等关键因素，实现连续合成过程的高效化和可控化。同时，工艺优化还将包括对废物处理和资源利用的考虑，实现环境友好型的生产方式。

未来连续反应技术在医药合成领域的市场应用前景广阔。随着连续反应技术的不断成熟和普及，将有越来越多的医药企业采用连续反应工艺进行新药开发和生产。连续反应技术将为医药行业带来更高效、更安全和更可持续的合成方法，推动医药产业的创新和发展。

B.20
发酵类抗生素生产过程中耐药性管控的策略与行动[*]

张　昱　韩子铭　冯皓迪　杨　敏[**]

摘　要：　本文概述了发酵类抗生素生产废水和菌渣的抗生素污染排放特征及其对耐药基因环境传播的促进作用，介绍了世界卫生组织、国际制药联盟和中国生态环境部等针对抗生素生产过程中耐药性风险采取的管控措施，指出生产过程中耐药性的传播可能成为绿色采购中被关注的一个要素，加强对耐药性的管控是制药企业实现可持续发展的必要前提，并总结了抗生素生产废水处理过程中削减抗生素残留效价、遏制耐药基因传播的可行技术与实际工程案例。建议我国进一步加强产学研合作，对抗生素生产造成的环境菌群耐药性风险开展长期深入研究，制定中国特色的行业管理指南，研制控制耐药基因环境传播的相关标准，研发经济高效的控制技术并采取有效的管控策略。

关键词：　抗生素原料药　制药废水　抗生素菌渣　抗生素效价　耐药基因

细菌耐药性发展有可能会导致人类面临无药可治的状况，是全球高度关

* 项目资助：中国科学院基础与交叉前沿科研先导专项－B类先导专项（项目编号：XDB0750400）。

** 张昱，中国科学院生态环境研究中心研究员，环境水质学国家重点实验室副主任，中国科学院大学岗位教授；韩子铭，中国科学院生态环境研究中心博士后，主要从事环境耐药性传播机制研究；冯皓迪，中国科学院生态环境研究中心和北京交通大学联合培养博士生，主要从事制药废水抗生素污染及控制研究；杨敏，中国科学院生态环境研究中心研究员，工业废水无害化与资源化国家工程研究中心主任，中国科学院大学岗位教授。

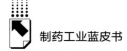

注的重大公共卫生挑战。近年来，世界卫生组织（WHO）以及世界各国纷纷发布针对细菌耐药性问题的行动计划、倡议，我国也制定了《遏制微生物耐药国家行动计划（2022~2025 年）》。在"同一健康（One Health）"的视角下，耐药菌/耐药基因可在动物—环境—人群之间传播。[1] 经过国际社会的共同努力，有关临床治疗及动物养殖中抗生素滥用的情况得到了一定的控制，但环境中细菌耐药性发展与传播途径更为复杂，相关的控制手段也更为有限，成为细菌耐药性控制的薄弱环节。

我国是世界上主要的发酵类抗生素原料药生产国，抗生素制药过程产生的废水和菌渣中含有高浓度抗生素残留。笔者团队和一些国际同行的前期研究发现，在高浓度抗生素压力下，耐药基因与整合子、转座子、多重耐药质粒等形成复杂的可移动遗传元件并在细菌间快速传播，因此抗生素废水生物处理系统有可能成为多重耐药菌环境传播的高风险源。[2] 为此开发出抗生素、耐药基因和常规污染物协同控制的抗生素生产废水处理新工艺。相关研究引起 WHO 等相关机构的关注，[3] 国际上正在酝酿针对抗生素生产过程中的耐药性传播风险提出有效的管控措施，并将耐药性控制纳入绿色采购关注

①　Larsson D. G. J., Gaze W. H., Laxminarayan R., Topp E., "AMR, One Health and the environment", *Nature Microbiology* 8（5），2023：754-755；Zhang Yu, Walsh Timothy R., Wang Yang, Shen Jianzhong, Yang Min, "Minimizing Risks of Antimicrobial Resistance Development in the Environment from a Public One Health Perspective", *China CDC Weekly* 4（49），2022：1105-1109.

②　Li Dong, Yu Tao, Zhang Yu, Yang Min, Li Zhen, Liu Miaomiao, Qi Rong, "Antibiotic Resistance Characteristics of Environmental Bacteria from an Oxytetracycline Production Wastewater Treatment Plant and the Receiving River", *Applied and Environmental Microbiology* 76（11），2010：3444-3451；Liu Miaomiao, Zhang Yu, Yang Min, Tian Zhe, Ren Liren, Zhang Shujun, "Abundance and Distribution of Tetracycline Resistance Genes and Mobile Elements in an Oxytetracycline Production Wastewater Treatment System", *Environmental Science & Technology* 46（14），2012 7551-7557；Han Ziming, Feng Haodi, Wang Chen, Wang Xuegong, Yang Min, Zhang Yu, "Mitigating Antibiotic Resistance Emissions in the Pharmaceutical Industry: Global Governance and Available Techniques", *China CDC Weekly* 5（46），2023：1038-1044.

③　"Technical Brief on Water, Sanitation, Hygiene and Wastewater Management to Prevent Infections and Reduce the Spread of Antimicrobial Resistance," https：//www.who.int/publications/i/item/9789240006416.

的要素之中。国际上的相关动态有可能成为抗生素产业的绿色壁垒①，值得我国制药行业给予高度的重视。

本文在简要阐述抗生素生产废水和菌渣中抗生素污染排放特征及导致的细菌耐药性风险的基础上，系统介绍了国内外针对抗生素生产过程中耐药性环境传播管控的进展，提出了废水和菌渣处理处置中耐药性环境传播阻断管控的技术与策略，并从制药行业可持续发展的角度提出展望和建议。

一 抗生素生产废水和菌渣的抗生素污染排放特征

抗生素原料药如 β-内酰胺类、四环素类、大环内酯类、氨基糖苷类、多肽类等采用微生物发酵法进行生产。抗生素发酵生产和提取精制过程会产生大量的废水和菌渣，其中通常含有高浓度抗生素残留。总体来说，抗生素生产过程废水和菌渣具有以下几个特征。

第一，残留抗生素浓度高。生产废水与菌渣中的抗生素残留最高可达数百甚至数千 mg/L（mg/kg），远高于其他环境介质中的抗生素污染浓度。

第二，点源排放。与大范围的面源污染不同，抗生素生产过程的污染排放是明确的点源排放。这类点源排放的数量有限，但由于是极端环境条件，影响显著。

第三，主要发生在发展中国家。发酵类抗生素原料药的生产主要集中在中国、印度等发展中国家，因此导致的环境耐药性风险问题使发展中国家面临重大挑战。

笔者团队和瑞典哥德堡大学 Larsson 团队在国际上率先开展抗生素生产

---

① "UN Initiative on Greening Procurement in the Health Sector from Products to Services", https://www. who. int/publications/i/item/9789241508667.

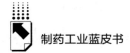

废水中抗生素的环境行为研究[1]，发现废水中存在极高浓度的抗生素，导致废水生物处理系统成为细菌多重耐药性环境发展与传播的热区，揭示了不同抗生素作用下，整合子、转座子、质粒等移动遗传因子捕获各种耐药基因促进环境细菌多重耐药性发展与传播的分子机制，也明确了预先消除抗生素效价是遏制废水生物处理过程中耐药性发展的最佳途径。

此外，我国每年产生近千万吨的发酵菌渣已被纳入危险废弃物，菌渣处置已成为制药企业不得不面对的一大经济负担。与抗生素生产废水相比，抗生素菌渣的风险特征存在争议。笔者团队开展了制药行业典型抗生素菌渣的抗生素与耐药基因在生产、贮存和处理全流程中的污染特征研究，发现新鲜和贮存的发酵菌渣中存在抗生素生产菌（如链霉菌属细菌、青霉菌等）和少量来自环境的耐药细菌，耐药基因主要是抗生素生产菌为保护自身而携带的天然耐药基因，这些耐药基因的遗传环境中没有可移动遗传元件，耐药基因传播风险弱[2]。因此，抗生素菌渣的主要风险因素是抗生素残留，一旦菌渣中抗生素得到有效去除，菌渣中高浓度蛋白等有机物可以作为资源加以利用。

二 国内外针对抗生素生产过程中耐药性传播的管控

（一）WHO 等国际组织的管控行动

制药工业的抗生素污染排放及其环境耐药性风险问题已经引起联合国环

---

① Zhang Yu, Yang Min, Liu Miaomiao, Li Dong, Ren Liren, "Antibiotic Pollution from Chinese Drug Manufacturing-antibiotic Resistance", *Toxicology Letters* 211, 2012: S16; Han Ziming, Zhang Yu, Yang Min. "Deterring the Transmission of AMR in the Environment: A Chinese Perspective" in Mothadaka, M. P., Vaiyapuri, M., Rao Badireddy, M., Nagarajrao Ravishankar, C., Bhatia, R., Jena, J. eds *Handbook on Antimicrobial Resistance: Current Status, Trends in Detection and Mitigation Measures* (Singapore: Springer, 2023), https://doi.org/10.1007/978 - 981 - 16 - 9723-4_ 52-1; Larsson D. G. J., Flach C. F., "Antibiotic Resistance in the Environment", *Nature Reviews Microbiology* 20 (5), 2022: 257-269.

② Han Ziming, Luan Xiao, Feng Haodi, Deng Yanqin, Yang Min, Zhang Yu, "Metagenomic Insights Into Microorganisms and Antibiotic Resistance Genes of Waste Antibiotic Fermentation Residues Along Production, Storage and Treatment Processes", *Journal of Environmental Sciences* 136, 2024: 45-55.

境署（UNEP）、WHO 等机构的高度关注，它们已经组织召开了多次全球专家会议，研讨制药行业的耐药性风险及其管控。2013 年，WHO 和 UNEP 在波恩举行健康相关产品绿色采购研讨会，针对抗生素生产上游原料药生产过程，呼吁关注高药物活性成分（API）废水和耐药性发展问题；发布"健康相关产品绿色采购倡议"，要求抗生素生产商在生产过程中采取措施防止抗生素和耐药基因的环境排放，抗生素生产过程中耐药性的管控有可能成为制药行业的"绿色壁垒"。① 2015 年，WHO 发布《抗微生物药物耐药全球行动计划》，提出耐药性管控需要与制药行业开展合作。2017 年，WHO 在荷兰召开专家会议，研讨管控环境耐药性的优先行动领域，制药工业源耐药性问题受到关注。WHO 在全球范围内遴选了一批专家成立了抗微生物药物耐药性战略与技术专家顾问组（STAG-AMR），2020 年笔者团队成员作为中国专家也参与专家组，为 WHO 在应对当前和未来面临的耐药性挑战提供创新解决方案。

2020 年，WHO 药物制剂规范专家委员会（ECSPP）第 54 次报告的附件 6 "生产商和检查员的检查要点：抗生素生产中预防 AMR 的环境因素"（Points to Consider for Manufacturers and Inspectors：Environmental Aspects of Manufacturing for the Prevention of Antimicrobial Resistance）② 指出，检查员在检查生产工厂时需要关注废弃物和污水的储存和处置，控制和减少抗微生物药物的环境污染。2020 年，笔者团队参与了 WHO 与联合国粮食及农业组织（FAO）、世界动物卫生组织（OIE）联合发布的《关于防止感染和减少抗生素耐药性传播的水、环境、个人卫生和废水管理技术导则》的编制，其中行动领域五（抗生素生产）指出，通过源头控制减少抗生素和耐药基因在生产过程向环境中的排放是控制制药行业耐药性发展的最佳策略，中国制药废水耐药基因与常规污染物协同控制工程被推荐为水环境耐药性控制的典型案例。

---

① "UN Initiative on Greening Procurement in the Health Sector from Products to Services", https：//www. who. int/publications/i/item/9789241508667.

② "Technical Brief on Water, Sanitation, Hygiene and Wastewater Management to Prevent Infections and Reduce the Spread of Antimicrobial Resistance", https：//www. who. int/publications/i/item/9789240006416.

WHO 和 UNEP 于 2024 年 9 月 3 日正式发布了《抗生素生产废水和固体废物管控指南》（*Guidance on Wastewater and Solid Waste Management for Manufacturing of Antibiotics*），这是联合国首次针对抗生素生产过程中抗生素污染发布的指导性文件，旨在遏制生产过程中环境微生物耐药性的传播。

（二）国际上私营机构对绿色生产和耐药性问题的关注

2006 年在美国成立的非营利性商业会员组织制药业供应链倡议（PSCI）和 2016 年在欧洲成立的抗微生物耐药性工业联盟（AMR Industry Alliance，AMRIA；由 100 多家制药公司和协会组成），于 2018 年联合推荐使用抗生素的预测最小无效应浓度（PNEC）对制药工业来源的抗生素排放进行管理，即要求制药企业向环境排放抗生素的浓度不高于抗生素能够引起生态毒理危害或细菌耐药性发展的浓度阈值。PNEC 的列表随着科学研究的进行而不断更新，这一列表包含两个数值，其中 PNEC - ENV（PNEC - Environment）是基于生态毒理风险的抗生素浓度阈值，PNEC - MIC（PNEC - Minimum Inhibitory Concentration）是基于耐药性发展风险评估的抗生素浓度阈值，二者中数值较低者作为该抗生素的 PNEC 值。[1] 此外，通过对已有数据的统计评估，推荐使用 0.05 μg/L 为缺乏 PNEC 数据的抗生素的 PNEC 默认值。[2] 2022 年 6 月，AMRIA 和英国标准协会（BSI）联合发布了抗生素生产过程的 AMR 控制标准《抗生素生产标准：降低人类抗生素生产导致的环境耐药性和水生态毒性风险》（*Antibiotic Manufacturing Standard：Minimizing Risk of Developing Antibiotic Resistance and Aquatic Ecotoxicity in the Environment Resulting*

---

① Bengtsson-Palme J., Larsson D. G. J., "Concentrations of Antibiotics Predicted to Select for Resistant Bacteria：Proposed Limits for Environmental Regulation", *Environment International* 86, 2016：140-149.

② Vestel Jessica, Caldwell Daniel J., Tell Joan, Constantine Lisa, Häner Andreas, Hellstern Jutta, Journel Romain, Ryan Jim J., Swenson Tim, Xei Wei, "Default Predicted No-effect Target Concentrations for Antibiotics in the Absence of Data for the Protection Against Antibiotic Resistance and Environmental Toxicity", *Integrated Environmental Assessment and Management* 18 (4), 2022：863-867.

from the Manufacturing of Human Antibiotics）。[①] 这意味着欧美国家开始推动 BSI 作为第三方认证机构依据此标准开展对生产企业的认证工作，在制药采购链中成为一个"绿色壁垒"。

值得指出的是，PNEC 是水环境中抗生素的阈值，如果对废水排放进行管理，需要反推出废水的排放限值或者资源化产品的抗生素限值。此外，水环境阈值能否适用于发酵菌渣、土壤等相关环境介质也还没有定论。因此，基于 PNEC 的 AMR 控制标准如何执行今后值得关注。

三 我国制药行业耐药性传播管控的策略与行动

我国高度重视细菌耐药性管控问题，相继出台《遏制细菌耐药国家行动计划（2016～2020 年）》和《遏制微生物耐药国家行动计划（2022～2025 年）》。国家行动计划中提出，加强生活污水、医疗废水与废物、制药企业生产废水、养殖业和食品生产废水等规范处理。严格落实抗微生物药物制药相关产业园区规划和建设项目环境影响评价，强化抗微生物药物污染排放管控工作，推动抗微生物药物废弃物减量化。我国的环境管理机构也认识到严格控制抗生素生产废弃物的使用对阻断环境耐药传播的重要性，2002 年明确规定抗生素菌渣不能作为动物饲料或饲料添加剂，2008 年起将抗生素菌渣作为危险废物进行管理。2018 年，生态环境部批准依托川宁生物成立"国家环境保护抗生素菌渣无害化处理与资源化利用工程技术中心"，该中心专业从事抗生素菌渣处理与利用的研究与技术推广。2020 年，中国医药企业管理协会 EHS 专业技术委员会发布《中国制药工业 EHS 指南（2020 版）》，首次提出基于预测无效应浓度制定制药企业废水/废弃物外排标准的建议。2021 年，国家《新污染物治理行动方案》中也提出，严格落实废药品、废农药以及抗生素生产过程中产生的废母液、废反应基和废培养基等废物的收集利用处置要

---

① "Antibiotic Manufacturing Standard：Minimizing Risk of Developing Antibiotic Resistance and Aquatic Ecotoxicity in the Environment Resulting from the Manufacturing of Human Antibiotics"，https：//www.amrindustryalliance.org/sharedgoals/common-antibiotic-manufacturing-framework/.

求。2021 年，中国化学制药工业协会发布三项团体标准（T/PIAC 00001-2021、T/PIAC 00002-2021、T/PIAC 00003-2021），规范了抗生素菌渣及有机肥基料、作物、废水等环境介质中青霉素、头孢菌素、红霉素的检测方法，实现菌渣无害化与资源化和废水中抗生素残留检测的方法标准化。2022 年，颁布《中华人民共和国生物安全法》，其中也从法律层面提出加强对抗生素药物的使用和残留的管理，支持应对微生物耐药性的基础研究和科技攻关。2023 年，生态环境部发布中国生态环境标准《制药行业污染控制技术指南》①，纳入笔者团队开发的关于含高药物活性成分抗生素等废水及菌渣可行处理技术和新工艺，可确保抗生素、耐药基因和常规污染物协同控制。

高效去除抗生素相关物质及抗菌活性是抗生素发酵菌渣实现无害化与资源化的重要前提。2021 年版《国家危险废物名录》对抗生素菌渣的处置进行补充，提出在环境风险可控的前提下，可对抗生素菌渣实行"点对点"定向利用。目前的研究聚焦于尽可能将菌渣中丰富的有机质资源最大化利用。研究的对象多为具有抗生素残留较低且抗生素本身易降解特征的青霉素等 β-内酰胺类抗生素菌渣。很多难降解的抗生素类型需要进行无害化技术研发和资源化途径探索。基于强化水解的水热处理等无害化技术可以实现抗生素发酵菌渣中微生物的灭活和抗生素相关物质及抗菌活性的削减，具有无害化、资源化可行性。经实验室和制药行业部分企业的现场生产规模的水热无害化处理后，菌渣中的青霉素、头孢菌素和红霉素等抗生素残留大幅降低，特别是菌渣中微生物被有效灭活，DNA 也被完全降解。经无害化处理的发酵菌渣在避免直接进入食物链的前提下，实现制药企业内部的闭环资源化利用。②

---

① 《制药工业污染防治可行技术指南　原料药（发酵类、化学合成类、提取类）和制剂类》（HJ 1305-2023）。

② Luan Xiao, Han Ziming, Shen Yunpeng, Yang Min, Zhang Yu, "Assessing the Effect of Treated Erythromycin Fermentation Residue on Antibiotic Resistome in Soybean Planting Soil: In Situ Field Study", *Science of the Total Environment* 779, 2021; Han Ziming, Feng Haodi, Luan Xiao, Shen Yunpeng, Ren Liren, Deng Liujie, Larsson D. G. Joakim, Gillings Michael, Zhang Yu, Yang Min, "Three-year Consecutive field Application of Erythromycin Fermentation Residue Following Hydrothermal Treatment: Cumulative Effect on Soil Antibiotic Resistance Genes", *Engineering* 15 (8), 2022: 78-88.

相对而言，我国对抗生素生产废水中耐药性传播的关注比较滞后。目前发酵类抗生素生产废水的处理工艺以生物处理为主。在生物处理之前选择性去除具有抗菌活性的抗生素母体、副产物和转化产物等抗生素相关物质残留是实现废水中抗生素、耐药基因和常规指标的协同控制的关键。基于一些类型抗生素分子结构中的药效官能团具有易水解的特性，笔者团队建立了一种基于强化水解的选择性去除抗生素残留效价的预处理技术，实现了土霉素、四环素及其抗菌活性（效价）的高效去除，消除了抗生素残留对微生物的抑制作用。[1] 强化水解与生化耦合的制药废水处理新工艺已在多家土霉素生产企业得到应用，实现了残留土霉素99%的去除率，解决了对后续生化处理抑制的难题，大幅提升了厌氧系统的处理负荷和稳定性，实现了土霉素生产废水中抗生素、耐药基因和常规指标的协同控制。[2] 上述技术策略和成果已经被 WHO 和我国生态环境部在标准规范制定中采纳，为推动全球和我国制药行业耐药性防控提供了科学依据。[3]

四 结论和展望

制药行业耐药性发展问题引起国际社会越来越多的关注，这有可能对行

---

[1] Yi Qizhen, Gao Yingxin, Zhang Hong, Zhang Haifeng, Zhang Yu, Yang Min, "Establishment of a Pretreatment Method for Tetracycline Production Wastewater Using Enhanced Hydrolysis", *Chemical Engineering Journal* 300, 2016: 139–145; Yi Qizhen, Zhang Yu, Gao Yingxin, Tian Zhe, Yang Min, "Anaerobic Treatment of Antibiotic Production Wastewater Pretreated with Enhanced Hydrolysis: Simultaneous Reduction of COD and ARGs", *Water Research* 110, 2017: 211–217; Feng Haodi, Hu Yuqing, Tang Lan, Tian Ye, Tian Zhe, Wei Dongbin, Yang Min, Zhang Yu, "New Hydrolysis Products of Oxytetracycline and Their Contribution to Hard COD in Biological Effluents of Antibiotic Production Wastewater", *Chemical Engineering Journal* 471, 2023.

[2] Tang Mei, Gu Yong, Wei Dongbin, Tian Zhe, Tian Ye, Yang Min, Zhang Yu, "Enhanced Hydrolysis of Fermentative Antibiotics in Production Wastewater: Hydrolysis Potential Prediction and Engineering Application", *Chemical Engineering Journal* 391, 2020.

[3] "Technical Brief on Water, Sanitation, Hygiene and Wastewater Management to Prevent Infections and Reduce the Spread of Antimicrobial Resistance", https://www.who.int/publications/i/item/9789240006416;《制药工业污染防治可行技术指南 原料药（发酵类、化学合成类、提取类）和制剂类》（HJ 1305–2023）。

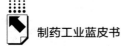
业发展和布局产生影响，中国制药行业需要及时采取行动，制定中国特色的行业管理指南，促进行业的绿色可持续发展。目前已经认识到制药过程中的环境耐药性风险主要来自制药废水和菌渣中高浓度抗生素的残留，在生物处理前采用强化水解等预处理技术消减残留效价是控制耐药性发展的最佳途径。值得指出的是，国际上提出的 PNEC 阈值如何在实际生产中执行还有很多操作上的难题，我国制药行业应结合国内外管控形势的发展，制定关于制药行业耐药性管控的指南和框架路线图，具体的建议如下。

未雨绸缪，通过产学研合作开展废水和菌渣耐药性风险控制技术和策略研究，加强行业内的技术交流和合作，有效应对国际上可能建立的绿色采购壁垒。

加强耐药性风险评估研究，确定科学合理的抗生素残留阈值，为相关标准的制定提供科学基础。

B.21
科技创新赋能医药产业高质量发展

——以华药集团为例

高凌云*

摘　要： 本文介绍了华北制药集团有限责任公司坚持科技创新引领，推动企业向高质量发展的主要做法：持续加大自主研发创新力度，"十四五"以来研发投入增长率达到 28.18%；不断推进联合研发创新，完成仿制药立项 50 个；谋划成立专项投资公司，引入一批重点创新产品；与科研机构等联合研发，强化"原料药+制剂"一体化发展；加快关键核心技术攻关，利用合成生物学技术完成产品升级；发展高端制剂，提升原料药产业价值链，加快绿色创新和应用。充分体现了华药集团根据人民健康需求，踔厉奋发加强科技创新能力建设的决心和能力。

关键词： 自主研发　科技创新　制药产业　华药集团

医药产业是健康中国建设的重要基础，是满足人民健康生活需求、保障民族健康安全、构建强大公共卫生体系的重要支撑。目前，我国医药产业持续保持高速发展，成就了我国作为世界医药制造大国的地位。同时我国经济的持续增长，人口特点的不断改变，奠定了我国全球第二大医药市场的地位。我国在全球医药产业链中举足轻重，而从制药大国迈向制药强国，需要我们集聚要素实施创新驱动，持续投入打造竞争新优势，勇毅笃行加快医药产业转型升级，实现医药产业高质量发展。

＊ 高凌云，华北制药股份有限公司副总经理。

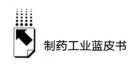

一 新阶段行业发展需求及策略

新中国成立 70 多年来，我国医药经济大致经历了四个发展阶段：一是解决无药可用难题；二是产业规模快速扩大；三是产业持续规范发展；四是药品监管制度改革。经过多年努力，当前我国医药产业已进入转型转轨、升级发展的新阶段，未来的发展要注重满足以下四个方面的需求。

（一）必须满足人民健康需求

1. 疾病谱的变化

疾病谱的变化与医疗技术进步、人口年龄结构变化、生活习惯等密切相关。《健康中国行动（2019~2030 年）》中提到有 4 个重大慢病，包括心脑血管疾病、癌症、慢性呼吸系统疾病、糖尿病。

2. 健康素养提升

据国家卫健委统计，2022 年我国居民健康素养水平达到 27.78%，比 2021 年提高 2.38 个百分点，继续呈现稳步提升态势。监测结果显示，2022 年全国城市居民健康素养水平为 31.94%，农村居民为 23.78%，较 2021 年分别增长 1.24 个和 1.76 个百分点。东、中、西部地区居民健康素养水平分别为 31.88%、26.70% 和 22.56%，较 2021 年分别增长 1.48 个、2.87 个和 3.14 个百分点。健康素养提高标志着公众获取和理解健康信息，并运用这些信息维护和促进自身健康的能力提高。

疾病谱的变化和公众健康素养提高，决定了医药产业的发展方向，一是聚焦在患病率高的疾病和重大慢性疾病方面；二是随着健康素养提高，健康需求将会持续释放，预防类健康消费领域将迎来高速增长。

"十四五"期间，华药集团积极调整战略重心，将自身免疫疾病、血液及肾病、老年退行性疾病等作为重点布局领域，并提出了培育发展健康消费品产业的规划，有效贴合了公众健康需求方向。

（二）必须满足行业发展需要

高质量升级发展既是企业自身的需要，更是国家整个产业进步的需要。2023 年 8 月 25 日国务院常务会议审议通过了《医药工业高质量发展行动计划（2023~2025 年）》。提出要着力提高医药工业韧性和现代化水平，增强高端药品、关键技术和原辅料等供给能力。支持行业协会、龙头企业、科研机构等联合组建医药产业链研究院，组织开展产业链研究监测和协同攻关。对标国际先进水平，强化资源要素支撑，推动产业链上下游加强协作，开展协同攻关和集成验证。强化"原料药+制剂"一体化发展优势，提升原料药、高端制剂等优势领域大规模生产制造能力。鉴于此，华药集团着力深化转型升级，以高端化、智能化、绿色化为引领，加快推动企业数字化转型。

（三）必须符合国家政策方向

近年来，三医联动下的医药卫生体制改革不断深入，特别是国家医保局成立后，围绕医保基金管理、医保目录调整和药品价格三方面开展了大量影响深远的工作：打击骗保套保、医保目录调整、启动 DRG 付费试点、推进异地就医、合并各种医疗保险、开展带量采购等，每一次政策出台，都像重磅炸弹一样，引起行业巨大反响，极大地改变了行业发展轨迹。

医药行业高质量升级发展就是要适应这种变化，提前布置应对措施，找到最佳的发展路径。华药集团一是通过重点发展生物药、加快引进竞争力强的产品等进行弥补，调整产品结构；二是在产业链方面，充分发挥作为产业链核心角色的引领带动作用，通过补链强链、与上下游企业合作等方式，保持产业链竞争优势；三是在产品技术方面，运用生物技术改造传统产业，重点通过引进合成生物学技术和产品，优化生产工艺，利用闲置资源，激活新的效益增长点。

（四）必须能够应对突发事件

突发卫生事件处置能力是检测一个国家医疗体系是否完善的标准，同时

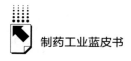

也是医疗体系改进的方向和医药行业发展的方向。经历了非典疫情、新冠疫情等重大公共卫生事件，我国初步建立起具有中国特色的医疗应急体系，医药行业也深深地印刻上发展烙印。在全球文明高度发达、世界联络日益密切的今天，突发事件对人类健康造成的威胁会成倍放大、快速传导。所以，能够有效地应对突发卫生事件成为行业高质量升级发展的必然需求。如近期的日本核废水排放等事件，作为医药行业，应该加快推进相关药物研发和产业化布局，做好迎接最坏风险的准备。

二 华药集团高质量发展在行动

面对行业发展的新阶段，华药集团坚持科技创新引领，不断加大新产品、新技术研发引进力度，推动企业向高质量发展迈进。

（一）持续加大自主研发创新力度

"十四五"以来研发投入增长率达到 28.18%。2022 年 1 月，河北省内首个生物类国家一类新药"奥木替韦单抗注射液"获批上市。重组人源抗狂犬病毒组合制剂等重点生物类新药研发工作有序推进。在化学制药方面，注射用比阿培南、酶法氨苄西林等新品陆续获批上市，有效丰富了企业产品结构。同时，华药集团在抗感染、心脑血管领域有多个创新药处于临床和近临床研究阶段。

（二）不断推进联合研发创新

通过协同创新正在洽谈引入抗感染、抗病毒、化学药和生物药系列新品。一是 2023 年确定了的立项目标，截至 2023 年底，完成仿制药、合成生物学创新药 62 个。二是谋划成立专项投资公司，加大对创新药公司、CRO公司的投资强度，通过并购、重组方式，引入一批重点创新产品。三是加大和国内知名科研机构等联合组建联合研究中心或联合研发，包括和中国科学院天津工业生物技术研究所、中国科学院国家纳米科学中心、清华大学、浙江大学、天津大学、中国医学科学院药物研究所、军事科学院军事医学研究院、药明康德公司等合作研发创新药和新技术。

（三）强化"原料药+制剂"一体化发展

提升原料药、高端制剂等大规模生产制造能力。通过补链、延链，目前华药集团形成了从青霉素到 6-APA，阿莫西林到下游的阿莫西林胶囊、注射用哌拉西林钠等制剂；从青霉素到 7-ADCA，头孢氨苄到下游的头孢氨苄胶囊、片剂等一代头孢制剂；从 7-ACA 到头孢噻肟钠等到下游注射剂，形成了较为完整的青类、头孢类产品原料+制剂一体化产品链。免疫抑制剂从环孢素、他克莫司、西罗莫司等到下游的制剂；抗耐药菌领域从万古霉素、替考拉宁到下游制剂；抗真菌领域从两性霉素 B 等到下游的注射剂、脂质体等产品链条。下一步华药集团将通过技术工艺的持续提升，做大做强做优原料药，支持下游制剂，以质量、成本优势积极参与市场竞争。

（四）加快关键核心技术攻关

提升新型原料、高端制剂生产等产业化技术水平。围绕原料药生产中应用面广的绿色生产技术，如微反应连续合成、生物转化、手性合成、贵金属催化剂替代、合成生物技术、低 VOCs 排放工艺设备等，组织实施一批应用示范项目。

1. 利用合成生物学技术完成华药集团产品升级

华药集团作为传统发酵优势企业，拥有发酵与代谢调控关键技术和产业化应用的经验。同时建有规模居全国前列的菌种库，其涵盖 178 个属、6.3 万株药用微生物，为合成生物技术的菌种筛选及改造，提供了强有力的资源支持。目前主要开展两项工作。一是依托自身优势资源，通过和国内知名研究机构合作研发，利用生物催化或基因编辑技术替代传统的发酵技术，精准提高转化产物。二是建成了河北省内医药行业唯一的生物合成高能级技术平台，通过基因编辑技术，精准提高发酵产物，减少后续纯化工序。与浙江大学、清华大学、中国科学院天津工生所开展生物合成技术引进工作，推进传

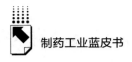

统产品技术升级，提升市场竞争力。

2. 发展高端制剂

一是重点推进长效缓控释等复杂制剂技术，持续开展脂质体、纳米辅料包裹形成新型抗生素。目前正在拓展研发精神领域用药的长效化，减少病人用药次数和痛苦。二是紧跟国际医药技术发展趋势，开展重大疾病、传染病的新药研发，重点发展针对重大传染疾病、病毒感染疾病、自身免疫性疾病、心脑血管疾病、糖尿病、神经性疾病、耐药感染等疾病的创新药物，特别是采用新靶点、新作用机制的新药。三是推进化学仿制药研发，加快临床急需、新专利到期药物的仿制开发，提高患者用药可及性。四是提高仿制药质量水平，重点结合仿制药质量和疗效一致性评价，提高口服固体制剂和注射剂生产技术和质量控制水平。截至 2023 年底，已有环孢素软胶囊等 32 个品种 55 个规格通过评价。五是高端制剂方面重点发展脂质体、纳米制剂等新型注射给药系统，吸入口服速释、缓控释等口服调释给药系统，儿童等特殊人群适用剂型等，推动高端制剂达到国际先进质量标准。六是聚焦临床紧缺药物，包括加强罕见病、儿童用药、老年人用药等紧缺药物开发，加快临床必需但副作用较大药物的换代产品开发。

3. 提升原料药产业价值链

原料药产业要打造"大宗+特色（专利）"的产品结构，向品种特色化、产业集中化、工艺绿色化、渠道多样化的方向发展。加大技术研发和创新力度，逐步从主要中间体供应商向全球主要特色原料药供应商的角色转变，实现我国化学原料药在全球价值链产业分工中从低端向高端的发展。一是推进华药集团特色合成药物基地项目，继续补强产业链条。二是用酶法合成技术替代高污染化学合成，利用华药集团拥有的"抗生素酶催化与结晶技术国家地方联合工程室"，实现阿莫西林、头孢氨苄等系列产品酶法工艺产业化，同时头孢丙烯等多个产品在研。

4. 加快绿色创新和应用

聚焦产业绿色发展需求，重点开发原料药连续反应、晶型控制、酶法合成、生物转化、手性合成、微通道反应连续合成，以及抗生素发酵菌渣等固体废物的无害化处理与资源化利用绿色技术等，提高原料药产业清洁生产水平。

一是华药集团和清华大学开展微通道连续反应技术研究，在氢化反应、缩合反应、萃取等多个产品不同流程中实现产业化，产品质量得到提升，成本明显降低。二是推进原料药绿色工厂建设，积极构建资源节约、环境友好、生态文明的绿色生产体系，推动提升行业绿色发展水平。

华药集团将进一步贯彻习近平总书记考察河北时的重要指示精神，不辜负总书记对华药集团的亲切关怀和殷切希望，落实好国家大力发展生物医药产业的战略布局。华北制药将坚持人民至上、生命至上，根据人民健康需求，踔厉奋发加强科技创新能力建设，勇毅笃行促进新技术、新产品研发与应用，与全国医药同人一起实现"把生物医药产业发展的命脉牢牢掌握在我们自己手中"，促进我国医药产业高质量发展。

绿色制药篇

B.22
化学原料药数字化工厂建设研究*

王学恭　裴高鑫**

摘　要： 化学原料药是我国医药工业的重要组成部分。近年来，很多化学原料药企业根据竞争和发展的需要，对原有生产体系实施了信息化、数字化改造，打造数字化工厂，实现了生产水平升级。但也有不少企业在数字化转型的过程中缺乏统筹规划，脱离企业管理基础，目标和路径不明确，导致投入产出不及预期。本文结合化学原料药的生产特点，介绍了建设化学原料药数字化工厂的框架和要点，目的是帮助相关企业制定适合自身特点的数字化工厂建设方案，通过数字化为业务赋能，优化运营管理，改进质量控制，提升企业效益。

关键词： 信息化系统　数字化工厂　化学原料药

---

* 本文主要观点节选自中国医药企业管理协会发布的《化学原料药数字化工厂建设方案》。

** 王学恭，中国医药企业管理协会副会长；裴高鑫，中国医药企业管理协会政策研究员。

一 原料药行业状况和生产特点

化学原料药是我国医药产业的重要组成部分，处于医药产业链的上游，是保障下游制剂生产、满足临床用药需求的基础。过去30多年来，随着我国药品市场规模不断扩大、全球原料药供应链转移，我国原料药生产规模快速扩张，生产技术水平不断提升，目前已发展成为全球最大的原料药生产国和出口国。根据统计①，2023年原料药行业规模以上企业实现主营业务收入4277亿元，实现出口交货值985亿元。我国现有原料药生产企业数千家（含医药中间体企业），在国家药监局备案的产品按照通用名计约2000个②，加上大量的医药中间体，产品数量更多。

原料药按照生产工艺类型划分，可分为化学合成类、生物发酵类、提取类原料药，以及兼有不同工艺路径的半合成类原料药。原料药生产具有如下特点。一是工艺类型复杂。原料药生产涉及生物、化学以及物理过程，一个品种生产流程往往需要多步反应和多种单元操作，工艺条件复杂，有的品种甚至需要多达数十步化学反应，对工艺控制和设备性能要求很高。二是生产质量要求严格。原料药质量影响到最终成品药的安全性和有效性，生产过程需要稳定可控，产品质量需达到国家相应标准，关键生产环节需符合药品生产质量管理规范（GMP）要求并受到严格监管，无菌级产品对生产环境要求高。三是环保安全任务重。原料药生产采用的原料种类多，很多生产过程污染物排放量大、成分复杂、处理难度大，是国家环境污染治理的重点领域；生产过程大量使用危化品，不少产品涉及高危反应，对安全管理要求高。四是大宗原料药生产过程中水、电和蒸汽消耗大，特别是一些维生素、抗生素等发酵类产品，节能降碳任务重。五是原料药生产属于流程型制造，但根据监管要求按照批次组织生产，以间歇性生产为主。

---

① 数据来源于工业和信息化部。
② 数据来源于国家药品监督管理局药品审评中心原辅包登记与信息公示平台。

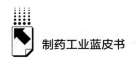

二　建设原料药数字化工厂的意义

（一）提高效率和降低成本

通过智能化生产作业和精细化生产管控，提高工艺技术指标和生产效率，提升设备综合利用率，减少人工操作。通过相关系统的建立，对物料进行管理，提高库存周转率。通过对能源使用情况进行智能分析和合理规划，提高能源利用效率。打通生产、质量、供应链等各个部门的信息流，促进各部门工作的高效衔接。通过各个环节的精准控制，实现生产资料的最优化调度，系统降低生产成本。

（二）提升质量管控水平

通过数字化手段增强业务流程的可控性和合规性，精准控制全批次物料配比和流程参数，更好地保证批间和批内的质量一致性，自动排查潜在的产品质量风险，对生产偏差快速响应，有效降低因产品质量问题而产生的批次报废、产品召回、生产线暂停的可能性。实现数据透明可追溯，从源头上满足数据可靠性的要求。为质量安全监管提供有效手段，满足监管机构动态核查要求。

（三）有效控制过程风险

除了有效控制生产质量风险，在设备管理方面，信息化系统可基于设备参数安排预防性维护，减少设备故障导致的生产中断。在安全方面，通过预警并协同多系统联动，进行风险的预测和分析，降低生产和运维风险，保障人员安全。在环保方面，采取智能化措施，监测、管理、治理企业所产生的废水、废气、噪声和危险废物，减少环境污染，实现企业绿色可持续发展。

（四）实施基于数据的管理决策

利用数字化工厂产生的大量数据，通过数据的挖掘和分析，可有效辅助各项业务管理决策，在获得优化的策略和解决方案的同时，管理决策时间可以从数个小时降低到毫秒水平。对工厂管理层而言，数字化工厂实现了透明可控，为评估生产运营状况、制定和实施运营策略创造了条件，为提高企业的市场竞争力和取得良好效益打下基础。

（五）促进全流程及产业链业务协同

可通过打通业务信息流，将工艺研究与优化、生产计划执行、生产过程管控、全面质量管理、物料和仓储管理等各类业务信息及时同步给相关部门，进行多方协同，实现资源共享，达到及时对各项管控指标和活动进行动态调整。通过搭建数字化平台，逐步实现企业间数据共享和流通，打通上下游产业链，实现数字化转型的目标。

三 建设原料药数字化工厂的框架

建设原料药数字化工厂应结合原料药生产的特点、以工厂业务管理活动为主线统筹规划，搭建良好的系统架构和管理架构，分阶段组织实施。可参照如下设计。

图 1 为"原料药数字化工厂系统架构示意"，按照原料药工厂的特点，围绕生产管理、工艺管理、质量管理、设备/能源管理、仓储/供应链管理和环保/健康/安全管理（EHS）等业务管理活动，列出了设备层、控制层、业务管理层的主要构成，以及经营管理层的重要功能。设备层负责执行具体的生产作业，并为生产过程控制提供底层数据。控制层与设备层对接，进行收集、整合设备层有关数据，按需配置跨设备管理系统。业务管理层通过各业务系统的单项建设和系统间集成，实现数字化业务管理一体化应用。经营管理层横跨于其他系统之上，贯穿生产、质量和供应链全流程，是企业实现全局优化的关键。

图 2 为"原料药数字化工厂管理架构示意"。原料药工厂一般由生产车间、QC 实验室、公用工程、环保设施等构成，通过数字化工厂的建设，可

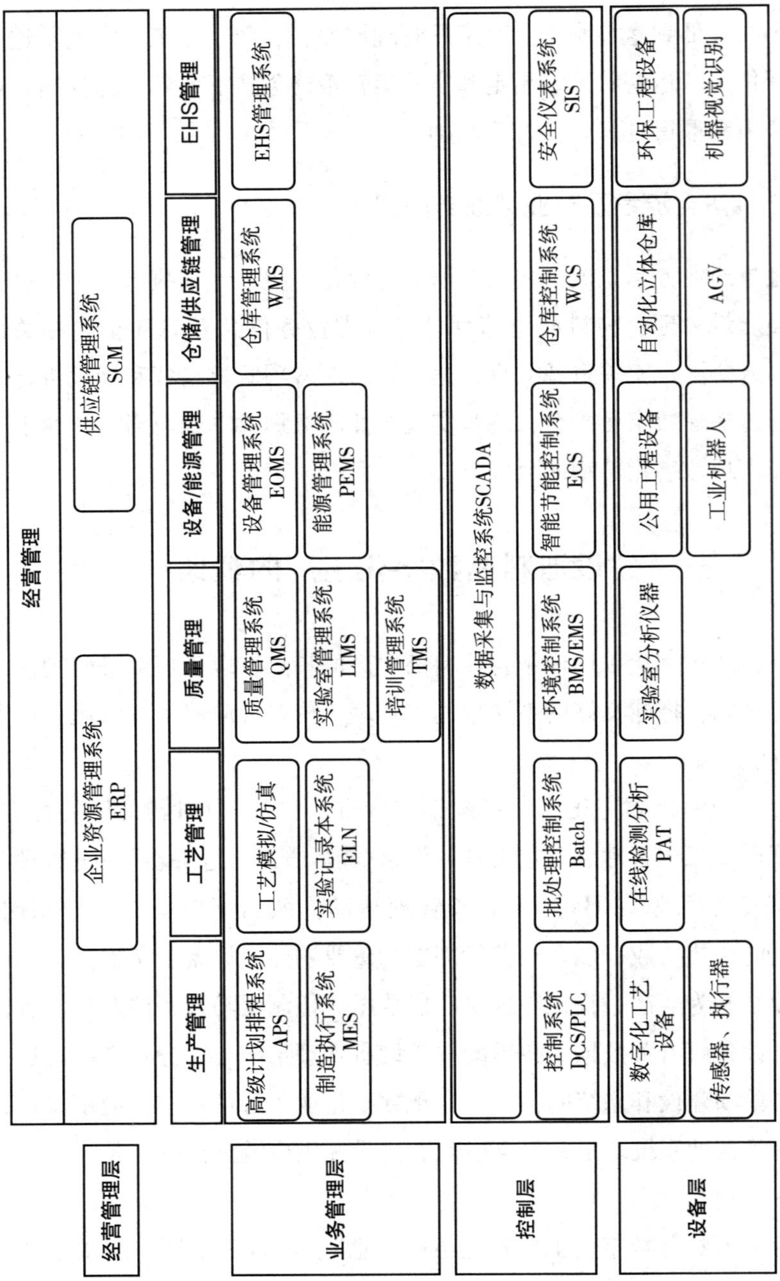

图 1 原料药数字化工厂系统架构示意

在工厂各项业务活动中采集到大量的数据，汇集于企业的数据和控制中心。通过对各项数据的整理、分析、挖掘，帮助企业建立更有效率地管理流程，实现基于数据的业务管理、决策和执行，促进原料药工厂提高控制水平、运营效率和市场竞争力。

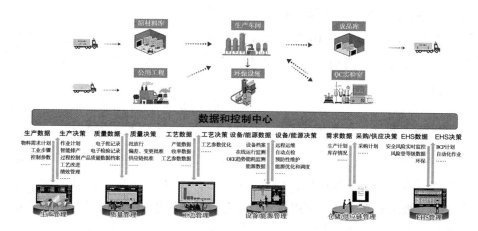

图2　原料药数字化工厂管理架构示意

四　建设原料药数字化工厂的要点

（一）夯实设备层的数字化基础

根据数字化工厂建设的需要，主要设备应具有网络通信功能（包括标准和开放的数据接口），能够提供关键工艺参数、关键质量参数、关键设备参数等有关数据，支撑数据分析与挖掘。在设备选型时，应重视可编程逻辑控制器（PLC）、分散控制系统（DCS）、人机界面（HMI）的数据标准、接口标准和通信协议，保证设备和系统之间数据的互联互通。

提升生产线的自动化和连续化水平。通过管道化、连续化的设计，采用自动化设备和控制系统，努力使原料药工厂的生产工艺系统、工艺辅助系统和公用工程系统整体贯通，实现全过程的自动化控制，减少人员使用。对具

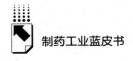
备条件的企业和适宜产品，开发应用连续反应技术，为原料药全过程的连续化制造创造条件。

开发应用在线分析技术，应用在线近红外技术、拉曼光谱、成像技术、智能光谱传感器等手段，对生产过程中的关键工艺参数、关键质量参数进行测量和分析，实施调整控制，确保生产质量的稳定性。

有条件的企业可采用工业机器人、巡检机器人、自动导引运输车（AGV）、机器视觉识别等先进的设备，在转运、包装等部分工序上替代人工，提高效率。

（二）提高生产组织效率

生产计划是工厂生产的起点，可应用 ERP、APS、MES 等管理系统，基于市场需求预测和销售订单，综合考虑产品多样化、批量多样化、交叉工序、物料批次限制、设备可用状态、设备清场等因素，制订主生产计划、精细排程、物料需求计划、库存计划，整体提升成品交期、设备利用率和库存周转率。

在生产过程管控方面，通过 MES 系统的应用，以及与 ERP、WMS、LIMS、SCADA 等系统集成，将原料药工厂生产各环节涉及的人员、设备、物料、环境、规程有机结合，并对生产过程中的所有操作和数据进行记录和跟踪，保证从原料投料到产品产出全过程的规范化、电子化、可视化，确保生产数据的精确性、可靠性和完整性，从而有效降低生产质量风险，提高生产效率。

物料管理是生产管理的重要任务，可采用智能操作终端、扫描枪、二维码标签、电子秤、条码打印机等装置和相应系统实现物料信息智能识别、物料防错、智能提醒和精准称量配料。

（三）提高全过程质量管控水平

重点通过信息化手段增强生产流程的可控性和合规性，自动排查潜在的生产质量风险，帮助企业实现质量的持续改进，实现数据透明和可追溯，从源头上确保数据可靠性，通过无纸化提高质量管理的效率。

在质量保证方面，通过 QMS 系统的偏差管理、纠正和预防措施（CAPA）、变更管理、供应商管理等模块，实施各项质量管理活动。如偏差管理模块能够识别和汇报偏差与不合格项，进行调查及原因分析，执行风险评估和影响分析，制定纠正和预防措施，进行偏差与不合格项的审批关闭。可将 QMS 系统与生产、实验室、仓库等管理系统进行对接，形成实时的质量管控。如与 MES 系统对接，实现生产中的偏差流程自动启动；与 ERP 系统对接，实现产品、物料、供应商信息的同步，以及与批次放行、召回等操作联动。

对生产过程中的关键质量数据开展监控和分析，通过仪表及传感器、过程分析技术（PAT）、自动控制系统获取生产过程数据，监测质量数据在生产中的变化趋势，根据质量控制策略，实现生产质量的静态和动态控制，定期回顾分析质量数据，持续改进生产质量。

QC 实验室管理是保障产品质量的重要环节，可采用 LIMS 系统对请验、取样、检验过程、试剂、仪器、标准品、天平等进行管理，保障检验各环节的规范性。LIMS 系统可与 WMS、MES、QMS 等系统对接，接收原辅料、包材、中间品、半成品及成品的请验信息，完成检验后，将检验报告反馈给相关系统，以便准确放行。

（四）提高供应链管理效率

企业供应链管理的重点是整合和优化供应链中的信息流、物流、资金流，建立起与市场需求相匹配、有韧性的供应链能力和供应链全成本竞争优势。

实现供应链可视化，建立供应链数据中心（驾驶舱/仪表盘/控制塔），利用信息技术对供应链中的订单、物流以及库存等信息进行采集、传递、存储、分析和处理，以结构化和图形化的方式展现出来，实现整个供应链的端到端的可视性，帮助管理层实时掌控供应链各环节关键业务的运营状况和目标达成情况。供应链可视化可有效提高供应链的透明度和可控性，帮助企业

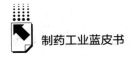

更好地预测供应链中断风险、提高供给弹性、管理异常情况、应对计划外的关键事件，优先考虑并实时解决关键问题。

开展供应链决策优化，在供应链信息整合的基础上，可以设定产量、交货期、产销率、库存周转率、准时交货率、供应链运营成本等多目标 KPI，对供应链的运行状况进行评价，针对不同的场景找到供应链优化目标，满足企业管理的需要。站在全局资源优化的角度，构建一体化的优化模型，模拟不同策略下的场景，寻求产销协同最佳解决方案。

有条件的企业可以通过供应链管理系统与原材料供应商以及客户建立信息的共享机制和平台。可与供应商一起设定最优的库存管理策略，降低整体库存水平。与下游客户合作，及时了解客户的销售情况，以提高决策执行的准确性、及时性，缩短供应周期，降低交易成本。

（五）实现仓储和厂内物流精准管理

原料药工厂涉及的物料种类多，存货周转量大，可通过信息化系统有效管理仓储和厂内物流，提升效率，降低成本，保障物料精准运转。

在仓储管理方面，应用 WMS 系统对物料的入库、出库、库房盘点等进行位置映射管理、批次状态管理和物料转移任务管理，确保物料转移的准确性，提高物料转移效率。实现仓储配送与 MES、ERP 系统等业务系统的集成，基于生产计划制定配送计划，基于生产线实际生产情况拉动物料配送。

在厂内配送方面，集成 MES、WMS、ERP 等系统，对运输工具、运载容器以及装载货物进行统一调度，实现载具和货物与立体仓库、房门、电梯和车间装备的互联互通和协同控制。集成 RFID、机器臂、AGV、高速智能分拣机、高速托盘输送机等智能装备，采用识别传感、定位追踪、物联网和5G 等技术，实现原材料、中间品和产成品流转过程的全程实时跟踪。

（六）保障设备稳定运行

通过 EQMS 系统，以设备档案为核心，对设备设施、计量器具校验、备品备件管理等进行标准化、流程化、合规化管理，为生产的稳定运行打下基础。固化设备的验收、验证、启用、变更、维护、维修、点巡检、盘点等业务流程，保证各项业务管理及执行的规范性。将设备维护维修业务与备品备件进行关联，避免备品备件短缺。

通过和 SCADA 系统集成，实时采集生产过程中的设备运行状态参数，监控设备事件过程，自动记录相关处理数据。搜集设备故障数据，识别多发问题和生产瓶颈，计算设备实际运行效率（OEE），为后续的持续改进提供目标，为设备效率提升寻找改进方向。应用巡检机器人、移动 App、增强现实/虚拟现实（AR/VR）等方式对设备进行自动巡检，监控设备运行状况及周围环境的变化，准确发现设施缺陷和危及安全的隐患。

对重要设备开展预测性维护，通过监测设备部件温度、噪声水平、能耗及电气异常、机械形变、异响等，精准捕捉异常状态，帮助设备管理人员实现精准的故障判断。建立基于设备运行数据的故障预测性模型，实现生产线或工厂设备故障精确定位和预警，以及设备寿命滚动预测，基于预测情况，制订合理的设备维保计划，降低计划外停机造成的生产成本和生产率损失。

（七）优化能源管理，降低能源消耗

能源是保障原料药生产的重要资源，能源成本是原料药成本的重要构成。在能源管理方面，利用 PEMS 系统在统一的平台上对整个工厂的能源系统进行管控。结合企业运营管理中能源考核的要求，采用分级、分区的思路，设计电气回路和智能电表，设计水、汽、气的远传计量仪表，对各种能源介质的实际发生量、各个生产单元和主要设备的用能数据进行采集、整理和统计分析。对各项能源数据进行集中管理和实时展示，建立能源平衡模型，以能流图、仪表盘和预测曲线等方式，统计系统不同周期下能耗占比及能源流向，快速准确地给出优化调度方案。基于能耗数据和排产计划，使用机理模型、大数据和专家系统等，对比重点能源设备耗能情况，按批次分析用能过程，优化用能方式及用能结构，降低生产成本。

对原料药工厂重点用能环节实施能源优化。对蒸汽锅炉运行参数、配汽站及主要用汽设备进行全面监测，调整蒸汽的产、送、用、回收等工序，稳定蒸汽负荷，降低蒸汽成本。采集制冷机组、冷却水及冷冻水系统、空调箱组等单元的运行参数，在保障生产环境符合 GMP 要求的前提下，提高制冷系统的制冷性能系数（COP）。全面监测空压机站、管网输配系统运行情况，确保空气安全稳定运行情况下，分析供需数据，进行空压机能效和空气压缩系统经济性匹配寻优，降低用气单耗。

（八）重视 IT 基础架构搭建和信息安全

应根据工厂的网络结构、功能区划分和应用系统的重要程度等，划分出合理的 IT 域、OT 域、边界接入域、计算机环境域、网络基础设施域和支撑性设施域。采用现场总线、以太网、物联网和分布式控制系统等，连接车间内核心设备、控制系统、业务软件。通过数据中心的建设，收集、归纳、整理有关生产、工艺、质量、设备数据、能源消耗数据，做好数据的安全防护和数据备份。

安全稳定的通信网络对数字化工厂建设十分重要，工业网络必须满足生产数据采集、生产系统互联、生产现场设备联网、远程通信（根据未来实际应用需求）、云连接（根据业务建设需求）、无线通信、移动应用需要，将其与 IT 网络深度融合，形成一套完整、安全、可靠、高效的通信网络，并符合相应的网络安全等级保护要求。

应高度重视信息安全系统的建立，构建可确保智能装备安全、网络安全、应用安全、数据安全和主机安全的综合性信息安全体系。通过信息安全风险评估，确定安全域划分、权限管控等，提升网络信息安全能力，加强数据安全防护及数据备份，保障数据的保密性、完整性、可用性和可控性。

（九）良好的组织实施是建设数字化工厂的关键

企业数字化工厂建设涉及流程变革、企业文化变革和管理思维变革，需要自上而下的决心，否则可能会使数字化项目的收益大打折扣，甚至造成系统搁置和投资浪费。因此在组织体系上，数字化工厂建设需要企业高层直接领导，信息化、生产、质量、设备、EHS 等各业务部门全面参与，确保部门之间紧密配合和资源匹配。信息化部门应配备专业化的人员，协助高层制定数字化转型策略，并承担数字化项目的实施和运维。

在项目实施上，数字化工厂建设可按照五个阶段推进。一是需求和现状评估阶段。企业需对自身现状进行分析，根据业务需求明确数字化工厂建设的目标，并对自身数字化基础、信息化系统与关键业务流程的融合程度等进行评估。二是整体规划阶段。企业应根据项目建设目标和重点，完成系统架构设计，自上而下绘制涵盖设备层、控制层、业务管控层和经营管理层的规划框架，并编制实施路线图，避免"边设计边建设"导致的数据孤岛。同时，应规划统一的数据标准、接口标准和通信协议，保证设备和系统之间数据的互联互通。三是分步实施阶段。企业应对数字化工厂建设的主要任务进行优先级排序，集中优势资源保障关键环节任务的顺利实施和交付。对于涉及多个系统和多个业务流程的建设任务，建立不同的工作流分模块推进项目实施。四是项目验收阶段。项目验收应确保系统运行顺畅，符合相关法规要求，能够达到 URS 要求的功能，并且保证文件系统和培训系统建立完备。五是投产使用阶段。企业应重点关注系统的日常维护、操作人员的培训、流程变革的管理以及系统功能的发掘和应用，在确保系统稳定运行的同时，努力通过数字化手段创造更大的价值。

五　结语

智能制造和数字化转型是制造业升级的重要方向，是发展新质生产力的重要内容。数字化能够帮助制药企业实现管理变革，提升效率和市场竞争力，给一些传统企业带来新理念、新思路和新模式。

需要指出的是，企业在数字化工厂建设中仍需要结合自身的工艺基础、管理基础、业务特点和各项条件，采取适宜的策略和路径，并将优化管理流程放在优先位置。企业（特别是中小企业）在数字化工厂建设过程中，也可以结合自身特点，选择开发和部署一些灵巧、小型化的信息系统，作为阶段性方案满足部分业务管理需求。

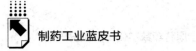

　　应当引起重视的是信息系统上线不是数字化工厂建设的结束，更应当作为企业数字化转型的开始。企业应当立足业务管理的本质，充分整合和有效应用各个信息系统的功能，开展数据挖掘和智能制造价值发现，开发适宜的应用场景，持续改进企业管理，不断提升企业运行质量和经济效益。

B.23
抗生素菌渣无害化处理与资源化利用研究

沈云鹏*

摘　要： 本文结合国内外抗生素菌渣处置利用管理现状，分析探讨了包括安全填埋、焚烧、工业炉窑协同、高温水解、电子束辐照、生物酶法脱抗、热解气化、厌氧消化、喷雾干燥、圆盘干燥、提取麦角甾醇、制备生物质燃料及活性炭和生物炭等抗生素菌渣无害资源化处置利用技术进展，以及当前我国在该领域存在的主要问题，介绍了抗生素菌渣多路径无害资源化协同处置利用研发的新途径和新技术，为国家和行业突破相关技术壁垒以及菌渣污染控制管理和决策提供了科学技术支撑，助推行业实现提质增效和绿色低碳、可持续健康发展。

关键词： 抗生素　菌渣　无害化　资源化

一　抗生素菌渣概况

原料药产业处于医药工业产业链上游，原料药是医药制剂产品的基础性原料，是保障民众安全用药的基础，在我国流行病预防治疗、城市与农村医保体系的常规用药中发挥着重要作用。进入 21 世纪以来，抗生素原料药产业一直保持较快的发展速度，产品种类日益增多，技术水平逐步提高，生产

---

* 沈云鹏，国家环境保护抗生素菌渣无害化处理与资源利用工程技术中心主任，正高级工程师。

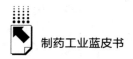

规模不断扩大。① 我国目前是全球最大的抗生素原料药生产与出口国,每年生产超过 70 种发酵类抗生素,全球 75% 的青霉素工业盐、80% 的头孢菌素、90% 的链霉素(红霉素)均来自中国。发酵类药物最开始是从抗生素的生产发展起来的,截至目前,发酵类药物中仍以抗生素为主。发酵类抗生素又分为 β-内酰胺类、大环内酯类、四环类、氨基糖苷类、多肽类和其他类等。②

抗生素发酵生产过程中产生大量的抗生素菌渣。据统计,每年产生的抗生素菌渣近千万吨。菌渣的主要成分为抗生素发酵产生的菌丝体、未被利用完的培养基、发酵过程中产生的代谢物、培养基的降解物以及少量的药物活性成分(根据抗生素品种的不同③,菌渣中抗生素残留量在 0.04%~0.1%)等。抗生素菌渣的含水率在 70%~90%,菌渣干基中的粗蛋白含量为 30%~40%、粗纤维和粗脂肪含量为 10%~20%,还含有多种氨基酸和微量元素,具有很高的利用价值。

抗生素菌渣中残留的抗生素及其代谢产物是影响其无害资源化利用的关键制约因素。近年来,有大量关于抗生素残留引起耐药性、环境抗性菌和抗性基因的研究报道。抗生素进入水体或土壤环境后,影响微生物种群的正常代谢平衡,并诱发和传播大量环境耐药菌,导致环境中耐药性的致病菌增加和扩散,如处置不当,将可能对人类健康和生态环境构成潜在威胁。

二 抗生素菌渣处置利用管理现状

(一)国外抗生素菌渣处置利用管理概况

抗生素菌渣在美国被认为是微生物制药行业产量最大的废物类别,美

---

① 工业和信息化部、卫生部、国家食品药品监督管理局:《三部门联合印发关于加快医药行业结构调整的指导意见》,中央政府门户网站,2010 年 11 月 10 日,https://www.gov.cn/gzdt/2010-11/10/content_ 1741868. htm。

② 《发酵类制药工业水污染物排放标准》(GB 21903-2008)。

③ 邹书娟、王一迪、张均雅:《抗生素菌渣理化性质分析》,《环境科学与技术》2018 年第 S1 期。

国环境保护署（EPA）认为菌渣废物的主体是菌丝体，菌丝体仅包含微生物的细胞、助凝剂和剩余营养成分，通常不被划为危险废物，抗生素生产过程中的发酵液浓缩后可以作为动物饲料添加剂出售。抗生素菌渣通常被用来焚烧、填埋或者作为土壤改良剂。[①] 在填埋时，一些州要求菌丝体在填埋之前含固率要超过 30%，以防止含有害物质的高浓度废水进入环境。在作为土壤改良剂时，通常加入 1% 的石灰。而以往最常见的抗生素菌渣处置方式为海洋倾倒，直到 1972 年 EPA 规定暂时禁用这种方法，若要恢复海洋倾倒，必须通过充分的调研分析确定更加严格的管理政策，该方法最终被禁止。

欧盟目前未将抗生素菌渣划入危险废物的范畴，但对于制药行业固废的处置，通常采用以厌氧联合发酵、填埋及焚烧为主的处理方法。在德国抗生素菌渣定为一般固废，进行厌氧联合发酵和焚烧处置。在英国和荷兰，抗生素菌渣经无害化处理后甚至可被用于动物饲料或饲料添加剂。[②]

印度通过添加不同的添加剂和其他组分制造的肥料具有丰富的营养，可以调节土壤结构，作为农家肥等使用。日本现行政策中未将发酵类微生物制药废物列入危险废弃物。[③] 墨西哥将菌渣定义为可生物降解的非危险性废物，每年墨西哥产生的菌渣大约为 3 万吨，主要作为一般废物进行填埋处理。

（二）我国抗生素菌渣处置利用管理情况

2002 年，我国农业部、卫生部、国家药品监督管理局等部门联合发布《禁止在饲料和动物饮用水中使用的药物品种目录》，将抗生素菌渣列入其中，并规定了抗生素菌渣不能作为牲畜饲料或饲料添加剂。

2008 年，抗生素菌渣被列入我国《国家危险废物名录》，抗生素菌渣属

---

① 韩洪军、陈凌跃等：《我国微生物制药菌渣管理现状分析》，《环境工程》2015 年第 1 期。
② 李欣：《一种菌渣堆肥的方法》，中国专利 CN110577421A。
③ 牟晋铭：《抗生素菌渣处置技术评价及其残留抗生素去除的预测仿真》，哈尔滨工业大学硕士学位论文，2013。

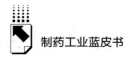
于 HW02 医药废物类别，须按危险废物进行严格监管，对所有微生物发酵制药废渣进行焚烧处理或安全填埋。

2012 年发布的《制药工业污染防治技术政策》明确提出：生产抗生素类药物产生的菌丝废渣应作为危险废物处置，生产维生素、氨基酸及其他发酵类药物产生的菌丝废渣经鉴别并认定为非危险废物后，可用于生产有机肥料。

2021 年 1 月起施行的《国家危险废物名录（2021 版）》将抗生素菌渣明确列为危险废物，要求严格按照国家危险废物相关法规及标准处置管理，但不再将维生素、氨基酸、他汀类降脂药物、降糖类药物产生的菌渣列入，同时明确在环境风险可控的前提下，根据省级生态环境部门确定的方案，实行危险废物"点对点"定向利用，即一家单位产生的一种危险废物，可作为另外一家单位环境治理或工业原料生产的替代原料使用。

2022 年 5 月国务院办公厅发布的《新污染物治理行动方案》明确提出，要强化含特定新污染物废物的收集利用处置，严格落实废药品、废农药以及抗生素生产过程中产生的废母液、废反应基和废培养基等废物的收集利用处置要求。

三　抗生素菌渣无害化处理与资源化利用技术进展

"十四五"时期，我国进入强化生态环境治理体系现代化和美丽中国建设的新发展阶段，坚持以创新、协调、绿色、开放、共享的新发展理念为引领，推进绿色、低碳、循环发展，废物源头减量和资源化利用，持续推进原料药产业绿色制造和绿色产品生产供给，从设计生产到资源回收等全流程，强化产品全生命周期绿色管理，推动实现原料药产业的绿色低碳、高质量发展。

当前，抗生素菌渣无害化处理与资源化利用技术主要有以下几种。

1. 安全填埋

抗生素菌渣列为危险废物，采用填埋处置，必须将菌渣送入危险废物填埋场进行填埋。由于抗生素菌渣含水率高、有机质含量高，直接进行安全填埋，存在占地面积大、处置成本高和二次污染问题，而且造成资源浪费。因此，在其填埋之前，应采用物化和生物处理方法尽可能地利用其中的有价值物质和能量。[①] 虽然安全填埋技术可有效解决抗生素菌渣带来的生物安全性问题，但受占用大量土地和无限期维护的限制，这一处置方法很少被采用。

2. 焚烧处置

焚烧处置是一种实现抗生素菌渣减量化、无害化处理技术，将菌渣在800~1200℃的高温条件下进行氧化燃烧，被氧化或热解为小分子有机物或二氧化碳等，是我国目前抗生素菌渣的主要处置方法。国内部分制药企业建设了抗生素菌渣焚烧处理装置或委托第三方焚烧处置。由于抗生素菌渣的含水率高（为70%~90%），体量大、热值较低，运行能耗和处置成本较高，且抗生素菌渣中含有大量蛋白质等有机质，在焚烧过程中产生氮氧化物、SO_2 甚至二噁英（Dioxins）等二次污染物，异味处理困难，并产生大量碳排放，造成大量资源浪费，[②] 与当前国家新发展阶段下绿色低碳、循环经济和科学发展的要求不相适应。

3. 工业炉窑协同处置技术

利用工业窑炉（如水泥窑、电厂和工业锅炉等）将抗生素菌渣与其他原料或燃料协同处理，在满足正常生产要求、保证产品质量与环境安全的同时，实现固体废物的无害化处置。[③] 在《国家危险废物名录（2021年版）》豁免清单第15条中，对生物制药产生的培养基废物经生活垃圾焚烧厂焚烧处置产生的焚烧炉底渣、经水煤浆气化炉协同处置产生的气化炉渣、经燃煤

---

① 李再兴、田宝阔、左剑恶等：《抗生素菌渣处理处置技术进展》，《环境工程》2012年第2期。

② 马思路、洪晨、邢奕等：《抗生素菌渣处置方法综述》，《中国资源综合利用》2018年第12期。

③ 王建斌、陈云、王可华：《工业窑炉协同处置固废研究进展》，《化工进展》2022年第3期。

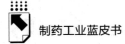

电厂燃煤锅炉和生物质发电厂焚烧炉协同处置以及培养基废物专用焚烧炉焚烧处置产生的炉渣和飞灰实施全过程豁免管理。但是，在抗生素菌渣工业炉窑协同处置过程中，其污染控制需实现规范化管理，与之相对应的标准指标体系也需要进行补充完善。

4. 高温水解技术

结合抗生素的理化性质和热不稳定性，在保持一定的压力、温度和水解时间下，采用水热消解法有效去除抗生素菌渣中残留的抗生素。该无害化处置方法对 β-内酰胺类如青霉素、头孢等热不稳定性抗生素去除效果显著。抗生素菌渣经高温水解后，一般与后续干化工艺进行协同处理，从而实现抗生素菌渣的无害资源化利用。

5. 电子束辐照技术

电子束辐照是一种独特的高级氧化—还原技术，产生的高能射线可直接作用于 DNA 等生物大分子，引起生物大分子的电离和激发，使 DNA 分子的链断裂、碱基脱落或氢键断裂，细胞内膜受损，酶功能紊乱等，致使微生物细胞死亡[1]；同时，水分子辐照分解产生的羟基自由基、水合电子以及氢自由基等活性粒子通过氧化还原作用，破坏微生物的 DNA、RNA 及细胞组织。电子束辐照技术降解效率高、适用面广，无须或仅需加入少量化学试剂，不会产生二次污染物，是一种清洁、可持续利用的技术，其特殊性能既可降解菌渣中的抗生素，又可杀灭耐药菌和消除抗性基因污染，[2] 在抗生素菌渣无害化处置领域具有广阔的应用前景。

6. 生物酶法脱抗技术

根据抗生素的结构特性，有针对性筛选和培育抗生素生物酶降解菌株，制备生物酶制剂，通过在抗生素菌渣中加入该类抗生素降解生物酶，保持一定的时间，从而实现抗生素菌渣中残留抗生素的有效降解。该处置方法处理过程条件温和，能耗较低，但通常需要与高温水解、PH 调节、电子束辐照

---

① 陈丹：《电离辐照去除水体及抗生素发酵菌渣中抗生素的研究》，中国地质大学（北京）硕士学位论文，2020。

② 清华大学：《采用电离辐照去除抗生素抗性基因的方法》，中国专利 CN108046370A。

等其他无害化处置方法协同才能实现抗生素的高效去除。

7. 菌渣热解气化技术

菌渣热解气化技术是在无氧或缺氧的高温条件下，使抗生素菌渣中的大分子有机物热解为可燃性小分子气体（H_2、CH_4 和 CO 等），液态的甲醇、丙酮、乙酸、乙醛、焦油、溶剂油以及固定碳（焦炭、炭黑、活性炭等）等，上述产物均可被回收利用。目前许多学者正在研究城市污泥、城市垃圾、秸秆等废弃物的热解气化技术，均取得了较好的效果。由于抗生素菌渣与城市污泥特性相近，也可以采用相同的处置技术。[1]

8. 菌渣厌氧消化技术

厌氧消化技术是将抗生素菌渣在高温或中温环境中厌氧发酵，使有机物在厌氧条件下转化成沼气，同时对菌渣中残留的抗生素具有一定降解作用。但厌氧消化过程时间长，厌氧出水 SS 和氨氮含量较高，对后续好氧生化处理系统稳定运行压力较大，且残留的抗生素对厌氧消化细菌形成生物抑制性，其厌氧沼渣利用过程中微生物的抗药性也需要进行严格的安全性评价。

9. 喷雾干燥技术

含水率在 90% 左右的抗生素菌渣经雾化后，在喷雾干燥塔中与高温（500℃左右）热烟气接触，菌渣中水分被迅速汽化的同时，残留抗生素失活，通过旋风分离，直接得到干燥的粉状制品（基料），可省去蒸发、粉碎等工序。该处置方法能耗较高，产生的尾气量较大，且尾气异味需要进行有效处置。

10. 圆盘干燥技术

抗生素菌渣通过造粒机造粒后，湿菌渣进入立式圆盘干燥机的干燥圆盘上进行干燥，经过 85~125℃ 的温度烘干，停留时间一小时左右，形成含水率 15% 左右的颗粒制品（基料）。该无害化处置方法对 β-内酰胺类如青霉素、头孢等热不稳定性抗生素效果明显，产生的尾气量较小。

11. 菌渣中提取麦角甾醇

从抗生素菌渣中可提取核糖核酸、麦角甾醇等具有一定经济价值的产

---

① 常加富、张屹、霍燕：《抗生素菌渣气化燃烧试验研究》，《化工管理》2019 年第 28 期。

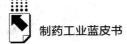

品。由于菌渣中核糖核酸、麦角甾醇等组分含量很低，提取完成后剩余大量的菌渣仍需要进行无害化处置。这种抗生素菌渣处置利用方法，是废弃物资源化利用产业链的延伸，虽然工艺过程较复杂，但获取的收益高，因此，其处置利用技术也是有较好应用前景的途径之一。

12. 菌渣制备生物质燃料、活性炭、生物炭等

对于结构比较稳定、残留抗生素难以有效去除的抗生素菌渣，可考虑通过制粒、干燥后制备生物质燃料或者制备活性炭、生物炭等，在实现抗生素菌渣无害资源化处置利用的同时，产生一定的经济收益。但制备活性炭或生物炭需要重视生产过程的异味治理问题。

四　当前抗生素菌渣无害资源化处置利用存在的主要问题

2022 年 5 月，国务院办公厅印发《新污染物治理行动方案》（国办发〔2022〕15 号），将包括抗生素在内的新污染物治理作为打好污染防治攻坚战的重要内容，提出要研究制定含特定新污染物废物的检测方法、鉴定技术标准和利用处置污染控制技术规范。方案的出台以及各省区市实施细则的推进实施，进一步提升了推进解决抗生素菌渣无害资源化处置利用问题的紧迫性。当前抗生素菌渣无害资源化处置利用面临的主要问题包括以下几方面。

（一）抗生素菌渣无害资源化处置利用"家底"不清

在我国纳入统计规模以上的 1300 家左右原料药企业中，获批的化学原料药有 2000 种（未包含医药中间体），其中，各地区生产不同品种的发酵类抗生素企业产生的抗生素菌渣无害资源化处置利用方式方法不尽相同，"家底"不清晰，不利于结合各地区不同品种的发酵类抗生素生产企业的实际有针对性推进抗生素菌渣无害资源化处置利用技术研发和规范化管理相关工作。相应全局性、系统化的基础调研统计工作亟待展开。

（二）缺乏系统完善的抗生素菌渣无害资源化处置利用标准体系

系统完善的抗生素残留检测分析方法标准、抗生素菌渣无害化处理过程污染控制标准（规范）、抗生素残留排放限值标准以及处置利用产物安全性鉴别标准的建立，是开展包括抗生素在内的新污染物治理相关工作的基础，更是抗生素菌渣无害化处理与资源化利用以及过程环境安全风险的管控等工作的重要科学技术支撑。近年来，国内许多制药生产企业与高校及科研单位合作，进行了大量的研究探索，并取得了一定成效。但由于未能建立起可支撑抗生素菌渣无害资源化处置利用及其风险控制管理的相应标准，抗生素菌渣无害资源化处置利用技术的开发以及相应项目的审批监管依据不足，不能有效满足新形势下国家环境监管工作的要求。所以，推进抗生素菌渣的无害资源化处置利用工作，建立完善相应的标准体系是关键。

（三）抗生素菌渣无害资源化处置利用关键技术和装备的开发和推广应用不足

现阶段，符合我国相关环保政策要求的抗生素菌渣焚烧和填埋处置方式存在诸多弊端，菌渣处置的巨大环保压力和成本压力促使制药企业在菌渣无害化处置和资源化利用领域开展了积极有效的探索性工作，但成效有限，安全、高效、适用的菌渣无害化处理与资源化利用技术和关键装备亟待开发和实现有效推广应用。

五　研究展望

为破解困扰抗生素行业多年的菌渣无害化处理与资源化利用难题，国家环境保护抗生素菌渣无害化处理与资源化利用工程技术中心作为该领域的共同研发创新平台，以抗生素生产企业和行业问题为导向，在生态环境部以及各生态环境主管部门、中国环境科学学会、中国化学制药工业协会的指导和支持下，突出核心关键技术的研发与应用，与哈尔滨工业大学、清华大学、

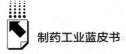

中国科学院生态环境研究中心、中国环境科学研究院等国内外科研院所和企事业单位在专业领域方面深入开展产学研用合作，以青霉素、头孢菌素、红霉素等典型大宗抗生素菌渣为研究对象，建立了抗生素残留检测分析方法，研发了系列抗生素菌渣无害化处理关键工艺技术及装备，开展了连续多年的大田试验验证，构建并完善了抗生素菌渣高效利用处置环境技术风险评估体系，并对抗生素菌渣有机肥产物（基料）出具 CMA/CNAS 检测报告进行分析判定，形成了多路径的抗生素菌渣无害资源化系统解决方案，解决了制约抗生素行业发展的菌渣合理、安全无害资源化处置利用问题，为全面推进相关前沿领域科技成果转化，充分发挥工程技术中心对行业的辐射、带动和对国家环境管理、环境治理的技术支撑作用奠定了坚实的基础。

抗生素菌渣多路径无害资源化处置利用技术的研发和推广，为我国抗生素菌渣的无害化处置和资源化利用提供了一条新途径，不仅可以起到借鉴意义和示范作用，也为国家和行业突破相关技术壁垒以及菌渣污染控制管理和决策提供了强有力的科学技术支撑，可望助推抗生素行业进一步加强绿色技术创新、优化产业布局、提升产业集中度和绿色制药水平，实现行业提质增效和绿色低碳、可持续健康发展。

B.24
制药废水近零排放技术与展望[*]

王爱杰　韩京龙　翟思媛　程浩毅**

摘　要：　制药废水近零排放和资源化利用是有效降低污染物排放强度消除环境风险的重要途径，近年来得到了长足发展和一定的应用。然而，传统零排放工艺链条长、碳排高、成本高，杂盐危废等问题突出，可持续性与环境友好性值得商榷。本文提出低碳约束下制药废水近零排放与资源化路径。通过对水系统物质流、能量流和高毒性物质的识别分析，针对性开发高效资源化技术，实现有价物质的回收利用；针对难降解有机物研发定向转化技术及装备，实现定向解毒；应用高抗逆生化处理技术，实现有机物能源化与深度矿化，为后续分盐减轻负担提升盐回收效能；对于净化后的高盐水依据当地条件分类实施多路径资源化，沿海地区可将深度净化后的高盐净水归海、归江，形成低碳约束下制药废水人工小循环和人与自然系统耦合双循环模式。通过上述技术的应用与推广，构建我国制药行业废水低碳近零排放技术体系，推动制药行业的绿色化、低碳化转型。

关键词：　制药废水　近零排放　低碳约束　资源化　绿色循环

---

* 本文为国家重点研发计划"低碳约束下沿长江制药化工园区废水近零排放技术与示范"项目组研究成果。

** 王爱杰，哈尔滨工业大学（深圳）教授，城市水资源与水环境国家重点实验室（深圳）主任；韩京龙，哈尔滨工业大学（深圳）教授，主要从事高盐有机废水低碳净化与资源化研究与技术应用；翟思媛，天津大学副研究员，主要从事弱电介入生物系统强化污水（及其剩余污泥）深度净化与资源化技术研究；程浩毅，哈尔滨工业大学（深圳）教授，主要从事工业聚集区污水深度脱氮与氮素资源回收技术研究。

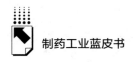

一 制药废水近零排放的重要意义

（一）废水近零排放的定义

废水零排放来源于国外"液体零排放"（Zero Liquid Discharge，ZLD）一词，是指废水处理过程中无任何液体进入环境中，产生于 20 世纪 70 年代，主要起源于将热电厂的循环冷却水通过电厂蒸汽蒸发固化，杂盐填埋。然而，近年来以此为引领的零排放技术应用于煤化工、制药等行业废水处理时，往往出现杂盐危废物处理处置难困境。基于此，国内提出废水、无机盐同时无排放或超低排放的近零排放概念。更为强调废水和无机盐，特别是无机盐达到一定的高回用率，近乎零排放的状态。

本文采用第二种概念。需要说明的是，零排放作为一种工程概念，仍欠缺科学上的准确定义，同时，在几十年的发展过程中其内涵与外延也在变化。从污染物的气、液、固多介质的协同处置出发，一味地追求液体（水）与固体（主要为结晶盐和杂盐危废）零排放，不考虑气体（主要为二氧化碳）的排放，为了所谓的液体与固体零排放却产生大量的温室气体排放是不可取的。

（二）制药废水近零排放的现实需求

1. 解决水资源短缺与环境容量问题

我国制药废水近零排放的案例大多出现在内蒙古、新疆、甘肃等地。由上述地域的自然环境特点总结发现，这些地区是我国典型的缺水地区，水资源是这些地区发展的刚性约束。取水量的严格限制导致了水的回用需求，水的近零排放是缓解水资源短缺问题的重要途径。

制药行业既是用水大户，也是排污大户。现有制药行业零排案例多以发酵类和化学合成类制药废水处理为主。其中，发酵类制药产业用水和排放水量大，是环保部门重点管控的对象。化学合成类制药及其中间体的污染负荷重，某些高盐废水尚无经济合理的处理技术，不得不采用蒸发措施。在当地水资源短缺的背景下，受纳水体环境容量普遍不足。制药企业通过制药废水近零排放有效降低进入水环境的污染物总量，从而有效减少受纳水体的负担。这是西北地区进行制药废水近零排放的另一个现实需求。

2. 解决制药废水高无机盐排放难题

近零排放的另一个现实需求是对工业含盐水处置需求。随着工业社会的发展，污染物，特别是累积性无机盐的排放量增加。我国黄河（特别是乌梁素海）、西北诸河等流域存在水体中无机盐含量上升的问题，威胁了水生态系统和下游饮用水、灌溉等用水的安全。基于上述考虑，在环评和审批过程中，黄河等流域对工业废水处理后尾水的无机盐排放进行了日益严格的限制。而对于大部分制药化工企业，其工业废水无机盐含量高，无法达到如此严格的要求，采用近零排放技术降低无机盐浓度，甚至避免无机盐的排放也就成为一个选择。

3. 应对严格的地方标准与高昂的排污费的需求

我国山东等地从小流域水系统净化与循环回用的角度出发，对污水处理厂排水的全盐量进行了严格限制（如企业外排水污染因子中含盐量不得超过 1600mg/L[①]），这对于大部分的发酵法和化学合成药生产来说是无法做到的。为此，零排放或近零排放成为相关企业扩大生产不得不采取的措施。

此外，在我国江苏、山东等地排污费用逐年升高（大于 20 元/吨），高昂的排污费用也使相关企业不得不考虑进行废水零排放，从而避免督查压力解除企业生产过程中排水量的限制。

4. 抗生素等新污染物生态风险防控

近年来人们对抗生素、持久性有机物、内分泌干扰物等新污染物的关注度日益提高，工业源新污染物受到更大的关注。从新污染物防控角度出发，采用近零排放是彻底阻断新污染物问题、避免新污染物引发的生态风险的重

---

① 《流域水污染物综合排放标准第 1 部分：南四湖东平湖流域》（DB 37/ 3416.1 −2018）。

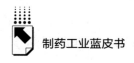

要措施。这也将成为未来地方管理部门指导企业采用近零排放措施的重要考量。

二 制药废水近零排放技术要点

（一）典型制药废水类型

化学合成类和发酵类制药是两类典型的制药方式，其生产过程的不同使制药废水排放源和废水的水质差异性大，相关参数如表1所示。

表1 典型制药废水产业废水来源和水质特征

类型	化学合成类制药废水			发酵类制药废水		
	母液	冲洗废水	公辅过程排水	主生产过程排水	公辅过程排水	冲洗废水
水质特点	包括各种结晶母液、转相母液、吸附残液等，污染物浓度高，含盐量高，废水中残余的反应物、生成物等浓度高，有一定生物毒性，难降解	包括过滤机械、反应容器、催化剂载体、树脂、吸附剂等设备及材料的洗涤水，其污染物浓度高、酸碱性变化大	包括循环冷却水系统排污，水环真空设备排水、去离子水制备过程排水、蒸馏（加热）设备冷凝水等	包括废滤液、废发酵母液和其他废母液等。废水浓度高、硫酸盐及氨氮含量高，酸碱性和温度变化大，一般含药物残留，水量相对较小	包括容器设备冲洗水、过滤设备冲洗水、树脂柱（罐）冲洗水等。废水污染物浓度高、酸碱性变化大	包括工艺冷却水（如发酵罐、消毒设备等）、动力设备冷却水、循环冷却水系统排污，水环真空设备排水、去离子水制备排水、蒸馏设备冷凝水等
常规水质	COD：几十万；B/C < 0.3；含盐量数万以上	COD：400~10000 BOD$_5$：100~3000	COD≤100	COD>30000；B/C 0.3~0.5	COD：100~10000	COD≤100

资料来源：制药工业污染防治可行技术指南（2015）。

1. 化学合成类制药废水

化学合成类制药产业通过一个或系列化学反应生产药物活性成分，该过程排放的制药废水大部分为高浓度有机废水，一般含盐量高，pH 值变化大，部分原料或产物具有生物毒性或难被生物降解，如卤代有机物、硝基类有机物、苯胺类化合物、杂环有机物等。其中，高浓度有机废水蕴含大量的有价物质和无机盐，具备良好的资源化潜能，但其高浓度、高生物抑制毒性的特点也导致处理难度大。

2. 发酵类制药废水

发酵类制药产业产生抗生素或其他活性成分，经过分离、纯化、精制等工序生产出药物，产品种类包括抗生素类、维生素类、氨基酸类等。该类型制药废水水量大，存在难降解组分，大部分发酵类制药废水含氮量高、硫酸盐浓度高、色度较高；有的发酵母液中还含有抗生素分子及其他污染物，对废水处理生物抑制性强、难度高。

（二）制药废水近零排放技术要点与工艺流程

目前，制药行业废水处理可参照的标准主要是 GB 21903-GB 21908，这一系列标准对制药工业水污染物排放提出了明确的要求，其中针对发酵类制药废水的 COD、BOD 和总氰化物排放要求与最严格的欧盟标准相接近。以发酵类制药废水为例，其近零排放工艺流程包括废水预处理、常规生化处理、深度处理与回用、盐浓缩与结晶、污泥处理等工艺单元，其工艺流程如图 1 所示。

资源回收与脱毒预处理：一般采用精馏、萃取、树脂吸附等过程实现高值产品和有机溶剂的回收利用。通过蒸发浓缩、焚烧等过程实现高盐、高浓度的废水预处理与脱毒，避免进入生化系统，保证生化系统的稳定性。

废水常规处理：生产过程中排放的高浓度废水分别进入调节池，再经过中和反应池调节 pH，加入混凝剂和助凝剂进入混凝沉淀池，沉淀出的水进入混凝气浮，气浮出水进入均质池；低浓度废水部分进入初沉池，沉淀

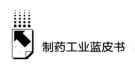

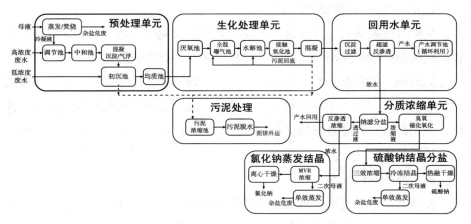

图 1　典型发酵类制药废水近零排放工艺流程示意

后进入均质池，与经预处理的高浓度废水混合后进入一沉池，经沉淀后进入 AO_2；厌氧出水经沉淀进入一级好氧池，一级好氧池采用完全混合深水射流曝气池，借助其高强度的混合和高浓度的污泥高效降解废水中的有机物，出水与部分低浓度废水一起进入一沉池进行污泥沉淀，沉淀污泥部分回流部分排出，出水与部分均质池的废水混合进入二级 AO 处理系统，实现有机碳和氨氮的充分氧化，并将硝化液回流至缺氧池进行反硝化脱氮，出水进入二沉池进行泥水分离，沉淀污泥部分回流部分排出，出水进入气浮处理系统。

回用水处理：经过常规处理后的废水应用高级氧化、离子交换和超滤反渗透技术进行深度处理以达到更高的水质标准，实现废水的园区回用。

污泥处理：初沉池、混凝沉淀池、厌氧沉淀池、一沉池、二沉池的排泥和气浮的排渣均进入污泥浓缩池，经浓缩后进入卧螺机脱水，浓缩池上清液和脱水滤液进入低浓度废水收集系统。

高盐废水浓缩与结晶：制药废水杂质与其他行业差别大，对超滤反渗透浓水、高倍浓缩生产环节和废水处理环节的高盐废水进行分质结晶。

三 制药废水近零排放问题剖析

制药化工废水含有大量毒性污染物（如抗生素及制药中间体），生物抑制性高，且由于产品种类丰富，废水中赋存有机污染物与盐种类较多。这一特征使制药化工废水近零排放的高成本、高碳排问题更为突出。

（一）高能耗和高碳排导致的高成本

制药行业废水处理仍以末端治理思路为主，其近零排放工艺流程冗长，一般设计超过 30 个工段，且缺乏难降解有机物和碳、氮、磷的高效去除技术。过度依赖物化处理方法和好氧曝气过程，停留时间长，药剂消耗量大。无机盐含量高，浓缩蒸发与高级氧化等过程中选材极为严格，防腐压力大，从而导致整体投资偏高。高能耗、高碳排问题较为突出，其能耗和碳排为常规废水处理工艺流程的 3 倍以上。

如制药行业相关企业均采用近零排放过程进行废水处理，则行业的能耗和碳排放将急剧上升，不符合"双碳"背景行业发展的要求，也可能加剧近零排放技术推广过程中逻辑合理性的质疑。规模化"近零排放"过程吨水投资也要在 3 万元/吨水（按日处理量）以上[①]，过高的投资成本限制了制药行业近零排放技术的推广应用。因此，制药行业废水近零排放工艺流程的重构与优化是其进一步推广的重要前提。

（二）杂盐危废处理处置难

目前制药化工的零排放案例中，杂盐产率普遍高于 20%。由于杂盐中含风险性有机物等，一般作为危废处置，常规处置成本在 2000 元/吨左右[②]，一般以填埋和焚烧碳化为主，然而填埋占用大量土地，焚烧碳化的高

---

① 基于实际运行项目调研。
② 基于实际运行项目调研。

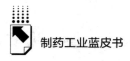

能耗、高成本问题突出，二者均不可持续。高昂的杂盐危废处置成本成为很多近零排放企业的痛点和高运行成本的重要原因。然而，我们需要看到的是杂盐危废问题是整个近零排放系统问题的集中表现，而非问题的症结。近零排放的杂盐危废产量大问题的症结在于有机物与硝酸盐等污染物去除不彻底，其解决问题的根本办法也在前端的深度净化。

（三）结晶盐回用难

由于制药废水的生化抑制性和难降解性，其有机物和硝酸盐的去除困难，从而导致结晶分压段大量有机物与硝酸盐残留。同时，由于药品种类繁多，在制药化工的生产过程中设计的无机盐种类繁多、复杂，导致结晶分盐段无机盐种类复杂，分盐结晶困难。制药化工废水所产生的结晶盐纯度普遍较低，采用纳滤分盐的项目，一般氯化钠纯度可在96%左右，硫酸钠纯度不足95%，其主要杂质也是有机物、硝酸盐和各类杂离子。无机盐回用过程中，制药行业从药品品质控制的角度出发，对于无机盐的来源有严格的控制和溯源体系，导致相关企业对无机盐的原位回用较为谨慎，限制了结晶盐的回用。由于结晶盐原位回用受限，制药废水处理过程盐的循环无法实现，进而影响了制药行业废水近零排放的可持续性。提高无机盐的品质是一个系统工程，需要近零排放系统的整体优化。

四 制药废水近零排放技术发展趋势

（一）水系统全过程低碳模式

水资源循环利用是废水近零排放的重要目标。传统近零排放水循环模式，以用水单元与水处理终端（盐水分离单元）的循环为主，系统思维较弱，导致过度依赖物化处理、浓缩/蒸发过程，能耗碳排量放大。如能将水流、物质流、能量流综合考虑，厘清制药过程水系统各节点的物质代谢规律、毒性特征、水质特征以及用水单元需求特征，找到关键限制性节点并对其进行优化，建立统筹水代谢和物质代谢的"车间—厂区—园区"多层级水与水载资源循环利用新模式，将是制药行业废水近零排放处理实现碳减排的重要路径。通过对各类污染物的去向和去除进行综合分析、规划，从全流程和整体上进行污染物的去除路径优化和设计，为制药废水近零排放提供减碳数字化解决方案。

（二）低碳约束下技术体系的重构与碳减排

以资源化为引领重构传统的高盐有机废水末端处理模式是近零排放技术发展的现实需求。需要基于制药废水近零排放技术需求与发展趋势提出低碳约束下制药产业废水近零排放设计思路（见图2）。

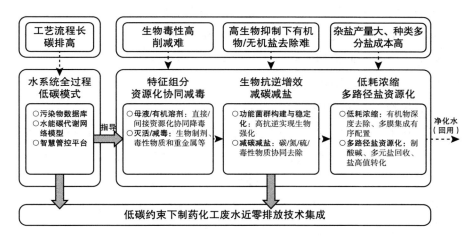

图2　低碳约束下制药产业废水近零排放设计思路

1.高浓度废水的资源化减毒

制药生产过程与大多数精细化工类似，其产品大多为高价值产品，每公斤价格在几百元至几千元，其中化学合成类和发酵类制药产业结晶母液中高价值有机物的浓度在几克每升的量级，具有高浓度、高盐度、高毒性等特征，其中的化学物质如不能回收则可成为强烈的生化抑制性物质。传统处理模式以蒸发浓缩、焚烧或作为危废直接外运为主，且存在部分掺入生化处理

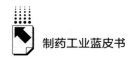

系统的做法，影响了生化系统的稳定性。而对结晶母液中可资源化组分进行回收，实现低碳处理和资源化解毒，将为后续处理减轻负担，并具有良好的经济效益。相关回收技术中，浮选、耐溶剂的纳滤、树脂吸附等技术，特别是可以实现目标有机物回收，并将其与小分子溶剂与无机盐分开的高效技术需求较大，有望通过技术攻关与示范在未来几年内取得突破。

制药产业化学合成过程中使用大量的有机溶剂，有机溶剂的回收也是降低负荷、实现生化系统处理效能提升的重要保障。目前有机溶剂的回收以精馏为主。精馏过程回收率的限制导致精馏废液、废水中残留一定的有机溶剂，其存在较大生化抑制性，是生化系统效率不高的限制性因素。吸附回收对于有机溶剂的回收率更好，但存在通量较低，投资成本较高等问题。实现有机溶剂，特别是卤代有机溶剂、酰胺类溶剂的高效低碳、相对彻底的回收对于近零排放系统意义重大，而相关技术仍需进一步发展。此外，对于乙醇、甲醇、丙酮等低附加值低毒性有机溶剂，在良好解毒的前提下，实现高效产甲烷过程也是其资源化处理的重要途径。

2. 有机物与氮素污染物深度去除

制药化工废水高盐和毒性污染物的生物抑制作用，对于制药过程特别是化学合成的制药过程，其有机物成分复杂，对应的高效降解酶缺失，可能是生化系统效果不佳的重要原因。通过生化前后的高效物理化学处理提升生化处理系统的可生化性。同时，采用生物强化的方式优化功能菌群、提升抗逆性，是充分发挥生物处理低碳优势的重要途径。

制药化工废水处理系统中高含氮特征突出，且氮的赋存形态以高浓度氨氮和有机氮为主。对于大多数有机氮的去除，其高效的氨化是必要的，这其中需要辅以高效的物化预处理手段，从而实现有机氮到氨氮的高效转化。对于硝酸盐的深度去除问题，其在现有的近零排放系统中尚未引起足够的重视，从高品质盐回收和减少杂盐产率的角度考虑，硝酸盐氮的深度去除是必要的步骤。

3. 无机盐的低碳多路径资源化

化学合成类制药过程产生的母液含盐量高，最高可达数万乃至几十万，具有巨大的资源化潜力。发酵类制药产业产品种类多，盐种类多样，发展多元盐体系下的分质盐回收技术是低碳约束下制药化工废水近零排放的重要方向。盐的分质回收水平直接决定杂盐危废产率，是影响废水近零排放处理可持续性的重要因素。

现有的制药废水生化处理系统出水 COD 一般均在 300mg/L 以上，严重影响了后续结晶盐品质，因此保障生化段有机物的深度去除，是有效提升结晶盐品质、降低杂盐率、降低膜污染的重要举措。同时，制药化工企业对盐的回用量远小于产生量，通过转运至其他行业的资源再利用是现实途径。此外，发展多路径盐资源化技术（如制酸碱就地回用）也是强化无机盐资源化利用的重要途径之一。

五　展望

制药行业由于产品种类多，生产工艺差异化，目前尚未形成针对制药行业水系统特征的系统研究。制药废水近零排放分质分类处理集成技术的研究尚处于起步阶段，现有近零排放案例普遍存在能耗高、副产无机盐品质低、杂盐危废产量大等突出问题。着眼未来，对近零排放发展的展望如下。

（1）近零排放的绿色化。从能源角度聚焦低碳化和去碳化是制药行业近零排放不可忽视的着力点，将绿能引入近零排放系统可以使近零排放系统彻底摆脱高能耗、高碳排的帽子，有望成为制药等工业行业的标配型技术。

（2）从水回用与循环的角度充分考虑地域差异性。黄河流域和西北诸河流域存在"近零排放"需求，但对于东部沿海地区则可不必采用完全"近零排放"过程，将制药废水实现深度净化后归海循环是更为低碳和合理的路径。东部地区在制药行业废水处理过程中，盐的分质结晶可以不纳入必备项，可将碳氮磷和有机物深度净化后通过反渗透浓缩回收大部分淡水，将洁净的浓盐水归海或直接进入附近的氯碱厂。一方面有效降低成本，另一方面也可以回收大部分淡水缓解水短缺问题；同时，也可以大幅度减少污染物排放，有效缓解我国的近岸污染问题。

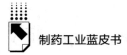

（3）减污降碳与资源回收协同推进。现行制药化工废水技术标准仅对污染物排放提出了明确的要求，并未对制药废水的资源化及水载资源的回收提出明确的意见或规定，应进一步完善行业碳排放测算和评价机制，推行绿色产业和绿色园区管理标准，提升制药行业绿色发展水平。

（4）制药废水近零排放全流程的协同与统筹。基于制药废水近零排放技术研究与应用，提出制药化工园区水系统全过程降碳优化方法及模式，构建适用于典型制药废水近零排放处理的集成技术，聚焦特征污染物资源化协同减毒、生物抗逆增效减盐减碳、高盐水低耗浓缩减量与多路径资源化等单元降碳关键技术，形成可复制、可推广、经济可用的制药化工行业废水近零排放低碳技术体系，有望推动制药行业的绿色化、低碳化转型，并助力制药企业向"零碳"工厂迈进。

B.25
新膜分离工艺处理抗生素污染水的"卡脖子"技术及应对策略

侯立安*

摘 要： 抗生素类新污染物已在众多区域的水环境中多次检出，这对人类健康和生态系统的安全带来了潜在的风险。常规水处理技术难以消除水体中的抗生素残留，主要是由于抗生素具有抑制生物生长和不易降解的特性。因此，开发新型膜分离技术成为应对水体抗生素污染问题的关键途径。本文对新膜材料及新膜工艺开展了调研，提出新膜分离技术在抗生素污染水处理应用中"卡脖子"技术难题的破解之道，希望通过源头控制、技术创新、监测监管的全过程控制策略，为水环境中抗生素污染防控提供科学指导与依据。

关键词： 抗生素类新污染物 新型膜分离技术 "卡脖子"技术

一 背景介绍

中国是世界上最大的抗生素原料药制造和出口国。[①] 大多数抗生素在人和动物体内无法被完全吸收，而是以原始形式或其活性代谢物的形式通过排泄物排入外环境。因管理和处理不当，抗生素代谢物容易进入城市污水和饮

---

* 侯立安，中国人民解放军96911部队，中国工程院院士，主要研究方向为水污染控制理论与技术。

[①] 王健行：《纳滤膜技术在抗生素制药废水深度处理中的应用研究》，中国科学院生态研究中心博士学位论文，2014，第3页。

用水源中。据统计，我国每年有超过 5 万吨抗生素排放进入水土环境，其中城市污水处理厂进水、出水和污泥中抗生素的平均浓度分别达 786.2 ng/L、311.2 ng/L 和 186.8 ng/kg。[①] 城镇饮用水源中的抗生素残留平均浓度达 88.5 ng/L。[②] 水体中抗生素污染已达到较高的生态风险并严重威胁人体健康，应尽可能地去除。[③] 膜分离技术因其无相变，不需要额外催化剂辅助，可接纳范围广，浓缩分离同时进行，常温操作及运行稳定等优势，近年来在抗生素污染水处理中得到广泛的应用。[④] 然而，随着痕量抗生素的种类增加以及污染防控要求日益严格，传统的膜技术难以实现抗生素高效去除，因此，亟须开发新膜分离技术以应对抗生素污染水的治理。

新膜分离技术中的"新"主要包括新材料、膜制备新技术和新膜处理工艺。相较传统膜技术，新膜材料应具有更高的渗透选择性、材料用量少、抗污染及长效稳定性能；[⑤] 膜制备新技术主要为针对具有特殊功能的膜材料进行高效精准定制制备；新处理工艺的出发点为针对组合工艺中各单元特点发挥各工艺最大优势。近年来，笔者团队在新膜材料、制备及工艺开发方面做了大量研究工作。例如，在新膜材料和制备方面，引入纳米颗粒、有机共价框架材料（MOF/COF）、氧化石墨烯等多种新膜材料，通过交联改性、迈克尔加成、逐层组装、界面聚合及表面接枝等方法引入膜

① Wang B., Xu Z., Dong B., "Occurrence, Fate, and Ecological Risk of Antibiotics in Wastewater Treatment Plants in China: A Review", *Journal of Hazardous Materials* 469, 2024.

② Nasrollahi N., Vatanpour V., Khataee A., "Removal of Antibiotics from Wastewaters by Membrane Technology: Limitations, Successes, and Future Improvements", *Science of the Total Environment* 838, 2022.

③ Feng L., Cheng Y., Zhang Y., Li Z., Yu Y., Feng L., Zhang S., Xu L., "Distribution and Human Health Risk Assessment of Antibiotic Residues in Large-scale Drinking Water Sources in Chongqing Area of the Yangtze River", *Environmental Research* 185, 2020.

④ Zhang T., Fu R., Wang K., Gao Y., Wang X., Hou L., "Effect of Synthesis Conditions on the Non-uniformity of Nanofiltration Membrane Pore Size Distribution", *Journal of Membrane Science* 647, 2022.

⑤ Zuo K., Wang K., Duchanois R. M., Fang Q., Deemer E., Huang X., Xin R., Said I., He Z., Feng Y., Walker W., Lou J., Elimelech M., Huang X., Li Q., "Selective Membranes in Water and Wastewater Treatment: Role of Advanced Materials", *Materials Today* 50, 2021: 516-532.

内，构建含纳米通道的超薄分离层，展现出远超传统聚合物膜对于新污染物的分离性能。[①] 在新膜工艺方面，可以通过耦合膜技术和高级氧化技术（Fenton 氧化、电化学氧化、光催化氧化等）来实现高效去除抗生素同时降低膜污染的目标。

本文针对抗生素污染水处理，从新膜分离工艺技术出发，回顾了目前已有研究的新膜材料、膜制备新技术及新膜处理工艺。提出新膜分离工艺处理抗生素污染水的"卡脖子"技术并给予应对策略，旨在为新膜技术的研发与实证提供坚实的理论基础和技术支撑，并且为抗生素污染的防控提供科技创新的动力。

二　新膜技术

（一）新膜材料

新膜材料可分为新型有机膜材料、新型无机膜材料以及新型有机无机复合膜材料（见图 1），新型有机膜材料包括聚砜酰胺类、聚烯烃类、复合材

[①] Dou J., Han S., Lin S., Yao Z., Hou L., Zhang L., "Highly Permeable Reverse Osmosis Membranes Incorporated with Hydrophilic Polymers of Intrinsic Microporosity Via Interfacial Polymerization", *Chinese Journal of Chemical Engineering* 45, 2022: 194-202; Feng Y., Liang J., Liu X., Gao, K., Zhang Y., Li A., Chen C., Hou L., Yang Y., "Graphene Oxide/Methyl Anthranilate Modified aNti-biofouling Membrane Possesses Dual Functions of Anti-adhesion and Quorum Quenching", *Journal of Membrane Science* 668, 2023; Ye Z., Zhang Y., Hou L., Zhang M., Zhu Y., Yang Y., "Preparation of a GO/PB-modified Nanofiltration Membrane for Removal of Radioactive Cesium and Strontium from Water", *Chemical Engineering Journal* 446, 2022; Zhao J., Yang Y., Jiang J., Takizawa S., Hou L., "Influences of Cross-linking Agents with Different MW on the Structure of GO/CNTs Layers, Membrane Performances and Fouling Mechanisms for Dissolved Organic Matter", *Journal of Membrane Science* 617, 2021; Guo L., Zhu Y., Hou L., Dong D., Wang A., Yang Y., "Enhancing the Desalination Performance of Polyamide Nanofiltration Membranes Via In-situ Incorporation of Zwitterionic Nanohydrogel", *Desalination* 549, 2023; Liu H. C., Wang H. X., Yang Y., Ye Z., Kuroda K., Hou L., "In Situ Assembly of PB/SiO2 Composite PVDF Membrane for Selective Removal of Trace Radiocesium from Aqueous Environment", *Separation and Purification Technology* 254, 2021.

料、聚偏二氟乙烯等膜材料。[1] 这些新型有机膜材料往往展现出卓越的分离效能、抗腐蚀特性以及长期稳定的使用寿命等优势。例如，Yang等[2]人利用聚酰亚胺制备了具有高有效比表面积且亲水的聚酰亚胺超滤膜。新型无机膜材料包括陶瓷膜材料、金属有机框架（MOF）膜材料、纳米材料、氧化石墨烯（GO）、碳纳米管（CNT）薄膜材料等，这些新型无机膜材料通常具有较高的分离效率、耐腐蚀性、机械强度高、使用寿命长等优点。例如，Yang等[3]制备了具有超薄厚度（约20 nm）、均匀的垂直孔方向、低曲折度、高孔隙率和亲水性表面特点的二氧化硅薄膜（MSTF）。除此之外，还可以通过在新型有机膜材料中添加无机纳米材料或者在新型无机材料表面涂覆或者接枝有机膜材料提高膜的截留选择或抗污染性能。

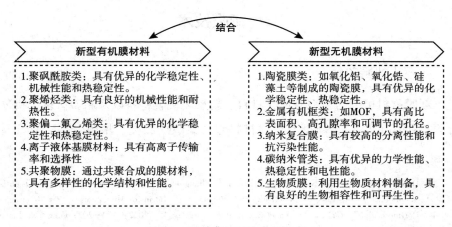

图1 新型膜材料分类及特点

[1] Zou D., Lee Y. M., "Design Strategy of Poly（Vinylidene Fluoride）Membranes for Water Treatment", *Progress in Polymer Science* 128，2022.

[2] Yang C., Xu W., Nan Y., Wang Y., Hu Y., Gao C., Chen X., "Fabrication and Characterization of a High-performance Polyimide Ultrafiltration Membrane for Dye Removal", *Journal of Colloid and Interface Science* 562，2020：589-597.

[3] Yang J., Lin G. S., Mou C. Y., Tung K., "Mesoporous Silica Thin Membrane with Tunable Pore Size for Ultrahigh Permeation and Precise Molecular Separation", *ACS Applied Materials & Interfaces* 12（6），2020：7459-7465.

（二）膜制备新方法

伴随材料的持续进化，膜的制备技术也在不断创新与发展。现阶段，膜制备新技术有原子沉积、层层自组装、静电纺丝、3D 打印以及超快激光等，受到了学术界的广泛关注（见图 2）。例如，Li 等[①]的研究团队采用十二烷基三甲氧基硅烷（DTMS）改性的 TiO_2 溶胶，通过简便的原子沉积技术成功制备了超疏水性玻璃纤维（FG）膜。另有一些研究者，如 Li 等[②]运用层层自组装技术，制备了以氧化石墨烯（GO）和聚砜（PES）纳米片复合的染料分离膜。同样，Li 等[③]通过层层自组装真空过滤法成功制备了由 Ag/CNQDs/g-C3N4 和 PVDF 膜组成的高效可见光驱动光催化自清洁膜。Wang[④]和 Cao 等[⑤]分别利用静电纺丝技术制备了稳定 Ag@ PDA/PEN 静电纺丝纳米纤维和聚四氟乙烯（PTFE）纳米纤维膜（NFM）。Chowdhury 等[⑥]和 Koh等[⑦]分别利用电喷雾式 3D 打印技术和直接墨水书写（DIW）技术制备更光

---

① Li J., Huang S., Zhang L., Zhao H., Zhao W., Yuan C., Zhang X., "One-pot In-situ Deposition Toward Fabricating Superhydrophobic Fiberglass Membranes with Composite Microstructure for Fast Water-in-oil Emulsions Separation", *Separation and Purification Technology* 313, 2023.

② Li J., Hu M., Pei H., Ma X., Yan F., Dlamini D., Cui Z., He B., Li J., Matsuyama H., "Improved Water Permeability and Structural Stability in a Polysulfone-grafted Graphene Oxide Composite Membrane Used for Dye Separation", *Journal of Membrane Science*, 595, 2020.

③ Li C., Sun T., Yi G., Zhang D., Zhang Y., Lin X., Liu J., Shi Z., Lin Q., "Fabrication of a Ag/CNQDs/g-C3N4-PVDF Photocatalytic Composite Membrane with Excellent Photocatalytic and Self-cleaning Properties", *Journal of Environmental Chemical Engineering* 10 (5), 2022.

④ Wang P., Wang M., Song T., Chen J., Liu X., Liu X., You Y., Song H., Li K., Li Y., Feng W., Yang X., "Anti-bacterial Robust Ag@ PDA/PEN Electrospinning Nanofibrous Membrane for Oil-water Separation", *Journal of Water Process Engineering* 51, 2023.

⑤ Cao M., Xiao F., Yang Z., Chen Y., Lin L., "Construction of Polytetrafluoroethylene Nanofiber Membrane Via Continuous Electrospinning/Electrospraying Strategy for Oil-water Separation and Demulsification", *Separation and Purification Technology* 287, 2022.

⑥ Chowdhury M. R., Steffes J., Huey B. D., Mccutcheon J., "3D Printed Polyamide Membranes for Desalination", *Science* 361 (6403), 2018: 682-686.

⑦ Koh J. J., Lim G. J. H., Zhou X., Zhang X., Ding J., He C., "3D-Printed Anti-Fouling Cellulose Mesh for Highly Efficient Oil/Water Separation Applications", *ACS Applied Materials & Interfaces* 11 (14), 2019: 13787-13795.

滑且更薄并能控制孔径的膜。Kasischke 等[1]利用飞秒激光诱导周期表面的方法，在厚度约为 28 nm 的 GO 薄膜上形成了垂直或平行于入射光偏振方向的具有成千上万个规则微纳 rGO 结构。除此之外，呼吸图法等独特的制备技术也得到了研究。例如，魏永明等[2]选用三醋酸纤维素为膜材料，采用呼吸图法，在玻璃板上制备出了有序单分散蜂窝状多孔膜。这种制备方法所得的多孔膜具有高度规整、孔径分布均匀以及良好的结构重复性等优点。

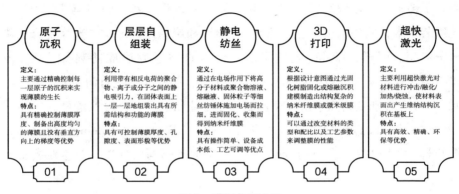

图 2 膜制备新方法

（三）新膜工艺

高级氧化工艺（如芬顿、臭氧、紫外）能够降解水中抗生素等，将膜技术与高级氧化工艺耦合，可以充分发挥两者的协同优势，为有效解决抗生素污染废水问题提供了新的思路。例如，笔者研究团队运用膜过滤技术耦合 Fenton 氧化工艺处理抗生素废水，以膜分离作为初步屏障，高效拦截悬浮固体，减少其对后续 Fenton 反应中羟基自由基的竞争性消耗，从而提升了抗

---

① Kasischke M., Maragkaki S., Volz S., Ostendorf A., Gurevich E., "Simultaneous Nanopatterning and Reduction of Graphene Oxide by Femtosecond Laser Pulses", *Applied Surface Science* 445, 2018：197–203.

② 魏永明、蒋玉莹、杨虎：《呼吸图法制备三醋酸纤维素蜂窝状多孔膜》，《膜科学与技术》2017 年第 36 期。

生素的降解效率。① 此外，笔者团队通过一锅水热法结合真空抽滤制备新型 S 异质结光催化膜用于四环素类抗生素的降解，在可见光条件下，40 分钟内可将水中的四环素全部降解。这些研究成果为解决相关问题提供了有力的科学依据和技术支持。②

液膜分离工艺主要以液膜作为传递介质，将一种或多种溶质随液膜在流动体系中作形态传递，并在膜孔隙内与溶剂相互交换，实现溶质从溶液中分离、提取或浓缩的目的。该分离工艺具有比表面积大、渗透性强、传质推动力大、选择性好、分离系数高、成本低和装置简单易操作等优势。例如，李国平③采用聚偏氟乙烯（PVDF）微孔滤膜作为基底材料，选择疏水性离子液体六氟磷酸（PF6）作为膜溶剂，成功制备了一种新型离子液体支撑膜。该膜材料专门用于处理含有氯的废水。通过使用离子液体作为膜溶剂，不仅显著减少了膜液的流失，而且相较于传统的液膜分离技术，该方法表现出更加简便高效的特点，为处理含氯废水提供了一种创新的解决方案。

相比于传统的压力驱动膜技术，新膜水处理技术的驱动力与压力膜不同。如重力驱动膜是一种以重力作为驱动力来实现物质分离的膜技术。在这种膜分离过程中，膜材料通常具有特殊的孔隙结构，使溶液中的溶质分子能够通过膜孔，而较大的颗粒或悬浮物则被膜所截留。由于重力驱动膜分离过程无须外加压力，因此具有较低的操作成本和较高的能源效率。Shao 等④通过重力驱动高孔隙度的纳米纤维膜来去除全氟辛烷磺酸（PFOS），结果表

① Ruan Y., Zhang H., Yu Z., Diao Z., Song G., Su M., Hou L., Chen D., Wang S., Kong L., "Phosphate Enhanced Uranium Stable Immobilization on Biochar Supported Nano Zero Valent Iron", *Journal of Hazardous Materials* 424, 2022.

② Song L., Wang B., Li J., Wang T., Li W., Xu X., Feng T., Yang H., Hou L., "A Self-cleaning Photocatalytic Membrane Loaded with $Bi_2O_2CO_3/In$ $(OH)_3$ S-scheme Heterojunction Composites for Removing Tetracycline from Aqueous Solutions", *Journal of Colloid And Interface Science* 617, 2024: 664-679.

③ 李国平：《液膜材料制备及其处理含氰废水过程机制研究》，西安建筑科技大学博士学位论文，2017。

④ Shao S., Feng Y., Yu H., Li J., Li G., Liang H., "Presence of an Adsorbent Cake Layer Improves the Performance of Gravity-driven mEmbrane (GDM) Filtration System", *Water Research* 108, 2017: 240-249.

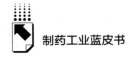
明，在 pH 为 4、离子强度为 10mM 的条件下膜与 PFOS 之间的静电引力达到最大，因此去除效率也最高。在较低的膜通量条件下由于 PFOS 在膜内部孔隙中停留时间增加，去除效率也会得到提高。并且经过运行后的膜通过简单的甲醇冲洗即可得到再生，仍然可以维持较高的 PFOS 去除率。

三 新膜分离工艺处理抗生素污染水的"卡脖子"技术及应对策略

（一）"卡脖子"技术

"卡脖子"是指在新膜分离工艺中，关键原材料、技术或部件的供应受限制或控制，从而严重制约着抗生素污染水的处理。新膜分离工艺处理抗生素污染水的"卡脖子"技术主要为关键原材料生产欠佳、优质新膜制备难度大和新能源供给前景不明朗（见图 3）。

1. 关键原材料生产欠佳

以反渗透、纳滤及超滤等为代表的压力式驱动膜，基于其尺寸筛分作用可有效去除污水中的抗生素类新污染物。无纺布和聚砜均是压力式驱动膜的关键原材料。其中无纺布主要用于支撑和增强膜的结构稳定性，聚砜用于赋予膜良好的分离性能和化学稳定性。但是，目前国内生产的无纺布和聚砜的质量和技术还不够成熟，无法满足市场需求，主要依赖进口补给。而进口原材料存在成本压力、供应风险以及技术壁垒等问题，进而制约膜技术在我国的规模化应用。

2. 优质新膜制备难度大

目前，我国针对新膜材料的合成工艺及其对抗生素的分离机制尚未完全实现实质性突破。主要表现在：新膜材料基础结构设计能力薄弱，高性能低成本的新膜材料规模化生产关键技术仍有待加强；现有相当部分的国产膜材料产品规格不全，有待进一步提高和扩展，且与国外产品相比仍有较大差距，缺乏竞争力；缺乏颠覆性新膜材料的开发，提升膜通量和抗污染能力，延长膜寿命，是我国当前在传统膜技术领域应对抗生素去除挑战的关键所在。

3. 新能源供给前景不明朗

由于膜设施大多是压力驱动型作业，能源是攸关膜分离技术应用领域的重要保障，"双碳"战略目标下，未来新膜分离领域能源转型变革的核心驱动力将转变为先进太阳能、地热能、新型储能、氢能等新兴能源。此外，我国部分能源技术装备如核心材料、专用软件及一些关键零部件等仍然存在短板且依赖国外；能源领域原创性、引领性、颠覆性技术装备相对匮乏。

（二）应对策略

为了更好地应对新膜工艺处理抗生素污染水过程中的"卡脖子"问题，降低风险，确保抗生素污染水的高效处理，应采取如下措施（见图3）。

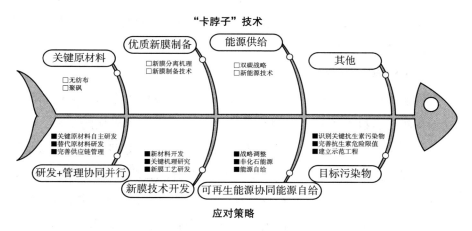

图 3 "卡脖子"技术及应对策略

1. 加强科技创新，完善抗生素危险特性限值

凝聚优势科研力量，开展多学科、多领域协同攻关，突破抗生素检测、监测、风险评估、减排、治理（去除）等一系列关键技术。通过开发高效便捷的样品纯化技术、特异性强的检测方法和仪器、多技术联用和在线检测随机数以及建立统一数据库，实现抗生素类新兴污染物的检测标准化技术体系。基于分子技术开发健康风险评价体系、计算化学、分子模拟构建虚拟数

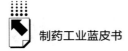

据库，并完善抗生素风险评估体系。优化前端绿色制造工艺及实用去除技术体系，开发基于智慧水网的抗生素检测系统，致力于绿色、高效目标的去除技术与新膜材料开发。此外，建立包括青霉素、头孢菌素、红霉素等大宗抗生素在内的菌渣资源化产品及抗生素残留检测方法；建立菌渣资源化利用长期安全性监测制度，实现全生命周期菌渣环境风险防控；制定菌渣利用处置污染控制技术规范和菌渣资源化有机肥产品质量标准，修订《国家危险废物名录》及危险废物鉴别标准。

2. 提高原材料自主研发能力同时完善供应链管理

提高原材料自主研发能力同时完善供应链管理是应对目前我国关键膜原材料生产欠佳"卡脖子"问题的重要策略。加强原材料技术研发或者了解市场上潜在的原材料替代品，进行性能测试和评估。除此之外，建立多个可靠的供应商，拓展原材料采购渠道，降低对单一供应商的依赖，并建立有效的供应链风险管理机制。

3. 加强新膜技术研究

重视新膜材料（特别是二维层状结构纳米材料）的作用，推进新膜材料（石墨烯、有机共价框架材料）的应用。强化膜分离机理的研究，特别是针对新膜材料，研究制膜过程中单体扩散、反应、传递等现象，深入了解复合膜溶解—扩散成膜机理、界面聚合成膜机制、二维材料组装成膜机制，优化设计参数和工艺流程，提高性能和分离效率。除此之外，注重并开发膜集成工艺对改进抗生素污染水的处理具有重要现实意义。集成工艺通常是在抗生素污染水处理不同阶段采用不同膜技术（即多膜组合）或膜技术与其他技术耦合工艺。以膜技术与高级氧化耦合工艺处理抗生素污染水为例，微滤/超滤通常作为深度处理预处理环节的第一道屏障，可高效拦截水中的悬浮固体，减少对后处理中的羟基自由基的影响，从而提高后续氧化技术的降解效率，解决特殊环境下水源污染问题，保障水安全。在耦合工艺处理抗生素污染水的过程中除常规关注的分离精度、抗污染、耐溶剂等因素，仍需注重耦合工艺的应用范围、操作可控性、清洗和维护等。

4. 提升新膜使用过程能源自给能力

新能源和大规模储能/转换技术在目前能源危机作用下得以大力推动发展。国家能源局、科学技术部印发的《"十四五"能源领域科技创新规划》强调了我国能源科技创新的迫切性和重要性。膜技术在应用过程中大多是压力型驱动，动力源基本上是传统的化石能源供电。因此，利用可再生能源，发展水能、风能、太阳能、生物质能等非化石能源进行发电，替代传统的化石能源，实现膜技术运行过程中能源自给。然而在新膜实现能源自给的利用过程中需要对膜结构进行精确调整，以提升能量转化效率。通过在自具微孔聚合物材料、限域离子膜、水系有机液流电池和高温燃料电池等方向开展具体深入的研究，突破离子传递的渗透—选择权衡效应，构建系列具有高选择性、高离子传导性的自具微孔聚合膜。

5. 新膜技术用于抗生素防控建立依托的示范工程

开展新膜技术应用示范工程，并对其进行环境风险评估，促进抗生素污染源头防控。面向中国抗生素制药企业防控技术路线与发展方向，基于实用型去除技术和高效利用处置技术对相关企业进行升级改造，建立相互关联和依托的新膜技术示范工程，包括抗生素菌渣高效利用处置技术系统以及基于"常规工艺+抗生素深度处理技术"制药废水处理系统。最终实现抗生素制药企业新污染物防控从基础理论到关键技术，再到膜分离工程应用的整体提升。

四 结语

新膜分离工艺在处理抗生素污染水方面具有广阔的潜在应用前景。可通过提高自主创新能力、优化供应链管理、寻找替代原材料以及实现新能源自给等措施来应对目前存在的关键核心技术、原材料依赖进口及能源匮乏等"卡脖子"问题，以确保膜材料生产的连续性和稳定性，同时实现高效去除水中的抗生素类新污染物。

附录一
2023年化学原料药大类产量、
供应出口量分省（区、市）情况

中国化学制药工业协会

附表1　2023年1~12月化学原料药大类产量、供应出口量分省（区、市）情况（一）

单位：吨

省(区、市)名称	原料药合计		二十四大类合计		抗感染药物		解热镇痛药物		维生素类及矿物质类药物	
	产量	出口量	产量	出口量	产量	出口量	产量	出口量	产量	出口量
全部合计	1417250	573709	735199	316592	93586	22443	106293	36890	291727	156780
北京市	55	0	55	0	0	0	0	0	4	0
天津市	1606	3	1606	3	20	0	2	0	15	0
河北省	585059	268580	191348	101291	12715	4025	26656	10963	105171	69718
山西省	8549	3766	8549	3766	8444	3766	19	0	10	0
内蒙古自治区	27191	1931	27191	1931	25763	1873	0	0	1393	56
辽宁省	18019	10650	18019	10650	1496	486	260	0	10084	6710
吉林省	1799	90	1799	90	169	0	1625	90	0	0
黑龙江省	293	0	293	0	143	0	0	0	0	0
上海市	21279	7849	21279	7849	961	212	0	0	9893	5369
江苏省	13925	6946	13925	6946	1172	429	53	0	6028	6269
浙江省	98793	31393	98793	31393	10887	4231	7385	4783	58868	12185
安徽省	31264	4467	31264	4467	86	2	9909	0	0	0
福建省	606	118	606	118	523	118	0	0	0	0
江西省	19687	6611	19687	6611	2245	170	247	126	11054	5763

续表

省(区、市)名称	原料药合计		二十四大类合计		抗感染药物		解热镇痛药物		维生素类及矿物质类药物	
	产量	出口量	产量	出口量	产量	出口量	产量	出口量	产量	出口量
山东省	489670	179032	201330	89205	13716	4733	50258	16196	84855	50435
河南省	952	116	952	116	492	73	6	0	0	0
湖北省	70147	49214	70147	49214	2594	1368	9789	4732	4069	0
湖南省	7388	801	7388	801	5	4	57	0	0	0
广东省	10404	572	10404	572	8399	469	1	0	0	0
广西壮族自治区	932	170	932	170	510	46	0	0	6	0
海南省	46	0	46	0	0	0	0	0	0	0
重庆市	289	9	289	9	143	0	0	0	0	0
四川省	6953	1387	6953	1387	1015	436	9	0	278	276
贵州省	0	0	0	0	0	0	0	0	0	0
云南省	10	0	10	0	0	0	0	0	0	0
西藏自治区	0	0	0	0	0	0	0	0	0	0
陕西省	185	3	185	3.415	82	0	1	0	0	0
甘肃省	2044	0	2044	0	2006	0	17	0	0	0
青海省	104	0	104	0	0	0	0	0	0	0
宁夏回族自治区	0	0	0	0	0	0	0	0	0	0
新疆维吾尔自治区	0	0	0	0	0	0	0	0	0	0

附表2 2023年1~12月化学原料药大类产量、供应出口量分省（区、市）情况（二）

单位：吨

省(区、市)名称	抗寄生虫病药		计划生育及激素类药物		抗肿瘤类药物		心血管系统类药物		呼吸系统类药物	
	产量	出口量	产量	出口量	产量	出口量	产量	出口量	产量	出口量
全部合计	6428	2032	13776	5084	501	177	6853	3280	2330	292
北京市	0	0	0	0	0	0	1	0	0	0
天津市	0	0	471	0	0	0	80	0	0	0
河北省	0	0	3168	15	2	0	25	0	1237	146
山西省	0	0	0	0	0	0	4	0	44	0

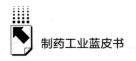
续表

省(区、市)名称	抗寄生虫病药		计划生育及激素类药物		抗肿瘤类药物		心血管系统类药物		呼吸系统类药物	
	产量	出口量	产量	出口量	产量	出口量	产量	出口量	产量	出口量
内蒙古自治区	0	0	0	0	0	0	0	0	34	2
辽宁省	1	0	0	0	1	0	9	0	28	0
吉林省	0	0	0	0	0	0	0	0	2	0
黑龙江省	0	0	0	0	0	0	0	0	65	0
上海市	7	5	0	0	16	5	158	0	0	0
江苏省	1	0	23	3	130	1	223	35	9	0
浙江省	246	42	524	263	67	28	4686	2809	110	7
安徽省	547	15	0	0	0	0	1	0	0	0
福建省	0	0	0	0	0	0	0	0	3	0
江西省	0	0	0	0	0	0	212	55	0	0
山东省	0	0	9142	4748	272	142	222	6	582	136
河南省	0	0	16	5	0	0	23	0	31	0
湖北省	5030	1746	153	45	1	0	1	0	1	0
湖南省	119	65	6	4	0	0	13	0	41	2
广东省	13	0	126	0	0	0	408	99	0	0
广西壮族自治区	305	123	0	0	0	0	0	0	0	0
海南省	0	0	0	0	0	0	0	0	0	0
重庆市	72	9	3	0	0	0	0	0	0	0
四川省	45	22	145	0	11	0	774	275	131	0
贵州省	0	0	0	0	0	0	0	0	0	0
云南省	0	0	0	0	1	0	9	0	0	0
西藏自治区	0	0	0	0	0	0	0	0	0	0
陕西省	39	3	0	0	0	0	5	0	7	0
甘肃省	0	0	0	0	0	0	0	0	0	0
青海省	0	0	0	0	0	0	0	0	7	0
宁夏回族自治区	0	0	0	0	0	0	0	0	0	0
新疆维吾尔自治区	0	0	0	0	0	0	0	0	0	0

附表3　2023年1~12月化学原料药大类产量、供应出口量分省市情况（三）

单位：吨

省（区、市）名称	中枢神经系统类药物		消化系统类药物		泌尿系统类药物		血液系统类药物		调节水、电解质及酸碱平衡类药物	
	产量	出口量	产量	出口量	产量	出口量	产量	出口量	产量	出口量
全部合计	28209	21225	62616	40714	18556	182	4093	840	26520	4637
北京市	3	0	9	0	0	0	1	0	0	0
天津市	0	0	0	0	89	0	2	0	0	0
河北省	15225	13100	9134	656	22	39	53	0	17941	2628
山西省	0	0	29	0	0	0	0	0	0	0
内蒙古自治区	0	0	0	0	0	0	0	0	0	0
辽宁省	1634	1172	2904	2282	4	0	0	0	2	0
吉林省	0	0	0	0	4	0	0	0	0	0
黑龙江省	0	0	84	0	0	0	0	0	0	0
上海市	6	0	2269	0	0	0	171	14	0	0
江苏省	674	101	215	0	319	60	35	0	125	48
浙江省	2440	2108	3923	1724	134	68	578	47	4644	1891
安徽省	0	0	0	0	0	0	847	339	85	0
福建省	0	0	0	0	0	0	0	0	0	0
江西省	1246	324	457	168	0	0	4	3	1816	0
山东省	6421	4419	4026	1711	17252	0	286	1	1	0
河南省	177	0	80	38	0	0	50	0	0	0
湖北省	4	1	35472	33745	0	0	0	0	0	0
湖南省	310	0	1242	19	733	16	1820	432	630	71
广东省	1	0	125	1	0	0	18	3	0	0
广西壮族自治区	10	0	101	0	0	0	0	0	0	0
海南省	0	0	46	0	0	0	0	0	0	0
重庆市	16	0	6	0	0	0	20	0	0	0
四川省	22	0	2494	369	0	0	166	0	1276	0

省（区、市）名称	中枢神经系统类药物		消化系统类药物		泌尿系统类药物		血液系统类药物		调节水、电解质及酸碱平衡类药物	
	产量	出口量	产量	出口量	产量	出口量	产量	出口量	产量	出口量
贵州省	0	0	0	0	0	0	0	0	0	0
云南省	0	0	0	0	0	0	0	0	0	0
西藏自治区	0	0	0	0	0	0	0	0	0	0
陕西省	0	0	0	0	0	0	42	0	0	0
甘肃省	21	0	0	0	0	0	0	0	0	0
青海省	0	0	0	0	0	0	0	0	0	0
宁夏回族自治区	0	0	0	0	0	0	0	0	0	0
新疆维吾尔自治区	0	0	0	0	0	0	0	0	0	0

附表4 2023年1~12月化学原料药大类产量、供应出口量分省（区、市）情况（四）

单位：吨

省（区、市）名称	麻醉类及其辅助类药物		抗组织胺及解毒类药物		酶及其他生化类药物		消毒防腐及创伤外科类药物		五官科类药物	
	产量	出口量	产量	出口量	产量	出口量	产量	出口量	产量	出口量
全部合计	1012	239	197	5	18958	9830	2085	0	41	1
北京市	0	0	0	0	0	0	0	0	0	0
天津市	0	0	0	0	91	2	828	0	0	0
河北省	0	0	0	0	0	0	0	0	0	0
山西省	0	0	0	0	0	0	0	0	0	0
内蒙古自治区	0	0	0	0	0	0	0	0	0	0
辽宁省	2	0	9	0	0	0	65	0	0	0
吉林省	0	0	0	0	0	0	0	0	0	0
黑龙江省	0	0	0	0	0	0	0	0	0	0
上海市	1	0	0	0	5174	2244	0	0	0	0
江苏省	777	0	3	1	105	0	16	0	37	0

省(区、市) 名称	麻醉类及其 辅助类药物		抗组织胺及 解毒类药物		酶及其他生化 类药物		消毒防腐及 创伤外科类药物		五官科类药物	
	产量	出口量	产量	出口量	产量	出口量	产量	出口量	产量	出口量
浙江省	1	1	15	3	34	0	0	0	0	0
安徽省	0	0	0	0	105	0	0	0	0	0
福建省	0	0	1	0	0	0	80	0	0	0
江西省	0	0	2	0	0	0	0	0	0	0
山东省	230	237	1	0	137	0	0	0	0	0
河南省	0	0	78	0	0	0	0	0	0	0
湖北省	0	0	0	0	13034	7575	0	0	0	0
湖南省	0	0	59	1	0	0	995	0	4	1
广东省	0	0	0	0	0	0	0	0	0	0
广西壮族 自治区	0	0	0	0	0	0	0	0	0	0
海南省	0	0	0	0	0	0	0	0	0	0
重庆市	0	0	19	0	0	0	0	0	0	0
四川省	0	0	9	0	279	9	92	0	0	0
贵州省	0	0	0	0	0	0	0	0	0	0
云南省	0	0	0	0	0	0	0	0	0	0
西藏自治区	0	0	0	0	0	0	0	0	0	0
陕西省	0	0	0	0	0	0	9	0	0	0
甘肃省	0	0	0	0	0	0	0	0	0	0
青海省	0	0	0	0	0	0	0	0	0	0
宁夏回族 自治区	0	0	0	0	0	0	0	0	0	0
新疆维吾尔 自治区	0	0	0	0	0	0	0	0	0	0

附表5 2023年1~12月化学原料药大类产量、供应出口量分省（区、市）情况（五）

单位：吨

省（区、市）名称	皮肤科类药物		诊断类药物		滋补营养类药物		制剂用辅料及附加剂类		其他化学原料药类		单列品种合计	
	产量	出口量	产量	出口量	产量	出口量	产量	出口量	产量	出口量	产量	出口量
全部合计	45	7	5108	747	14519	6443	31610	4743	136	0	682051	257117
北京市	0	0	0	0	0	0	0	0	37	0	0	0
天津市	0	0	0	0	9	0	0	0	0	0	0	0
河北省	0	0	0	0	0	0	0	0	0	0	393711	167290
山西省	0	0	0	0	0	0	0	0	0	0	0	0
内蒙古自治区	0	0	0	0	0	0	0	0	0	0	0	0
辽宁省	0	0	3729	0	0	0	1518	0	0	0	0	0
吉林省	0	0	1378	0	0	0	0	0	0	0	0	0
黑龙江省	1	0	0	0	0	0	0	0	0	0	0	0
上海市	0	0	0	0	0	0	2621	0	1	0	0	0
江苏省	28	0	0	0	223	0	0	0	0	0	0	0
浙江省	5	7	0	747	0	0	2868	449	0	0	0	0
安徽省	0	0	0	0	33	0	19652	4111	0	0	0	0
福建省	0	0	0	0	0	0	0	0	0	0	0	0
江西省	0	0	0	0	0	0	2405	0	0	0	0	0
山东省	0	0	0	0	13927	6440	0	0	0	0	288340	89827
河南省	0	0	0	0	0	0	0	0	0	0	0	0
湖北省	0	0	0	0	0	0	0	0	0	0	0	0

续表

省（区、市）名称	皮肤科类药物		诊断类药物		滋补营养类药物		制剂用辅料及附加剂类		其他化学原料药类		单列品种合计	
	产量	出口量	产量	出口量	产量	出口量	产量	出口量	产量	出口量	产量	出口量
湖南省	0	0	0	0	121	3	1232	183	0	0	0	0
广东省	0	0	0	0	0	0	1312	0	0	0	0	0
广西壮族自治区	0	0	0	0	0	0	0	0	0	0	0	0
海南省	0	0	0	0	0	0	0	0	0	0	0	0
重庆市	10	0	0	0	0	0	0	0	0	0	0	0
四川省	0	0	0	0	207	0	0	0	0	0	0	0
贵州省	0	0	0	0	0	0	0	0	0	0	0	0
云南省	0	0	0	0	0	0	0	0	0	0	0	0
西藏自治区	0	0	0	0	0	0	0	0	0	0	0	0
陕西省	0	0	0	0	0	0	0	0	0	0	0	0
甘肃省	0	0	0	0	0	0	0	0	0	0	0	0
青海省	0	0	0	0	0	0	0	0	97	0	0	0
宁夏回族自治区	0	0	0	0	0	0	0	0	0	0	0	0
新疆维吾尔自治区	0	0	0	0	0	0	0	0	0	0	0	0

附录二
2023年化学制剂重点剂型产量分省（区、市）生产情况

中国化学制药工业协会

附表　2023 年 1~12 月化学制剂重点剂型产量分省（区、市）生产情况

单位：万瓶（支、片、粒、袋）

省（区、市）	粉针（包括冻干粉针）剂	注射液	片剂	其中:缓释、控释片	输液	胶囊剂	滴剂	颗粒剂
全部合计	1141304	1737788	40481202	2573823	1608720	11829962	988816	1425434
北京	50799	43839	3312647	224002	9274	542334	211	89125
天津	3988	120409	1338034	64237	9753	322081	0	460
河北	145897	164028	3075197	319723	217311	1581046	2421	347884
山西	20673	50652	2526031	128165	219	455958	0	34174
内蒙古	172	347	127510	0	56	0	0	0
辽宁	37224	11276	1917793	15290	25084	366162	75	38420
吉林	3082	10274	787832	28	0	593300	0	23100
黑龙江	67289	13749	673669	4290	43459	335204	333	87281
上海	29461	52977	1147015	97771	15615	264156	14	10532
江苏	58154	121779	4462181	267279	23869	353161	4634	25447
浙江	38826	45537	4797346	186755	66088	750570	15734	66680
安徽	33342	18858	217366	108654	135440	165420	912	11202
福建	5033	10645	477180	2971	7370	206128	319831	3608
江西	3988	52437	1750730	6320	37898	297686	4977	134431
山东	241108	306450	2871827	583335	291456	1148093	589643	45844

续表

省 （区、市）	粉针（包括 冻干粉针）剂	注射液	片剂	其中:缓释、 控释片	输液	胶囊剂	滴剂	颗粒剂
河南	47220	205987	1745333	63711	51147	558148	0	10357
湖北	21582	260584	1187329	26452	164972	93319	19262	90334
湖南	40411	16467	820777	99056	88151	426660	0	82750
广东	99035	62869	1516531	278479	66760	740463	804	69079
广西	10612	4460	301994	0	46934	35446	0	4869
海南	100609	13930	476295	0	0	289526	0	76186
重庆	32393	30274	1299624	45263	11316	567705	88	8950
四川	48360	73283	2440410	25822	193349	1555643	29724	143237
贵州	0	0	229270	0	37515	25750	0	0
云南	735	37857	129399	5424	31350	55177	154	12932
陕西	873	5542	379627	20796	29089	70551	0	6327
甘肃	0	3032	154425	0	99	8834	0	2116
青海	0	245	122901	0	0	0	0	0
宁夏	439	0	69972	0	56	21439	0	108
新疆	0	0	124958	0	5089	0	0	0

附录三
2023年国外批准上市的药物新制剂

黄胜炎*

一　口服制剂

（一）口服液体制剂

1. 曲非奈肽（trofinetide）口服液

Acadia 制药公司产品（商品名：Daybue），用于治疗成人和 2 岁及以上儿童患者的 Rett 综合征。剂量规格：曲非奈肽 200mg/mL，5mL/瓶。

曲非奈肽是类胰岛素生长因子 I（IGF-1）的氨基末端三肽的一种新型合成类似物，旨在通过潜在减少神经炎症和支持突触功能来治疗 Rett 综合征。

2. 瓦莫洛龙（vamorolone）口服混悬液

Santhera 制药公司产品（商品名：Agamree），用于治疗 2 岁及以上患者的杜氏肌营养不良（DMD）。Agamree 为 DMD 提供了一种新的皮质类固醇治疗方案，解决了大量未满足的医疗需求。剂量规格：瓦莫洛龙 40mg/mL。瓦莫洛龙是一种具有新作用模式的药物，它与皮质类固醇的同一受体结合，但改变其下游活性，因此是一种解离激动剂。

---

* 黄胜炎，原上海医药工业研究院信息室研究员，担任多家制药企业的医药信息高级顾问。

（二）干混悬剂——γ-羟丁酸钠口服缓释干混悬剂

Avadel 制药公司产品（商品名：Lumryz），一种羟丁酸钠（sodium oxybate）的缓释制剂，睡前服用一次，用于治疗成人发作性睡病患者的猝倒或白天过度嗜睡（EDS）。剂量规格：羟丁酸钠 4.5g/袋、6g/袋、7.5g/袋和 9g/袋。

（三）膜剂——利扎曲普坦膜

IntelGenx 集团产品（商品名：RizaFilm），口服治疗急性偏头痛。剂量规格：利扎曲普坦（rizatriptan）10mg（相当于苯甲酸利扎曲普坦 14.53mg）/张。

RizaFilm®是一种苯甲酸利扎曲普坦专利口服薄膜制剂，含默克公司 Maxalt®的活性成分。

（四）复方制剂——复方尼拉帕利/醋酸阿比特龙片

强生公司子公司杨森制药公司产品（商品名：Akeega），第一种也是迄今唯一将 PARP 抑制剂与醋酸阿比特龙联合使用的双作用片剂，与泼尼松一起服用，用于治疗经美国 FDA 批准测试剂检测出的有害或疑似有害乳腺癌易感基因（breast cancer susceptibility gene，BRCA）阳性转移性去势抵抗性前列腺癌（mCRPC）成年患者。剂量规格：尼拉帕利（niraparib）50mg 和 100mg（分别相当于甲苯磺酸尼拉帕利 76.9mg 和 153.7mg）/醋酸阿比特龙（abiraterone acetate）500mg 和 500mg/片。

（五）控释片

1. 一日1次的氘四喹嗪控释片

梯瓦（Teva）制药公司产品（商品名：Austedo XR），用于治疗成人患有由亨廷顿舞蹈症（HD）引起的迟发性运动障碍（TD）和舞蹈病。剂量规格：氘四喹嗪（deutetrabenazine）6mg、12mg 和 24mg/片。氘四喹嗪是唯一被批准用于治疗成人由亨廷顿舞蹈症引起的迟发性运动障碍和舞蹈病的囊泡

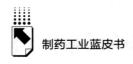

单胺类转运蛋白 2（VMAT2）抑制剂，具有 3 年的长期有效数据。

2. 吉哌隆（gepirone）控释片

Fabre-Kramer 制药公司产品（商品名：Exxua），用于治疗重度抑郁。剂量规格：吉哌隆 18.2mg、36.3mg、54.5mg 和 72.6mg（分别相当于盐酸吉哌隆 20mg、40mg、60mg 和 80mg）／片。

（六）新适应证

1. 秋水仙碱片治疗心血管疾病

AGEPHA 制药美国公司产品（商品名：Lodoco），第一种消炎药用于动脉粥样硬化保护性心血管治疗，被证明可以降低患有动脉粥样硬化疾病或心血管疾病多种危险因素的成年患者心肌梗死（MI）、中风、冠状动脉血运重建和心血管死亡的风险。剂量规格：秋水仙碱（colchicine）0.5mg/片。

2. 索格列净片治疗心衰

Lexicon 制药公司产品（商品名：Inpefa），索格列净（sotagliflozin）每日服用一次降低患有以下疾病的成年人心血管死亡、心力衰竭住院和紧急心力衰竭就诊的风险：心力衰竭或 2 型糖尿病、慢性肾脏疾病和其他心血管危险因素。

二 注射剂

（一）复方药物制剂——牛磺罗定（taurolidine）/肝素导管锁定溶液

CorMedix 公司产品（商品名：DefenCath），用于降低成人血液透析患者导管引起血流感染的发生率。

DefenCath 用于中心静脉导管滴注。DefenCath 以无菌、无热原、无防腐剂、透明的牛磺罗定和肝素水溶液供应，pH 值为 5.5～6.5。剂量规格：牛磺罗定 13.5mg 和肝素 1000 单位/mL，3mL 和 5mL/单剂量小瓶。肝素效力通过生物测定法测定，使用基于每 mg 肝素活性单位参考标准。

导管锁定溶液（CLS），以降低通过中心静脉导管（CVC）接受慢性血液透析肾衰竭成年患者导管引起血流感染（CRBSI）的发生率。DefenCath 是美国第一种也是迄今唯一获得美国 FDA 批准的抗菌 CLS，在一项Ⅲ期临床研究中被证明可以将导管相关血流感染（Catheter-related Bloodstream Infection，CRBSI）的风险降低71%。

（二）聚乙二醇化药物制剂——聚乙二醇糖苷酶 α（pegunigalsidase alfa）注射剂

Chiesi 全球罕见病公司与 Protalix 生物治疗公司合作开发产品（商品代码：PRX-102），用于治疗成人法布里病。聚乙二醇化酶替代疗法旨在提供长半衰期药物制剂。

PRX-102 目前已获得欧洲药品管理局（EMA）的批准，并正在接受美国 FDA 的评估。PRX-102 是一种植物细胞培养物，表达和化学修饰稳定的 α-半乳糖苷酶 A 重组版本。蛋白质亚单位通过使用短 PEG 部分的化学交联共价结合，产生具有稳定药代动力学参数的分子。在临床研究中，已观察到 PRX-102 的循环半衰期约为 80 小时。

（三）复方注射剂——复方艾加莫德 α/透明质酸酶注射液

Halozyme 治疗公司产品（商品名：Vyvgart Hytrulo），皮下注射治疗抗乙酰胆碱受体（AChR）抗体阳性成人患者的全身性重症肌无力（gMG）。剂量规格：艾加莫德 α（Efgartigimod Alfa）180mg/mL，透明质酸酶（Hyaluronidase-qvfc）2000 单位/mL，5.6mL/单剂瓶。

艾加莫德 α 是一种新生儿 Fc 受体拮抗剂，是一种人免疫球蛋白 G1（IgG1）衍生的在中国仓鼠卵巢（CHO）中产生的 za 同种型 Fc 片段（结晶片段）细胞。艾加莫德 α-Fc 片段是由两条相同肽链组成的同源二聚体。每个由 227 个氨基酸组成，通过两个具有亲和力的链间二硫键连接在一起。艾加莫德 α 的分子量约为 54kDa。

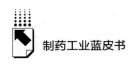

三　外用制剂

1. 0.7%斑蝥素外用液

Verrica 制药公司产品（商品名：Ycanth），用于治疗 2 岁及以上儿童和成人传染性软疣。本品是该公司的主导产品，专利外用药—械结合治疗药物制剂，新型一次性应用器内含 0.7%斑蝥素（Cantharidin）外用液。通过一次性使用的精密涂药器涂抹在病灶部位，其活性药物成分斑蝥素是一种天然的发疱剂，可导致桥粒斑（Desmosomal Plaque）的降解，桥粒为上皮细胞特有的一种细胞间黏着结构，发挥细胞与细胞间连接作用。

2. 桦树三萜外用凝胶

Chiesi 集团产品（商品名：Filsuvez），用于治疗 6 个月及以上交界性大疱性表皮松解症（JEB）和营养不良大疱性外皮松解症患者的部分厚伤口。桦树三萜（Birch Triterpenes）外用凝胶是第一种被批准用于治疗由 JEB 造成伤口的药物制剂，JEB 是一种罕见的中重度 EB 病毒（Epstein-Barr Virus，EBV）感染，从婴儿期开始出现水疱。

Filsuvez 含有两种桦树皮的干提取物，由天然存在的三萜物质组成，包括桦木素、桦木酸、红二醇、羽扇豆醇和齐墩果酸。Filsuvez 是一种凝胶，取大约 1mm 的厚度应用于伤口表面，并用伤口敷料覆盖。该药物也可以直接应用于伤口敷料，有助于控制伤口的炎症反应，增加角细胞皮肤运动性和生长。

3. 复方磷酸克林霉素/阿达帕林/过氧苯甲酰凝胶

Bausch 保健公司与 Ortho 皮肤科公司联合开发的产品（商品名：Cabtreo），用于治疗 12 岁及以上患者寻常痤疮。剂量规格（g）：磷酸克林霉素（Clindamycin Phosphate）12mg（1.2%）（相当于克林霉素 10mg，1%）/阿达帕林（Adapalene）1.5mg（0.15%）/过氧苯甲酰（Benzoyl Peroxide）31mg（3.1%）。

Cabtreo 具有三种作用机制，结合抗生素、类视黄醇和抗菌药物，提供经验证的、安全有效的治疗方法。

四　呼吸系统药物

（一）吸入剂

1. 复方沙丁胺醇/布地奈德定量吸入剂

Bond Avillion 2 Development 公司产品（商品名：Airsupra；原称 PT027），以减少 18 岁及以上哮喘患者的恶化风险。Airsupra 是一种以氢氟烷（HFA-134a）为抛射剂的定量吸入器，可吸入 120 次。该产品有一个附加的剂量指示器，并配有一个白色塑料执行器，该执行器上拴有一个磨砂透明塑料防尘帽。使用后，每次启动 Airsupra 90μg/80μg 计量器时，阀门会释出沙丁胺醇（Albuterol）90μg（相当于硫酸沙丁胺酯 108μg）和布地奈德（Budesonide）80μg。释至肺部的药物实际量可能取决于患者因素，诸如装置启动和通过输送系统吸入之间的协调。Airsupra 还含有与药物晶体形成共悬浮液的多孔颗粒。多孔颗粒由磷脂 1, 2-二硬脂酰-sn-甘油-3-磷酸胆碱（DSPC）和氯化钙组成。多孔颗粒和 HFA-134a 是制剂中的辅料。本品是采用阿斯利康公司的 Aerosphere 释药技术开发的。

2. 用于制备锝［^{99m}Tc］标记的碳吸入气雾剂的试剂盒

Cyclopharm 公司产品（商品名：Technegas），用于核医学通气/灌注（V/Q）肺部扫描以诊断肺栓塞。

Technegas 是一项利用锝［^{99m}Tc］标记的碳纳米粒子（CNP）进行通气闪烁扫描的技术。这些纳米粒子是使用 Cyclopharm 公司子公司 Cyclomedica 制造的现场发生器产生并雾化的，让患者吸入该药剂后再使用 γ 相机进行肺部成像。

（二）鼻喷雾剂

1. 盐酸纳美芬鼻腔喷雾剂

Opiant 制药公司产品（商品名：Opvee），用于成人和 12 岁及以上儿童已

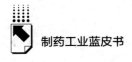

知或疑似阿片类药物过量的紧急治疗。这是美国 FDA 首次批准盐酸纳美芬鼻喷雾剂用于医疗保健和社区使用。剂量规格：纳美芬（Nalmefene）2.7mg/单剂瓶。

2. 首个非处方药盐酸纳洛酮4mg 鼻内喷雾剂

Emergent BioSolutions 公司产品（商品名：Narcan），用于迅速逆转阿片类药物过量的影响，盐酸纳洛酮（Naloxone Hydrochloride）是阿片类药过量的标准治疗方法。此药物可在药店、便利店、杂货店和加油站等地以及网上直接销售，给消费者铺平了方便购买的途径。

3. 扎维格潘（zavegepant）鼻喷雾剂

辉瑞公司产品（商品名：Zavzpre），首个也是迄今唯一的降钙素基因相关肽（CGRP）受体拮抗剂鼻喷雾剂，用于紧急治疗成人有或无先兆偏头痛。剂量规格：扎维格潘 10mg（相当于酸盐扎维格潘 10.6mg）/单位剂量。

五　眼用制剂

（一）滴眼液

1. 洛替拉纳（Lotilaner）滴眼液

Tarsus 制药公司产品（商品名：Xdemvy），用于治疗蠕形螨性睑缘炎。该药以前被称为 TP-03，是美国 FDA 批准的第一种也是迄今唯一直接针对蠕形螨的治疗方法，蠕形螨是蠕形螨睑缘炎的根本原因。

洛替拉纳是一种 γ-氨基丁酸（GABA）门控的氯通道抑制剂，对螨虫有选择性。对它们 GABA 氯通道的抑制，造成麻痹作用导致其死亡。洛替拉纳不是哺乳动物 GABA 介导氯化物通道的抑制剂，在体外测试时最高为 30μM（18μg/mL）。

2. 全氟己基辛烷（Perfluorohexyloctane）滴眼液

博士伦公司产品（商品名：Miebo，先前称为 NOV03），用于治疗干眼症（DED）的体征和症状。全氟己基辛烷实际上不溶于水，可溶于乙醇和大多数有机溶剂。Miebo 是美国 FDA 批准的第一种也是迄今唯一直接针对泪液蒸发的 DED 治疗方法。剂量规格：全氟己基辛烷 1.338g/mL，3mL/多剂瓶。

全氟己基辛烷是一种半氟化烷烃，含有 6 个全氟碳原子、8 个氢化碳原子。全氟己基辛烷在空气—液体中形成单层可预期减少蒸发的泪膜的界面。

3. 甲磺酸酚妥拉明滴眼液

Ocuphire 制药公司产品（商品名：Ryzumvi），用于治疗肾上腺素能激动剂（如苯肾上腺素）或副交感神经毒剂（如托吡卡胺）产生的药物诱导的散瞳。剂量规格：甲磺酸酚妥拉明（Phentolamine Mesylate）10mg（相当于酚妥拉明游离碱基 7.5mg）/mL。

Ryzumvi 是一种相对非选择性的 α-1 和 α-2 肾上腺素能拮抗剂。瞳孔的扩张主要由环绕瞳孔的径向虹膜扩张器控制；这些肌肉被 α-1 肾上腺素受体激活。酚妥拉明与虹膜扩张器肌肉上的这些受体可逆结合，从而减小瞳孔直径。酚妥拉明直接拮抗 α-1 肾上腺素能激动剂的散瞳作用，并间接逆转毒蕈碱拮抗剂对虹膜括约肌作用诱导的散瞳。

（二）玻璃体内注射液——聚乙二醇化阿伐卡肽（Avacincaptad Pegol）玻璃体内注射液

Astellas 制药公司产品（商品名：Izervay），一种治疗地理性萎缩的新方法，治疗老年性黄斑变性（AMD）继发的地理性萎缩（GA）。Izervay 是一种无菌、透明至略带乳白色、无色至略带黄色的溶液，装在单剂量玻璃瓶中，用于玻璃体内给药。剂量规格：聚乙二醇化阿伐卡肽（基于寡核苷酸）2mg/0.1mL（单剂瓶）。

聚乙二醇化阿伐卡肽是一种 RNA 适体（Aptamer），一种聚乙二醇化寡核苷酸，与补体 C5 结合并抑制补体 C5。通过抑制补体 C5，聚乙二醇化阿伐卡肽可阻止其切割成补体 C5a 和 C5b，从而减少膜攻击复合物（MAC）的形成。

（三）眼用喷雾剂——复方托吡卡胺/盐酸苯肾上腺素眼用喷雾剂

Eyenovia 公司产品（商品名：Eyenovia），用于诊断程序和在需要短期

瞳孔扩张的条件下诱导散瞳。剂量规格：托吡卡胺（Tropicamide）/盐酸苯肾上腺素（Phenylephrine Hydrochloride）1%/2.5%。

MydCombi 是一种创新的散瞳剂，也是抗胆碱能药托吡卡胺和 α-1 肾上腺素受体激动剂盐酸去氧肾上腺素的固定微剂量组合，代表了托吡卡胺和去氧肾上腺素在美国的第一个批准的固定剂量组合制剂。

（四）前房内植入剂——曲伏前列素前房内植入剂

Glaukos 公司产品（商品名：iDose TR），前列腺素类似物用于降低高眼压（OHT）或开角型青光眼（OAG）患者的眼压（IOP）。剂量规格：曲伏前列素 75μg/单剂量植入剂。

Abstract

In 2023, in the face of the impact of unexpected complex factors both at home and abroad, the economic operation of the pharmaceutical manufacturing industry faced great downward pressure. The "Action Plan for the High-Quality Development of the Pharmaceutical Industry (2023-2025)" proposes to improve the resilience and modernization level of the pharmaceutical industry and the medical equipment industry, enhance the supply capacity of high-end drugs, key technologies, APIs and excipients, shore up the weak spots of China's high-end medical equipment, give support throughout the whole life cycle due to the characteristics of difficult innovation, long cycle and high investment of the pharmaceutical R&D, encourage and guide the development and growth of leading pharmaceutical enterprises, and improve industrial concentration and market competitiveness.

This report provides an in-depth analysis of the economic operation, scientific and technological innovation, quality improvement, green manufacturing, process transformation, investment and financing, and international trade of China's pharmaceutical industry in 2023. It introduces the R&D and manufacturing status of therapeutic peptides, Vitamin B2, double (multi) -chamber bag infusion, synthetic biology, continuous flow technology, digital factories, harmless treatment and recycling of antibiotic residues.

In 2023, from the perspective of the three indicators of operating income, total profit and export delivery value, only the production of Chinese herbal medicine and traditional Chinese medicine has achieved positive growth among major sub-industries of the pharmaceutical manufacturing industry, while other sub-industries have declined to varying degrees. The main reasons include weak

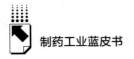

recovery of the world economy, slowdown in global trade and investment, transfer of overseas production capacity, sluggish international demand, and declining domestic exports. The medical reform has entered a deep water zone, the continuous implementation of policies such as bulk-buying of drugs and medical insurance cost control, insufficient supply of high-end market and overcapacity at the low-end, and changes in consumption concepts are all the main factors contributing to the decline of the industry in 2023. Therefore, only by accelerating industrial transformation and upgrading and increasing investment in science and technology can we achieve high-quality development.

In 2024, through continuous transformation and upgrading of structures, the pharmaceutical industry will vigorously develop new quality productive forces, continuously improve the resilience and modernization level, enhance the supply capacity of high-end drugs, achieve high-quality development, and make due contributions to China's public health.

Keywords: Pharmaceutical Industry; Transformation and Upgrading; New Quality Productive Forces.

Contents

I General Report

B . 1 Development Trend and Prospect of China's Pharmaceutical

Industry in the Process of Transformation and Upgrading

Pan Guangcheng / 001

Abstract: This report analyzes the overall operation of China's pharmaceutical manufacturing industry in 2023. It introduces the basic situation of the economic operation of the pharmaceutical manufacturing industry, analyzes the main reasons for the downward pressure on the economic operation of the pharmaceutical manufacturing industry, and expounds on the paths and methods to accelerate the structural adjustment, transformation and upgrading, and to achieve high-quality development from seven aspects: to consolidate the advantages of API manufacturing, to work on high-end preparations, to accelerate the industrialization of pharmaceutical innovation achievements, to boost the promotion of innovative drugs going abroad, to promote the application of artificial intelligence (AI), to improve the drug price formation mechanism, and to push forward the compliance system construction of the pharmaceutical industry. It emphasizes that only by vigorously developing new quality productive forces, continuously improving the resilience and modernization level of the pharmaceutical industry, and enhancing the supply capacity of high-end drugs, can the high-quality development of China's pharmaceutical industry be realized.

Keywords: Pharmaceutical Industry; Innovative Drugs; Artificial Intelligence

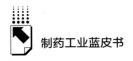

Ⅱ Industry Reports

B . 2 Status Quo of China's Biomanufacturing Industry in 2023

and Suggestions   *Zhang Yuxiang* / 010

Abstract：Biomanufacturing is based on life science theories and biotechnology, combined with theories and technical means such as informatics, system science, engineering control, etc. , and through studying the components, structures, functions and mechanisms of action of organisms and their cells, subcells and molecules, to conduct studies and manufacture products, or to modify animals, plants, microorganisms, etc. , so as to give them desired qualities and characteristics. With the progress of biotechnology and the increase of people's demand for green environmental protection industry, the biomanufacturing industry is ushering in an unprecedented historical opportunity. This paper briefly introduces the concept and historical opportunities of biomanufacturing, and summarizes the status quo and prospect of green manufacturing of basic chemicals, fine chemicals, pharmaceutical products, natural products, and bio-based polymeric materials through biomanufacturing at home and abroad.

Keywords：Biomanufacturing; Green and Environmentally Friendly; Bioeconomy

B . 3 Discussion on the High‑Quality Development Path of the

Chemical and Pharmaceutical Industry   *Tang Lida* / 023

Abstract：This paper reviews the development history and current challenges of chemical pharmaceuticals, and expounds that improving the quality and efficiency of R&D and innovation is an important aspect of the development of new quality productive forces for chemical pharmaceuticals in China. From strengthening industry-research cooperation to improve the quality of innovative drugs and the transformation efficiency of scientific research results, exploring new clinical values of drug molecules with the emphasis on translational medicine, developing new technologies to maintain the competitiveness of APIs, to attaching importance to regulatory scientific research, this paper explores the development paths of new quality productive forces for chemical pharmaceuticals.

Keywords: Chemical Drugs; Innovative Drugs; Regulatory Science; New Quality Productive Forces

B.4 Develop ESG Information Disclosure Guidelines for Pharmaceutical Companies to Promote the Sustainable Development of the Pharmaceutical Industry

Yi Zhengyu, Wu Yaowei and Zhu Beifen / 034

Abstract: In order to continuously adapt to the development of the pharmaceutical industry, promote the green and low-carbon strategic transformation of pharmaceutical enterprises, and achieve high-quality development goals, it is urgent to develop ESG information disclosure guidelines that meet the characteristics of pharmaceutical enterprises. On August 25, 2023, the "ESG Information Disclosure Guidelines for Pharmaceutical Enterprises" (T/SHPPA 022 - 2023), which was proposed and managed by Shanghai Pharmaceutical Profession Association and jointly drafted by Shanghai Pharmaceuticals Holding Co., Ltd. (Shanghai Pharma), Shanghai Academy of Quality Management and Shanghai Pharmaceutical Profession Association, was officially released and implemented. Based on the principles of authenticity, completeness, timeliness, consistency and coherence, in compliance with relevant national laws, regulations and standards, in consideration of China's national conditions and the characteristics of pharmaceutical enterprises, the guidelines construct an ESG information disclosure index system from the three dimensions of environment, society and

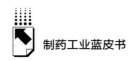
governance, providing a basic framework for pharmaceutical companies to carry out ESG information disclosure, promoting enterprises to realize the unity of economic, social and environmental values. As to the pharmaceutical industry of Shanghai, ESG has already become an major core of the management standard of the company's normal operation and long-term healthy development. It's necessary to make the underlying logic of green, healthy and sustainable development run through the industrial chain, so as to promote the sustainable and high-quality development of the pharmaceutical industry of Shanghai.

Keywords: ESG; Pharmaceutical Industry; Sustainable Development

B.5   Analysis of the Investment and Financing and Innovative Drug R&D of China's Biopharmaceutical Industry in 2023

Wu Xia, Li Jing / 041

Abstract: This paper reviews the investment and financing in the primary/secondary markets of China's biopharmaceutical industry in 2023. According to the data of the investment and financing sector of Yaodu database, in 2023, the investment enthusiasm of China's biopharmaceutical market continued to cool down. In 2023, the number of enterprises receiving financing and the total amount of financing in the primary and secondary markets declined significantly. However, the financing crunch has not significantly affected enterprises' R&D investment for the time being. According to Yaodu database, the number of innovative drugs under R&D continued to rapidly grow in 2023. Among the top 10 therapeutic areas in terms of financing amount, the number of clinical trials in the field of oncology still maintained an absolute leading position. The number of drugs under R&D in the fields of immune system diseases, tumors, and nervous system has increased significantly compared with 2022.

Keywords: Biopharmaceutical Investment and Financing; Innovative Drugs; Targets; Therapeutic Areas

B . 6 Focus and Path for Pharmaceutical Companies to Accelerate the
Development of New Quality Productive Forces

Shi Jianhui / 055

Abstract: The CPC Central Committee proposed to develop the major
theory of new quality productive forces and put forward a series of important
deployments, pointing out the direction for promoting the high-quality
development of China's economy, including the pharmaceutical industry, in the
new era, with great guiding significance. Focusing on the core connotation of the
development of new quality productive forces, and based on the reality of the high-
quality development of the pharmaceutical industry, this paper analyzes and
discusses how pharmaceutical enterprises can accelerate the development of new
quality productive forces through the focus and practical path of several key aspects
such as scientific and technological innovation, upgrading and transforming
traditional industries with new industrialization, and building a new type of
industrial talent team.

Keywords: New Quality Productive Forces; Pharmaceutical Industry;
Scientific and Technological Innovation; Digital Transformation; Industrial Talent
Team

B . 7 History, Current Situation and Prospect of China's
Antibiotic Industry

Liu Xiyu / 068

Abstract: As one of the greatest inventions of the 20th century, antibiotics
have played a great role in protecting human health. China's antibiotic industry has
gone through a long and tortuous process from scratch to the world's largest
producer and exporter of antibiotics. In 1950s and 1960s, many key breakthroughs
were made in the initial stage of China's antibiotic industry, and a number of
important enterprises and scientific research institutions emerged. At present,

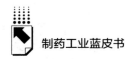
China's antibiotic market is large and the output is high, but the traditional fermentation process creates a lot of bacterial residues and wastewater during manufacturing, which poses a serious threat to the environment. In recent years, with the rapid development of synthetic biology, continuous flow technology, and harmless recycling technology of antibiotic residues, the production of antibiotics in China will move towards a new stage being more efficient, green and sustainable.

Keywords: Antibiotics; Synthetic Biology; Continuous Flow Technology; Harmless Recycling

Ⅲ   Product and Drug Reports

B. 8   Analysis of Global Peptide Drug R&D and Sales at Home and

Abroad   *Cai Deshan* / 077

Abstract: In the past 100 years, the research of peptide drugs has gradually developed in depth and breadth with a strong momentum in the field of medicine in the world. With the advent of peptides with multiple mechanisms of action, a unique type of compounds with a molecular size between small molecules and proteins has been discovered. Researchers at home and abroad agree that the characteristic of peptide drugs in clinical application is that peptide hormones are supplemented to achieve effective treatment of diseases in the absence of endogenous hormones. These include cross-disciplinary drugs such as glucagon-like peptide－1 (GLP－1) receptor agonists, gonadotropin-releasing hormone, vasopressin, oxytocin, and insulin analogues. This paper analyzes the global peptide drug R&D and market development in 2023, revealing that glucagon-like peptide－1 (GLP－1) receptor agonists have become the leading drugs. It also analyzes the current sales of peptide drugs in key public hospitals in China. In the future, with continuous update and iteration, peptide drugs will play an important role in clinical treatment.

Keywords: Peptides; Glucagon－Like Peptide－1 （GLP－1）; Receptor Agonist

B.9　Exploring the Medicinal Value of Saponins

Xu Zhengkui / 091

Abstract: Saponins are natural compounds existing in more than 500 plant species. Saponins are generally divided into two main groups based on their chemical structures, namely steroidal saponins and triterpenoid saponins. So far, researches at home and abroad have found a few saponins with excellent anti-tumor effects, including diosgenin （anti-breast cancer）, dioscin （anti-leukaemia, Esophageal cancer, etc.）, tea polyphenol D （anti-ovarian cancer, glioblastoma, etc.）, ginsenoside Rg3 （anti-lung cancer, esophageal cancer, etc.）. There are many more similar examples. Given that there are many types of natural saponins, with the deepening of the research on saponins, it is believed that saponins are expected to be developed and marketed as new anti-cancer drugs in the next few years.

Keywords: Saponins; Natural Plant Compounds; Anti-tumor Effects; New Anti－Cancer Drugs

B.10　Overview and Prospect of China's Vitamin B2 Production and Sales in 2023　*Zhang Lun* / 098

Abstract: Vitamin B2 is an important water-soluble B vitamin and an indispensable nutritional supplement for humans and animals. China has been producing vitamin B2 for decades. Since the reform and opening up, China's vitamin B2 production and sales have shown a rapid growth trend, and China has now become the world's largest production and export base. At present, China's

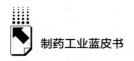
enterprises have a large production scale, mature technologies, independent intellectual property rights, complete upstream and downstream industrial chains and strong price competitiveness, and occupy a pivotal position in the international market. In the future, the domestic and foreign markets of vitamin B2 will be optimistic for a long time, and China's production and sales will be further improved.

Keywords: Vitamin B2; API Production; Pharmaceutical Market; Feed Additives

B.11　Status Quo and Prospect of the Development of Double （Multi） −Chamber Bag Infusion in China in 2023

Shi Jianhui / 111

Abstract: This paper briefly introduces the types of double （multi） - chamber bag infusion preparations in China, analyzes the current product development advantages and challenges. Combining the market status and development needs with the achievements of innovative injection companies in the research and development of double （multi） -chamber bag products, it predicts the prospect from a professional perspective, that is to accelerate the development and progress of double （multi） -chamber bag products, to strengthen industrial policy support and scientific and technological innovation, to further improve the recognition of the clinical value of （multi） -chamber bag infusion preparations, to improve quality standards, to highlight product characteristics, to give full play to intelligent manufacturing to lead the quality upgrading of the industry, to strengthen the supply capacity of the industrial chain, and to continuously improve and optimize the market, in order to make double （multi） -chamber bag products better meet the needs of safe drug use in various application scenarios in China, and to promote the speedy high-quality development of China's infusion industry.

Keywords: Double (Multi) ⁻Chamber Bag Infusion Preparations; Scientific and Technological Innovation; High⁻Quality Development

B. 12　Overview of China's International Trade of APIs in 2023

Wu Huifang / 121

Abstract: In 2023, the global epidemic subsided, and the import and export trade of pharmaceuticals returned to normal. At the same time, the benefits brought by the epidemic to pharmaceutical commodities were withdrawn, which was manifested in the decline of export trade and the increase of import trade, and the total import value was greater than the total export value. The total value of imported pharmaceutical commodities was ＄49. 846 billion dollars, with a year-on-year increase of 17. 92% . The total value of exported pharmaceutical commodities was ＄42. 412 billion dollars, with a year-on-year decrease of 13. 74%. The main increase in imported pharmaceutical commodities was reflected in the growth of imports of chemical preparations, biological products and chemical APIs. The export was greatly affected by the market supply and demand, which was mainly reflected in the decline in the price of commodities such as vitamins, antipyretic analgesics, heparin, and corticosteroids, leading to the decline of the export value. Due to overcapacity, the market supply exceeded the demand of the once popular APIs, which was a common factor that plagued the development of the API industry. In addition to the impact of supply and demand, the impact of trade protection, geopolitics and "de⁻Chinaization" also brought new severe tests to the position of China's APIs in the international market.

Keywords: API; Import & Export; Supply Chain; India PLI Scheme

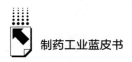
B.13 Research Progress of Inhaled Antibiotic Formulations

Ning Baoming, Zhu Li and Li Xinyao / 139

Abstract: This paper introduces the commonly used antibiotic inhalation devices and their research and application status. Compared with oral administration, antibiotic inhalation devices can directly deliver the medicine to the parts of absorption or action, which has the advantages of fast onset, avoiding liver first-pass effect, and high bioavailability. Compared with injection administration, they can be carried around, do not require hospitalization, and significantly improve the life quality of patients. As a result, the inhalation delivery of antibiotic drugs is of increasing concern to drug developers. Inhalation also has adverse effects such as oropharyngeal irritation and cough, and the problem of drug resistance possibly caused by inhaled antibiotic administration is also the focus of attention in the industry. Therefore, more researches are needed to prove the safety and efficacy of antibiotic inhalation administration. Finally, the future development direction of new drug preparations such as new nebulization devices and micro and nano preparations in antibiotic inhalation delivery systems is discussed based on the literature.

Keywords: Antibiotic Inhalation Preparations; Inhalation Devices; Safety

IV Technological Innovation Reports

B.14 New Technologies and Trends of Innovative Development of the Pharmaceutical Industry in Zhejiang Province

Lu Yao, Dong Zuojun, Jin Can and Wang Yajun / 153

Abstract: Zhejiang Province is one of the important bases of China's pharmaceutical industry, and its output and export of chemical APIs rank third in China. Driven by competition and environmental pressure, it is an inevitable choice to develop new pharmaceutical technologies to promote the sustainable development and innovative upgrading of the industry. This paper summarizes the development of the pharmaceutical industry in Zhejiang Province, and introduces the latest progress of Zhejiang pharmaceutical enterprises in the innovation and application of new technologies such as chiral pharmaceutical technology, biocatalysis, light (catalytic) reaction, continuous flow reaction, and AI technology. Looking forward to the future development of the pharmaceutical industry in Zhejiang Province, it is necessary to seize the historic opportunity of developing new quality productive forces, continue to strengthen technological innovation, actively explore new cooperation models and business models, and promote the sustainable development and innovative upgrading of the industry.

Keywords: Pharmaceutical Industry; Chemical Drugs; Chiral Drugs; Biocatalysis; Continuous Flow Technology

B.15 Standard Innovation Empowers the High-Quality Development of Enterprises

Huang Hui, Zhao Han, Geng Jinju and Ren Hongqiang / 162

Abstract: Standards go first in the industrial development. The "standardization" strategy empowers the high-quality development of enterprises and provides support for the upgrading of the water treatment industry. This paper introduces the definition of standards and standardization, analyzes the principles and typical cases of standardization boosting the high-quality development of enterprises, studies the standard needs in the field of water treatment in China, and introduces the standardization progress of ecological environment of Nanjing University. It is emphasized that it is necessary to lead quality innovation with standard innovation, accelerate the rapid marketization and internationalization of technological achievements of the standard innovation, and promote the improvement of enterprise competitiveness and the high-quality industrial development.

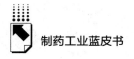
Keywords: Standards; Standardization; Water Treatment Industry; High - Quality Development

B.16　Application of Synthetic Biology in Cancer Therapy

Mei Xin, Zhu Jianwei ∕ 170

Abstract: Synthetic biology is a multidisciplinary field of study that integrates biology, engineering, computer science and other disciplines to modify or even create biological systems with specific functions through learning, designing, building and testing. In the past decade, the application of synthetic biology in the field of cancer has achieved great results, bringing new ideas to cancer therapy. Synthetic biology technology can modify the biological systems that bacteria, cells and viruses naturally live in, and expand and optimize the application of those modified biological systems in cancer therapy. The modification of bacteria can reduce bacterial toxicity, improve the safety and effectiveness of treatment, modify bacteria to delivery carriers, and introduce gene routes to enhance the controllability of bacteria. For cell modification, the main purpose is to enhance affinity, safety, targeting and controllability, and to construct specific new functions and new signals, such as CAR-T therapy. Synthetic biology technologies have also been used to modify viruses, such as oncolytic viruses, to activate autoimmune responses and achieve better oncolytic effects by improving targeting infectivity and enhancing viral activity. Synthetic biology is also applied to the research and development of bacterial, cellular or viral based tumor vaccines to improve the safety of vaccines, enhance the immunogenicity of antigens, and optimize and modify vaccine delivery systems. These synthetic biology technologies have laid the foundation for tumor immunotherapy, personalized therapy, precision therapy, and combination therapy, creating more choices and possibilities. Hence, the application of synthetic biology in cancer therapy is worthy of in-depth discussion.

Keywords: Synthetic Biology; Cancer Therapy; Bacterial Therapy; Cell Therapy; Gene Editing

B . 17　Overview of the Development of New Pharmaceutical

Preparations and Technologies in China

Ding Yang, Chen Yishan, Yao Sijia and Zhou Jianping / 192

Abstract: In recent years, with the continuous rising of the international status of China's pharmaceutical industry, the development of innovative preparations and technologies has attracted much attention. The emergence of new pharmaceutical preparations can help improve the compliance, efficacy and targeting of drugs, and can meet the key needs of current clinical medication. In addition, the development of technologies such as continuous manufacturing, 3D printing, and artificial intelligence has also provided convenience for the innovative R&D and production of preparations. These innovative preparations and technologies continue to advance drug R&D and clinical applications. Therefore, this paper comprehensively introduces the research overview of new pharmaceutical preparations and technologies, in order to provide more new ideas and enlightenment for the future development of China's pharmaceutical industry, such as dosage form design and innovation, and efficient and precise drug manufacturing and production.

Keywords: Innovative Preparations; Complex Preparation Technology; Sustained-Release Preparation Technology; Artificial Intelligence

B . 18　Development and Industrial Application of Key Technologies in

the Whole Process Green Manufacturing of Antibiotics

Liu Qingfen / 202

Abstract: In view of the large emission of "three wastes" in the production process of antibiotic APIs and the difficulty of pollution control, this paper proposes whole process green manufacturing technical approaches for antibiotics based on the

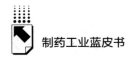
green development needs of the industry: to take the emission reduction at the beginning of the process as the starting point, and achieve key technology breakthroughs of green manufacturing. Based on the principle of technical accessibility and lowest cost, key technologies for waste recycling and harmless treatment are developed. The integration of whole process green manufacturing technologies has been formed, and successful application cases have been given, which provides a typical demonstration for the whole process green manufacturing of antibiotics and a reference experience for the sustainable green development of the industry.

Keywords: Green Manufacturing of Antibiotics; Fermentation and Emission Reduction; Enzymatic Synthesis; Green Separation; Waste Recycling; Pollutant Detoxification

B.19 Application and Development of Continuous Flow Technologies in the Synthesis of APIs and Intermediates

Tao Jian, Li Hongjian and Wang Xin / 209

Abstract: This paper aims to discuss the application and development of continuous flow technologies in the synthesis of pharmaceutical APIs and intermediates. It introduces the importance and application background of continuous flow technologies in drug synthesis, and analyzes the advantages and application cases of different types of reactors, including horizontal flow reactors, microchannel reactors, continuous stirred tank reactors, and fixed-bed reactors. The key steps of continuous flow development are described, and the continuous flow development is systematically sorted out from the selection of reaction route to the realization of industrial production. Finally, this paper predicts the future development direction of continuous flow technologies in the synthesis of pharmaceutical APIs and intermediates, including the exploration of technological innovation, equipment improvement and process optimization, which is expected to provide reference for relevant researchers and practitioners.

Keywords: Continuous Flow Technology; Synthesis of APIs; Continuous Flow Equipment; Process Development

B.20   Strategies and Actions for Drug Resistance Control in the Production Process of Fermented Antibiotics

Zhang Yu, Han Ziming, Feng Haodi and Yang Min / 225

Abstract: This paper summarizes the characteristics of antibiotic pollution discharge, such as wastewater and bacterial residue in fermented antibiotic production, and its role in promoting the environmental spread of drug resistance genes. It introduces the control measures taken by the World Health Organization, the International Pharmaceutical Alliance and the Ministry of Ecology and Environment of China to control the risk of drug resistance in the production process of antibiotics. It points out that the spread of drug resistance in the production process may become a concern in green procurement, and strengthening the control over drug resistance is a necessary prerequisite for pharmaceutical companies to achieve sustainable development. The feasible technologies and practical engineering cases for reducing the residual titer of antibiotics and curbing the spread of drug resistance genes in the process of wastewater treatment during antibiotic production are summarized. It is suggested that China should further strengthen industry-university-research cooperation, carry out long-term in-depth research on the risk of environmental antimicrobial resistance caused by antibiotic production, formulate industry management guidelines with Chinese characteristics, develop relevant standards to control the transmission of drug resistance genes in the environment, and develop cost-effective control technologies and adopt effective control strategies.

Keywords: Fermented Antibiotics; Pharmaceutical Wastewater; Antibiotic Residues; Antibiotic Titer; Drug Resistance Genes

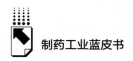

B.21　Technological Innovation Empowers to Lead the High－Quality
　　　Development of the Pharmaceutical Industry　*Gao Lingyun* / 235

Abstract：This paper introduces the main practices of North China Pharmaceutical Co. , Ltd. to adhere to the guidance of scientific and technological innovation and promote the high-quality development of the enterprise. North China Pharmaceutical Co. , Ltd. continues to carry out self-dependent R&D and innovation, and the growth rate of R&D investment has reached 28. 18% since the beginning of the "14th Five－Year Plan". It continuously promotes joint R&D and innovation, approves 50 generic drug projects, plans to set up a investment company, and introduces a number of key innovative products. It carries out joint research and development with scientific research institutions to strengthen the integrated development of "API + preparation", accelerates the research of key core technologies, and uses synthetic biology technology to complete the upgrading of products. It develops high-end preparations, enhances the value chain of the API industry, and accelerates the green innovation and application. The above-mentioned actions fully reflect the determination and ability of North China Pharma to forge ahead with enterprise and fortitude and strengthen the capacity building of scientific and technological innovation according to the health needs of the people.

Keywords：Self－Dependent Research and Development；Breakthroughs in Core Technologies；North China Pharmaceutical Co. , Ltd.

V　Green Pharmaceuticals Reports

B.22　Research on the Construction of Digital Factories of
　　　Chemical APIs　　　　　　　*Wang Xuegong*, *Pei Gaoxin* / 242

Abstract：Chemical APIs are an important part of China's pharmaceutical industry. In recent years, to meet the needs of competition and development, many chemical API companies have implemented informatization and digitalization transformation of the original production systems, built digital factories, and upgraded the production levels. However, in the process of digital transformation, many enterprises lack overall planning, detach themselves from the foundation of enterprise management, and have unclear goals and paths, resulting in output lower than expected. Based on the production characteristics of chemical APIs, this paper introduces the framework and key points of building digital factories of chemical APIs, with the aim of helping relevant enterprises to formulate digital factory construction plans suitable for their own characteristics, empower business through digitalization, optimize operation management, improve quality control, and enhance enterprise efficiency.

Keywords: Information System; Digital Factories; Chemical APIs

B. 23   Research on Harmless Treatment and Recycling of Antibiotic
Residues   *Shen Yunpeng* / 255

Abstract: Antibiotic residues are solid waste generated during the fermentation of antibiotics, which are listed as hazardous waste under control. Due to the characteristics of high moisture content and organic matter content, and the residues of antibiotics and metabolic intermediates, antibiotic residues are very easy to spoil and emit foul odors. If they are not properly disposed of, they will pose a potential threat to human health and the ecological environment. The scientific and harmless treatment and recycling of antibiotic residues have been a difficult problem for the antibiotic industry for many years. Based on the current situation of the disposal, utilization and management of antibiotic residues at home and abroad, this paper analyzes and discusses the progress of the harmless recycling disposal and utilization of antibiotic residues, including safe landfill, incineration, industrial furnace synergy, high-temperature hydrolysis, electron beam irradiation, biological enzymatic deantagonization, pyrolysis gasification, anaerobic digestion, spray drying, disc drying, ergosterol extraction, preparation of biomass fuel, activated

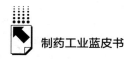
carbon and biochar, as well as the main problems in this field in China. This paper introduces the new methods and technologies for the research and development of multi-path harmless recycling co-disposal and utilization of antibiotic residues, which provides the scientific and technological support for the country and the industry to break through relevant technical barriers, and for the management and decision-making of residue pollution control, and promotes the industry to achieve quality and efficiency improvement and green, low-carbon, sustainable and healthy development.

Keywords: Antibiotics; Bacterial Residues; Harmlessness; Recycling

B. 24   Needs and Prospect for Near-Zero Discharge of Pharmaceutical Wastewater Technology

Wang Aijie, Han Jinglong, Zhai Siyuan and Cheng Haoyi / 265

Abstract: The near-zero discharge and recycling of pharmaceutical wastewater is an important way to effectively reduce the intensity of pollutant discharge and eliminate environmental risks, and has been developed and applied to a certain extent in recent years. However, the traditional zero-emission process chain has prominent problems such as long process chain, high carbon emissions, high cost, and hazardous waste of miscellaneous salt, and its sustainability and environmental friendliness are debatable. This paper proposes to reconstruct the traditional terminal treatment technology and process of pharmaceutical wastewater under the guidance of recycling, so as to realize the near-zero discharge and recycling of pharmaceutical wastewater under low-carbon constraints. Specific implementation measures include through the identification and analysis of material flow, energy flow and highly toxic substances in the water system, to develop the efficient recycling technology to realize the recycling of valuable substances; to conduct research and development of targeted conversion technology and equipment for different refractory organic compounds to achieve efficient targeted detoxification; to further apply high stress resistance biochemical treatment technology to realize the recycling and deep mineralization of organic substances, reduce the burden of subsequent salt separation, and improve the efficiency of salt recycling; for the purified high-salt water, to achieve recycling through the high-quality extraction of inorganic salts via multi paths according to different local conditions, and the deeply purified high-salt water can be returned to the sea and the river in coastal areas, forming a dual-cycle model of small artificial circulation of pharmaceutical wastewater and coupling between people and natural systems under low-carbon constraints. Through the application and promotion of the above-mentioned technologies, it is expected to build a low-carbon near-zero discharge technology system for wastewater in China's pharmaceutical industry, promote the green and low-carbon transformation of the pharmaceutical industry, and boost pharmaceutical enterprises to move towards "zero-carbon" factories.

Keywords: Pharmaceutical Wastewater; Near − Zero Discharge; Low − Carbon Constraints; Recycling; Green Recycling

B.25　Stranglehold Technologies and Countermeasures of the Novel Membrane Separation Process to Treat Antibiotic−Contaminated Water　　　　*Hou Li'an* / 277

Abstract: New antibiotic pollutants have been frequently detected in water bodies in most areas, posing a potential threat to human health and the ecological environment safety. Due to the bio-inhibition and refractory degradation of antibiotics, it is difficult for traditional water treatment processes to effectively remove antibiotics in water, and the novel membrane separation technology is a breakthrough for the efficient removal of antibiotic-contaminated water. This paper studies novel membrane materials and novel membrane processes, and proposes the solution to the stranglehold technical problem of the novel membrane separation technology in the treatment of antibiotic contaminated water, expecting to provide

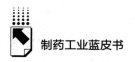

scientific guidance and reference for the prevention and control of antibiotic pollution in the water environment through the whole-process control strategy of source control, technological innovation, and monitoring and supervision.

Keywords: Antibiotic Contamination; Novel Membrane Technology; Stranglehold Technology

Appendix 1

Production and Export of Chemical APIs in Different Provinces
  (Regions, Cities) in 2023

China Pharmaceutical Industry Association / 288

Appendix 2

Production of Key Dosage Forms of Chemical Drugs in Different
  Provinces (Regions, Cities) in 2023

China Pharmaceutical Industry Association / 296

Appendix 3

New Preparations Approved for Marketing Abroad in 2023

Huang Shengyan / 298

社会科学文献出版社

皮 书

智库成果出版与传播平台

❖ 皮书定义 ❖

皮书是对中国与世界发展状况和热点问题进行年度监测，以专业的角度、专家的视野和实证研究方法，针对某一领域或区域现状与发展态势展开分析和预测，具备前沿性、原创性、实证性、连续性、时效性等特点的公开出版物，由一系列权威研究报告组成。

❖ 皮书作者 ❖

皮书系列报告作者以国内外一流研究机构、知名高校等重点智库的研究人员为主，多为相关领域一流专家学者，他们的观点代表了当下学界对中国与世界的现实和未来最高水平的解读与分析。

❖ 皮书荣誉 ❖

皮书作为中国社会科学院基础理论研究与应用对策研究融合发展的代表性成果，不仅是哲学社会科学工作者服务中国特色社会主义现代化建设的重要成果，更是助力中国特色新型智库建设、构建中国特色哲学社会科学"三大体系"的重要平台。皮书系列先后被列入"十二五""十三五""十四五"时期国家重点出版物出版专项规划项目；自2013年起，重点皮书被列入中国社会科学院国家哲学社会科学创新工程项目。

皮书网

（网址：www.pishu.cn）

发布皮书研创资讯，传播皮书精彩内容
引领皮书出版潮流，打造皮书服务平台

栏目设置

◆ **关于皮书**

何谓皮书、皮书分类、皮书大事记、
皮书荣誉、皮书出版第一人、皮书编辑部

◆ **最新资讯**

通知公告、新闻动态、媒体聚焦、
网站专题、视频直播、下载专区

◆ **皮书研创**

皮书规范、皮书出版、
皮书研究、研创团队

◆ **皮书评奖评价**

指标体系、皮书评价、皮书评奖

所获荣誉

◆ 2008 年、2011 年、2014 年，皮书网均
在全国新闻出版业网站荣誉评选中获得
"最具商业价值网站"称号；

◆ 2012 年，获得"出版业网站百强"称号。

网库合一

2014年，皮书网与皮书数据库端口合
一，实现资源共享，搭建智库成果融合创
新平台。

皮书网

"皮书说"
微信公众号

权威报告·连续出版·独家资源

皮书数据库

ANNUAL REPORT(YEARBOOK)
DATABASE

分析解读当下中国发展变迁的高端智库平台

所获荣誉

- 2022年，入选技术赋能"新闻+"推荐案例
- 2020年，入选全国新闻出版深度融合发展创新案例
- 2019年，入选国家新闻出版署数字出版精品遴选推荐计划
- 2016年，入选"十三五"国家重点电子出版物出版规划骨干工程
- 2013年，荣获"中国出版政府奖·网络出版物奖"提名奖

皮书数据库　　　"社科数托邦"
　　　　　　　　微信公众号

成为用户

　　登录网址www.pishu.com.cn访问皮书数据库网站或下载皮书数据库APP，通过手机号码验证或邮箱验证即可成为皮书数据库用户。

用户福利

- 已注册用户购书后可免费获赠100元皮书数据库充值卡。刮开充值卡涂层获取充值密码，登录并进入"会员中心"—"在线充值"—"充值卡充值"，充值成功即可购买和查看数据库内容。
- 用户福利最终解释权归社会科学文献出版社所有。

数据库服务热线：010-59367265
数据库服务QQ：2475522410
数据库服务邮箱：database@ssap.cn
图书销售热线：010-59367070/7028
图书服务QQ：1265056568
图书服务邮箱：duzhe@ssap.cn

社会科学文献出版社　皮书系列
SOCIAL SCIENCES ACADEMIC PRESS (CHINA)

卡号：861573561965
密码：

基本子库
SUB DATABASE

中国社会发展数据库（下设 12 个专题子库）

紧扣人口、政治、外交、法律、教育、医疗卫生、资源环境等 12 个社会发展领域的前沿和热点，全面整合专业著作、智库报告、学术资讯、调研数据等类型资源，帮助用户追踪中国社会发展动态、研究社会发展战略与政策、了解社会热点问题、分析社会发展趋势。

中国经济发展数据库（下设 12 专题子库）

内容涵盖宏观经济、产业经济、工业经济、农业经济、财政金融、房地产经济、城市经济、商业贸易等 12 个重点经济领域，为把握经济运行态势、洞察经济发展规律、研判经济发展趋势、进行经济调控决策提供参考和依据。

中国行业发展数据库（下设 17 个专题子库）

以中国国民经济行业分类为依据，覆盖金融业、旅游业、交通运输业、能源矿产业、制造业等 100 多个行业，跟踪分析国民经济相关行业市场运行状况和政策导向，汇集行业发展前沿资讯，为投资、从业及各种经济决策提供理论支撑和实践指导。

中国区域发展数据库（下设 4 个专题子库）

对中国特定区域内的经济、社会、文化等领域现状与发展情况进行深度分析和预测，涉及省级行政区、城市群、城市、农村等不同维度，研究层级至县及县以下行政区，为学者研究地方经济社会宏观态势、经验模式、发展案例提供支撑，为地方政府决策提供参考。

中国文化传媒数据库（下设 18 个专题子库）

内容覆盖文化产业、新闻传播、电影娱乐、文学艺术、群众文化、图书情报等 18 个重点研究领域，聚焦文化传媒领域发展前沿、热点话题、行业实践，服务用户的教学科研、文化投资、企业规划等需要。

世界经济与国际关系数据库（下设 6 个专题子库）

整合世界经济、国际政治、世界文化与科技、全球性问题、国际组织与国际法、区域研究 6 大领域研究成果，对世界经济形势、国际形势进行连续性深度分析，对年度热点问题进行专题解读，为研判全球发展趋势提供事实和数据支持。

法律声明

"皮书系列"（含蓝皮书、绿皮书、黄皮书）之品牌由社会科学文献出版社最早使用并持续至今，现已被中国图书行业所熟知。"皮书系列"的相关商标已在国家商标管理部门商标局注册，包括但不限于LOGO（ ）、皮书、Pishu、经济蓝皮书、社会蓝皮书等。"皮书系列"图书的注册商标专用权及封面设计、版式设计的著作权均为社会科学文献出版社所有。未经社会科学文献出版社书面授权许可，任何使用与"皮书系列"图书注册商标、封面设计、版式设计相同或者近似的文字、图形或其组合的行为均系侵权行为。

经作者授权，本书的专有出版权及信息网络传播权等为社会科学文献出版社享有。未经社会科学文献出版社书面授权许可，任何就本书内容的复制、发行或以数字形式进行网络传播的行为均系侵权行为。

社会科学文献出版社将通过法律途径追究上述侵权行为的法律责任，维护自身合法权益。

欢迎社会各界人士对侵犯社会科学文献出版社上述权利的侵权行为进行举报。电话：010-59367121，电子邮箱：fawubu@ssap.cn。

社会科学文献出版社